Kritik und Gegenkritik in Christentum und Judentum

Judaica et Christiana

Herausgegeben von

Simon Lauer, St. Gallen und
Clemens Thoma, Luzern

Band 3

PETER LANG
Bern · Frankfurt am Main · Las Vegas

Kritik und Gegenkritik in Christentum und Judentum

Herausgegeben von

Simon Lauer

PETER LANG

Bern · Frankfurt am Main · Las Vegas

CIP-Kurztitelaufnahme der Deutschen Bibliothek

Kritik und Gegenkritik in Christentum und Judentum
hrsg. von Simon Lauer. – Bern, Frankfurt am Main,
Las Vegas: Lang, 1981.
   (Judaica et Christiana; Bd. 3)
   ISBN 3-261-04758-5

NE: Lauer Simon [Hrsg.]

© Verlag Peter Lang AG, Bern 1981
Nachfolger des Verlages der
Herbert Lang & Cie AG, Bern

Druck: Fotokop Wilhelm Weihert KG, Darmstadt

VORWORT DER HERAUSGEBER DER REIHE
"JUDAICA ET CHRISTIANA"

"Was uns nottut, ist eine jüdische Theologie des Christentums und
eine christliche Theologie des Judentums." Diese Worte schrieb
Professor Jakob J. Petuchowski vom Hebrew Union College, Cincinnati (in: J. Oesterreicher, Die Wiederentdeckung des Judentums
durch die Kirche, Freising 1971, S. 17). Aehnlich äusserten sich
in letzter Zeit auch christliche Theologen. Sie wiesen darauf hin,
wie dringlich es ist, dass die Koexistenz von Judentum und Christentum religionsgeschichtlich und theologisch neu durchforscht
und durchdacht werde.

Die Herausgeber der Reihe "Judaica et Christiana" sind von der
Notwendigkeit und Aktualität einer christlichen Theologie des Judentums und einer jüdischen Theologie des Christentums überzeugt.
Sie wissen aber auch, dass Schaffung und Ausgestaltung solcher
Theologien an eine Fülle von geschichtlichen Ereignissen, religiösen und religionspolitischen Voraussetzungen und philosophisch-
theologischen Spekulationen gebunden sind. Auf beiden Seiten des
jüdisch-christlichen Trennungsgrabens müssen - zur Förderung
einer neuen, historisch und theologisch gut fundierten Solidarität
- Materialien gehoben und gedeutet werden, die den je eigenen Standort deutlich machen und den Partnern ein Gespräch ermöglichen,
das zu einem Ziel führen kann. Mit der Anwendung der anerkannten Methoden der Fachwissenschaften muss sich der Respekt vor
den überlieferten Glaubenslehren und Lebensformen verbinden.

Die neue Reihe kann nur dann reale Ergebnisse zeitigen, wenn in
entsprechender Zusammenarbeit drei Sparten betreut werden, aus
denen eine christliche Theologie des Judentums und eine jüdische
Theologie des Christentums wird erwachsen können: 1. Jüdische
Probleme und Errungenschaften, die für Judentum und Christentum wichtig sind (Judaica). 2. Christliche Probleme und Errungenschaften, die für Christentum und Judentum wichtig sind (Christiana). 3. Probleme, die uns gemeinsam gestellt sind (Judaica-Chri-
stiana). Selbstverständlich stehen alle drei Gebiete jedem Forscher
offen.

Der eine Herausgeber ist Jude, der andere Christ. Beide fühlen sich im Leben und Denken ihrer Glaubensgemeinschaft verwurzelt. Diese Differenz und diese Gemeinsamkeit sollen jüdische und christliche Einseitigkeiten und Verzerrungen vermeiden helfen. Beide Herausgeber danken dem Lang Verlag, speziell Herrn Peter Lang, für das Engagement im Dienste erhoffter christlich-jüdischer Partnerschaft.

Simon Lauer

Clemens Thoma

Inhaltsverzeichnis

Simon Lauer

ZUR EINFÜHRUNG: SELBSTKRITIK IM JUDENTUM

Die Idee zu dem hier publizierten Colloquium ist aus einer Frage
entstanden: Was mag jemanden, der zu den Verfolgern gehören
könnte, dazu veranlassen, für die Verfolgten einzustehen? Es erwies sich jedoch bald, dass die erwähnte Fragestellung, namentlich für Altertum und Mittelalter, kaum angemessen ist. Das Eintreten für Verfolgte ist eher im Zusammenhang mit Selbstkritik
zu sehen.

Diese Selbstkritik weist auf einen Tatbestand hin, zu leidig, als
dass er noch länger geduldet werden dürfte: Juden und Christen
kritisieren einander gegenseitig nur zu oft mit der Pauschalvor-
stellung, der Partner sei weder einer Kritik von aussen zugänglich noch zur Selbstkritik bereit, ja, nicht einmal gesonnen, allfällige Selbstkritik des andern anzuerkennen. Das kommt in der
Diskussion über den ganzen Problemkomplex "Auschwitz" zu besonders scharfem und schmerzhaftem Ausdruck. So heisst es
etwa, die Juden hörten niemals auf, die Mitschuld des christlichen Antijudaismus an jenem unsagbaren Grauen hervorzuheben,
nähmen aber nicht zur Kenntnis, dass alle christlichen Konfessionen sich von dieser Vergangenheit zu lösen bestrebt sind.
Ueberdies fühlten sich die Juden nunmehr erst recht gegen jede
Kritik gefeit und von jeglicher Selbstkritik dispensiert.

Mit meinen jüdischen und christlichen Freunden weiss ich mich
darin einig, dass diese Kette von Pauschalurteilen zerrissen
werden muss, sollen sich nicht gefährliche Emotionen gegen die
Juden anstauen. So veranstalteten die Theologische Fakultät Luzern und die Christlich-Jüdische Arbeitsgemeinschaft der Schweiz
im Januar 1978 ein Symposion jüdischer und christlicher Forscher, das unter der Leitung des Luzerner Ordinarius für Juda-
istik, Clemens Thoma, stand. Zwei Hauptfragen waren den Teil-
nehmern gestellt. Zunächst die, inwiefern einst Judentum und
Christentum einander nicht nur feindlich gewesen, sondern auch
für einander eingetreten seien. Sodann wurde gefragt, ob beide
nicht nur als Ankläger des je anderen, sondern auch als Kritiker
ihrer selbst gewirkt hätten.

Es zeigte sich, dass die Geschichte der Kritik und Gegenkritik
in Christentum und Judentum noch nicht geschrieben ist. Auf
christliche und jüdische Historiker wartet noch reiche Arbeit,
die viel Fingerspitzengefühl erfordert. Leider verstarb der jüdische Fachmann für diese Fragen, Dr. Moshe Schwarcz, Pro-

fessor für Philosophie an der Bar-Ilan Universität in Tel-Aviv, kurz vor der Eröffnung des Symposions. Ich bin deshalb nachträglich gebeten worden, in der Einleitung zu diesem Band etwas zur jüdischen Selbstkritik zu sagen. Freilich muss ich mich auf ein paar Hinweise beschränken und kann nur hoffen und wünschen, die Hand des Forschers werde Andeutungen zu Ansätzen machen.

Die ganze jüdische Geschichte ist durchwaltet von der Spannung zwischen hohem sittlichem Auftrag und dessen mangelhafter Erfüllung, Oeffnung für den Fremden und Wahrung der eigenen Identität. Deshalb die Kritik Gottes an seinem Volk, wie sie in den Heiligen Schriften zu lesen ist, und ihre Fortsetzung als jüdische Selbstkritik bis zur jüngsten Ausgabe der israelischen Tagespresse. Man wird dabei nicht vergessen dürfen, dass das jüdische Volk die Versuchung zum Machtmissbrauch rund zweitausend Jahre lang nur passiv gekannt hat (1). Es wird aber auch nicht ohne Bedeutung sein, dass der Auszug aus Aegypten täglich kommemoriert und sehr häufig gefeiert wird, die Landnahme unter Josua jedoch nie.

Angesichts der bis weit in die Neuzeit hinein wesentlich religiösen Bestimmtheit des Judentums wäre es nicht nur schwierig, sondern auch unangemessen, Selbstkritik von Sündenbewusstsein säuberlich trennen zu wollen. So stehe am Anfang dieses Ueberblicks ein Bibelvers mit seiner antiken Erklärung. In Num 5, 6f. heisst es:

"Sage den Israeliten: ..., so sollen sie ihre Sünde bekennen".

Im rabbinischen Midrasch BemR 88, 5 wird erklärt, warum die Schrift das Sündenbekenntnis gerade von Israeliten verlangt:

"Israeliten und Proselyten bekennen ihre Sünden, nicht Heiden und nicht Beisassen".

Abraham Gumbiner, einer der bis heute massgebenden Gesetzeslehrer des 17. Jahrhunderts, erläutert (2), dass Nichtjuden bei der Darbringung von Opfern kein Sündenbekenntnis zu sprechen brauchen, für Juden aber ein Opfer ohne Sündenbekenntnis ungültig ist.

12

In seiner Einleitung zu A. M. Habermanns Textsammlung "Sefer Gezerot Aschkenas we-Zarefat" (3) sagt Y. F. Baer (ohne Quellenangabe), die Juden, die schon in früher Zeit bis zu den äussersten Enden Europas vorgedrungen sind, hätten dies nicht nur aus äusserlichen Gründen getan, sondern um die Tora in möglichst weite Teile der Welt zu tragen und um durch die Entfernung von der Heimat Sünden zu büssen (4). Als individuelle Bussübung hat sich übrigens diese "Kasteiung durch Exil" (segifat galut) bis in die neuste Zeit hinein erhalten: Aus mündlicher Ueberlieferung weiss ich, dass noch zu Beginn dieses Jahrhunderts solch ein fahrender Büsser in Südwestdeutschland zu treffen war (5).

Freilich könnte man nun finden, das alles gehöre in den privaten Bereich und zähle somit nicht als Selbstkritik des Judentums. Allein, die Bereiche lassen sich grundsätzlich nicht trennen; was einer in den inneren Gemächern sündigt, wirkt sich auf das ganze Land aus; es mag genügen, auf das 18. Kapitel des Buches Leviticus zu verweisen. Der Gedanke, dass das Exil – des ganzen Volkes! – eine Strafe für unsere Sünden ist, kommt zu klarem Ausdruck in einem Gebet, das seit dem neunten Jahrhundert fester Bestandteil der Liturgie für die Festtage ist. Darin heisst es:

> "Und wegen unserer Sünden wurden wir aus unserem Lande vertrieben und von unserem Boden entfernt, und wir können nicht hinansteigen, erscheinen, uns vor dir niederwerfen und unsere Pflicht erfüllen ..." (6)

Jakob Emden (7) erklärt in seinem weitverbreiteten Kommentar zum Gebetbuch u. a.:

> "'Und wegen unserer Sünden': nach dem Vers 'Und wenn sie dann ihre Schuld bekennen...' (8), und es steht: 'dass das Haus Israel um seiner Schuld willen in die Verbannung hat ziehen müssen' (9), und unsere Weisen haben gesagt (10): 'Gewissermassen ist der Tempel in jeder Generation zerstört worden, in der er nicht (wieder) erbaut worden ist' ".

Diese Erklärung aufgrund dieser Schriftbeweise zwingt Emden freilich zu einer quasi historisch-genetischen Bestimmung der

Begriffe "Schuld (awon)" und "Sünde (chet)", die ihre Vorgänger
haben dürfte (11):

> "In den Geheimnissen der Tora (d.h. in der Kabbala) ist
> es bekannt, dass wir tatsächlich die Sünder sind. Es
> zählt aber nur das als Sünde, was bei unseren Vätern
> Schuld war, da diese bei uns schon abgeschwächt ist".

Jakob Emdens talmudisches Zitat schafft, wie mir scheinen will,
einen Zirkel: Das Exil ist nicht nur Strafe für Sünde, sondern
zugleich auch selber Sünde. Zu besonders scharfem Ausdruck
kommt dieser Gedanke in karäischen Kreisen, etwa bei Daniel
Alkumasi (um 1000), der nicht allein dasteht; er gehört – folge-
richtig – zu den "um Zion Trauernden" (awele Zion), also aus-
gesprochenen Asketen (12). So gewiss es nach allen Erfahrungen
der jüdischen Geschichte ist, dass sektiererische Bewegungen
früher oder später aus dem Judentum hinaus führen, so wird man
solchen Strömungen eine innerjüdisch-selbstkritische Funktion,
die auf das "normative" Judentum – bewusst oder unbewusst – gewirkt hat, nicht ganz absprechen können. (Nebenbei: Es ist wohl
kein Zufall, dass der heute viel gebrauchte Ausdruck "chäschbon
ha-näfäsch" (Selbstkritik) zum ersten Mal, wie es scheint, in der
Uebersetzung von Bachja ibn Pakudas "Herzenspflichten" vorkommt (Kapitel 8). Bachja (um 1080) ist der asketischste Denker
der jüdischen Philosophiegeschichte; seine Wurzeln sind freilich keineswegs nur jüdisch (13).)

Etwa ein halbes Jahrhundert nach Bachja schrieb Jehuda Hallevi
seinen "Kusari"; dort liest man einen selbstkritischen Text,
den ich als klassisch zu bezeichnen nicht anstehe: Im "Kusari"
I, 113 weist der Jude darauf hin, dass niedriger Status zu höhe-
rem Ruhm gereicht als Reichtum und Macht; so rühmen sich ja
auch die Christen Jesu (mit Zitat Mt 5, 39), die Muslime Moham-
meds. Im nächsten Paragraphen wirft der Chazarenkönig ein,
dass die Juden ja nicht freiwillig, sondern gezwungenermassen
in Niedrigkeit leben; vermöchten sie es, würden sie morden.
Darauf (§ 115) der jüdische "Kollege":

> "Du hast meinen schwachen Punkt getroffen, König der
> Chazaren! So ist es. Wenn die meisten von uns die Ar-
> mut als Unterwerfung unter Gott und um seiner Lehre
> willen annähmen, so würde uns Gottes Macht diese gan-

ze lange Zeit nicht verlassen. Aber so denkt nur eine
Minderheit bei uns. Die Mehrheit aber hat auch ihren
Lohn, weil sie das Joch des Exils trägt, gezwungen oder
freiwillig ... Trügen wir aber dieses Exil und die Armut um Gottes willen, wie es sich gehört, würden wir
zum Ruhm unserer Zeit; denn wir würden mit dem Messias warten und die Zeit der künftigen Erlösung näher-
bringen, auf die wir harren..."

Man mag vielleicht den Satz über die Mehrheit als apologetisches Einschiebsel betrachten; ich halte ihn eher für einen Ausdruck der im jüdischen Bewusstsein tief verwurzelten Gewissheit der göttlichen Gnade und Vergebung. Bedeutsamer scheint
mir in unserem Zusammenhang, dass Armut und niedriger
Stand als religiöse Werte (mit eschatologischer Färbung) dargestellt werden. Es würde sich wohl lohnen, der Geschichte des
Armutsideals im Judentum eine Monographie zu widmen: Es hat
biblische Wurzeln (Tritojesaja und Psalmen) und wird zu Beginn
des 13. Jahrhunderts bei den "Frommen Deutschlands" und am
Ende desselben in der spanischen Mystik virulent. Am Anfang
dieses Jahrhunderts stellt es Hermann Cohen - durchaus un-
mystisch, sozialethisch, mit direktem Zurückgriff auf die Bibel - wieder heraus.

Jehuda Hallevis entschiedene Hinwendung zum Religiösen, gip-
felnd in seinem Zug nach Zion, nimmt eine Entwicklung vorweg,
die gut hundert Jahre später zum Abschluss kommen sollte. Die
scharfe spiritualistische Kritik der Kabbalisten, zusammen mit
den bürgerlichen Idealen der Gelehrsamkeit, Frömmigkeit und
Sittlichkeit, machte der höfischen Kultur und Dichtung der jüdischen Oberschicht in Spanien ein Ende (14). In Deutschland haben diese selbstkritischen Tendenzen schon zu Beginn des 13.
Jahrhunderts literarischen Niederschlag gefunden, nämlich im
"Buch der Frommen" (Sefer Chassidim), dessen religiös-sozia-
le Tendenz Yizchak Fritz Baer in einer klassischen Arbeit (15)
mit der franziskanischen Bewegung in engen Zusammenhang gebracht hat. Gerschom Scholem (16) sieht darin freilich eher
"Anstösse, die lediglich eine spontane Entwicklung beschleunig-
ten", während Jacob Katz bei aller Zustimmung zu Baer gewiss
mit Recht feststellt, dass die an der gleichen historischen Strömung Beteiligten wohl kaum an ein gemeinsames religiöses Bewusstsein gedacht haben. Vielmehr verstärkte die Intensität des

religiösen Gefühls ihre Verbundenheit mit der je eigenen Tradition, was zu Doppelmoral und verschärfter gegenseitiger Aversion führte (17). Es wäre nun gewiss falsch, im "Buch der Frommen" nur zu lesen, dass radikale Abwendung von allem spezifisch Christlich-Religiösen gefordert wird (so z. B. vom Handel und der Pfandleihe mit christlichen Kultgegenständen); mindestens ebenso wichtig ist die Betonung des "din schamajim", d. h. der Rechtssatzungen, deren Verletzung oder Einhaltung von Menschen nicht kontrolliert werden. Verstösse gegen dieses "fas" bedeuten "Entweihung des Namens" (chillul ha-Schem), d. h. Gottes – also das genaue Gegenteil dessen, wozu Israel berufen ist. Der Ausdruck hat übrigens eine doppelte Bedeutung: Unmoralisches Verhalten eines einzelnen Juden gegenüber einem Nichtjuden kann die ganze Gemeinschaft in Gefahr bringen; es ist gleichzeitig eine Desavouierung Gottes und beeinträchtigt so die positive Wirkung des Judentums auf die Völker der Welt. Vor diesem Hintergrund ist, wie Katz zeigt, die auf Interpretation bekannter Talmudstellen im Sinne einer höheren Moral beruhende und von messianischer Naherwartung genährte Predigt des bedeutenden Talmudisten Moses von Coucy-le-Château (um 1250) zu werten und zu verstehen (18).

Das Nebeneinander und Ineinander von Kritik an einer feindlichen Umwelt und Selbstkritik angesichts erlittener Verfolgungen ist wohl bis zum Ende des 17. Jahrhunderts grundsätzlich unverändert geblieben, und zwar insofern als – wie Baer (19) festhält – eine wirklich tiefgreifende Kritik nach innen bei der mittelalterlichen Mentalität nur zu Apostasie hätte führen können. Wenn Bernhard Blumenkranz (20) zum Ergebnis gelangt, dass mindestens zwei der vier von ihm behandelten jüdischen Konvertiten jüdische Sektierer, und nicht Christen, geworden wären, hätte die Möglichkeit dazu bestanden, so scheint mir das in die gleiche Richtung zu weisen: Häresien pflegen aus dem Judentum hinauszuführen, oder die Bezeichnung "Häresie" ist nur cum grano salis richtig (21). Dass wir in diesem Rahmen auf die Wandlungen des jüdischen Selbstverständnisses nicht eingehen können, soll keineswegs heissen, dass sie an sich unbedeutend gewesen seien; J. Katz hat sie deutlich genug herausgearbeitet (22).

Mindestens auf dem Wege zur Apostasie vermutete August Friedrich Cranz seinen Zeitgenossen Moses Mendelssohn (1729-1786) in einer kleinen Schrift, die 1782 unter dem Titel "Das Forschen nach Licht und Recht in einem Schreiben an den Herrn Moses Mendelssohn auf Veranlassung seiner merkwürdigen Vorrede zu Manasseh Ben Israel" erschien (28). In seinem als Antwort auf die genannte Schrift konzipierten Werk "Jerusalem" zitiert Mendelssohn Cranz wie folgt:

> "Das bewaffnete Kirchenrecht ist immer einer der vorzüglichsten Grundsteine der jüdischen Religion selbst, und ein Hauptartikel in dem Glaubenssystem Ihrer Väter" (23).

In sorgfältigen rechtsphilosophischen Erörterungen hatte Mendelssohn gezeigt, dass keiner Kirche eine der staatlichen analoge Strafkompetenz zustehen könne. Nun musste er seine "Begriffe vom Judenthume der vorigen Zeit" kurz zusammenfassen (24) und aufzeigen, dass "Staat und Religion in dieser ursprünglichen Verfassung nicht vereinigt, sondern Eins" (25) waren. Mit der Zerstörung des Tempels jedoch haben nach rabbinischer Lehre alle irdischen Strafen, "insoweit sie bloss national sind", ihre Rechtsgrundlage verloren (26). Im Anschluss daran zeichnet Mendelssohn den "Niedergang der mosaischen Verfassung" von Samuel bis zum "Stifter der christlichen Religion", der sich genötigt gesehen hat zu sagen: "Gebt dem Kaiser, was des Kaisers ist ...!". Mendelssohn fährt fort:

> "Offenbarer Gegensatz, Collision der Pflichten (27)! Der Staat stand unter fremder Botmässigkeit, empfing seine Befehle gleichsam von fremden Göttern (28), und die einheimische Religion mit einem Theile ihres Einflusses auf das bürgerliche Leben hatte sich noch erhalten. Hier ist Forderung gegen Forderung, Anspruch gegen Anspruch" (29).

Mit dem eindringlichen Appell, sich in die Verfassung des Landes zu schicken, aber standhaft bei der Religion der Väter zu bleiben, wird der Schluss des Werkes eingeleitet (30).

Natürlich hat Mendelssohn auch nicht im geringsten eingeräumt, Cranz könne zu Recht vermutet haben, dass er einen "Hauptartikel im Glaubenssystem" des Judentums angefochten habe. Damit, dass er den Zustand des Exils ("fremden Göttern dienen") akzeptiert und gewisse Folgerungen daraus zieht, fühlt sich Mendelssohn durchaus auf dem Boden der jüdischen Tradition. (Dass der Bann als innerjüdische Disziplinarmassnahme sich in den rund hundertjährigen Auseinandersetzungen im Gefolge der sabbatianischen Bewegung praktisch totgelaufen hatte, hat gewiss eine Rolle gespielt, wenn sie auch nicht wird überschätzt werden dürfen.) Freilich ist die Kritik an der noch allgemein herrschenden Intoleranz der Umwelt (worunter die von Mendelssohn sofort erkannte proselytisierende Tendenz der josephinischen Toleranzedikte wohl zu subsumieren ist) mit innerjüdischer Kritik verflochten (31); allein, diese Kritik äussert sich in einer Interpretation, beileibe nicht in grundsätzlicher Anfechtung der Grundgesetze.

Es könnte bezeichnend sein, dass eine der brillantesten und gründlichsten Darstellungen der interpretatorischen Selbstkritik – wenn diese Bezeichnung erlaubt ist – ein apologetisches Werk ausmacht: David Hoffmann, Der Schulchan-Aruch und die Rabbinen über das Verhältniss der Juden zu Andersgläubigen (32). Im Vorwort zur zweiten Auflage zitiert Hoffmann einen Brief des Leidener Alttestamentlers A. Kuenen:

> "Als göttlich verehrte Gesetze dürfen von den Gläubigen nicht bei Seite gelegt, sie können nur gedeutet werden".

Diese Deutungen – so Kuenen – zu kennen oder gar nachzuvollziehen, sei aber Sache weniger, und die "doch immer möglichen Fehler und Unterlassungen (sc. der Wissenschaft) können leicht dem Leben schaden". Hoffmann zeigt nun auf, nach welchen Prinzipien welche überlieferten Gesetze (und diese Ueberlieferung gilt dem gläubigen Juden stets als göttlichen Ursprungs) in welchem Sinne gelten oder ausser Kraft treten. So schreibt er (S. 168):

> "Das alte Gesetz zu fälschen oder abzuschaffen, durfte man sich freilich nicht gestatten; aber es gab doch Mittel und Wege genug, die praktische Ausübung derselben zu verhindern, und von diesen Hilfsmitteln haben sowohl die Lehrer des Talmuds, als auch die späteren Rabbinen in so reichem Masse Gebrauch gemacht, dass die betreffenden Gesetze durch Gegenverordnungen jede praktische Bedeutung verloren".

Hauptprinzip für die Regelung des Verhältnisses zu Andersgläubigen ist danach der Vers "Fördert das Wohl der Stadt, wohin ich euch auswandern lasse, und betet für dieselbe zu Gott"! (Jer 29,7). Ziel und Ergebnis von Hoffmanns Abhandlungen ist, dass "wir in der glücklichen Lage sind, stets der Mahnung des Propheten folgen zu können, ohne dabei mit den Anforderungen des alten Gesetzes in Collision zu gerathen" (S. VIII). Damit sei, wie Kuenen es gewünscht hatte, die dem Leben unter Umständen schädliche Verbindung zwischen Leben und Wissenschaft hinreichend gelockert.

Dem nach-apologetischen Zeitalter, das am Ende des 19. Jahrhunderts begonnen hat (33), kann freilich die interpretatorische Methode sowenig genügen wie die gewaltige Akzentverschiebung etwa Hermann Cohens auf "prophetisches Judentum" (34). J. Katz' zustimmende Zitierung der oben wiedergegebenen Aeusserungen Kuenens (35) zeigt dies ebenso wie Y. F. Baers scharfe Kritik an der jüdischen Galut-Deutung seit Mendelssohn (36). Angesichts des Verhaltens der nichtjüdischen Völker zog man sich in sein Eigenes zurück und begann auch die Aspekte der jüdischen Vergangenheit zu akzeptieren, an denen der Apologet keine Freude haben konnte.

Heutige jüdische Selbstkritik bewegt sich auf verschiedenen Bahnen. Sie kann auf talmudische Aussagen zurückgreifen, um jeden menschlichen Synergismus beim Erlösungswerk radikal abzulehnen. Sie kann eben diese menschlichen Anstrengungen mit Hilfe der reichen universalistisch-humanen Tradition des Judentums korrigieren. Schliesslich kann sie den Werten nicht mehr religiös begründeter Humanität vor denen der religiös und geschichtlich sanktionierten Identitäts-Erhaltung den Vorrang einräumen.

Zusammenfassend lässt sich sagen, dass es dem Judentum an Selbstkritik nie gefehlt hat, wenn sie auch immer wieder mit Kritik an der Umwelt verknüpft war - sei es aus äusseren Anlässen oder aus strukturellen Gründen. Wie tief sie jeweils greife, mit welchen Massstäben sie messe, wo sie ihre Grenze finde - das sind Fragen, welche die Forschung im einzelnen wird stellen müssen.

Die in diesem Bande vereinigten Arbeiten versuchen, diese Probleme unter verschiedenen Gesichtspunkten zu beleuchten.

19

Anmerkungen

1) Seit der Eroberung Jerusalems durch Pompeius (63 v. Chr.) war jüdische Macht-
   politik nicht mehr möglich. Dass die Juden seither immer wieder Spielball
   fremder Politik waren, dürfte bekannt sein.

2) Zur Parallelstelle Yalq I 701.

3) Zu den Judenverfolgungen des Mittelalters in Deutschland und Frankreich,
   Jerusalem 1946, S. 1.

4) Dieses Bestreben, die göttliche Lehre über die Welt zu verbreiten, ist wohl
   eher eschatologisch- als proselytisch-missionarisch zu verstehen. Für die ge-
   schichtsträchtige christliche Parallele siehe B. Poschmann, in: Schmaus -
   Geiselmann - Rahner, Handbuch der Dogmengeschichte, IV/3 (1951), Seiten 67,
   70 und 80.

5) Als Quellen wären zu nennen: bRHSh 16b, vielleicht auch mAv I 11 (vgl. ARN 11
   und H. Albecks Kommentar zur Mischna, S. 494), und Maimonides, Hilkhot
   teschuba II 4. Für die wohl schärfsten Beispiele pharisäischer Selbstkritik sei
   verwiesen auf C. Thoma, Christliche Theologie des Judentums, Aschaffenburg
   1978, S. 99.

6) Siehe I. Elbogen, Der jüdische Gottesdienst in seiner geschichtlichen Entwicklung, 4. Auflage, Nachdruck Hildesheim 1962, S. 263.

7) Zu seiner Stellung und Bedeutung in der jüdischen Geschichte siehe H. M.
   Graupe, Die Entstehung des modernen Judentums, 2. Auflage, Hamburg 1977,
   S. 80ff.

8) Lev 26,40, vgl. aber auch Num 5,7.

9) Ez 39,23, vgl. aber auch ib. 22

10) yYom 38c, MTeh zu Ps 137, S. 526 Buber

11) Siehe den Kommentar "Lechem dima" von Samuel de Ozeida (16. Jahrhundert)
    zu Thr 5,7 gegen Ende, der sich auf die "Weisen Kastiliens" beruft.

12) Ueber ihn siehe A. Shohat, The Opinions of Daniel Alkumasi ... (hebr.), in:
    Y. F. Baer Jubilee Volume, Jerusalem 1960, S. 125-133.

13) Siehe G. Vajda, La Théologie ascétique de Bahya ibn Paquda, Cahiers de la
    Société Asiatique 7, Paris 1947.

14) Eine knappe, meisterliche Charakterisierung dieser Kultur gab Joseph G.
    Weiss, Höfische Kultur und höfische Dichtung (hebr.), in: World Congress of
    Jewish Studies 1947, Jerusalem 1952, S. 396ff.

15) in: Zion 3 (1938) S. 1-50.

16) Major Trends in Jewish Mysticism, 3. Aufl., London 1955, S. 83f.

17) J. Katz, Exclusiveness and Tolerance, Oxford 1961, S. 57 und S. 93ff.

18) op. cit., S. 103 ff.

19) Galut, Berlin 1936, S. 38.

20) Jüdische und christliche Konvertiten im jüdisch-christlichen Religionsgespräch des Mittelalters, in: Miscellanea Mediaevalia 4, ed. P. Wilpert, Berlin 1966, S. 282.

21) Man denke etwa an den erbitterten Kampf des normativen Judentums gegen den Chassidismus im 18. Jahrhundert, dem Antinomismus vorgeworfen wurde. Heutzutage würde kaum jemand die Behauptung wagen, der Chassidismus habe den Rahmen des Judentums verlassen. Es waren eben Kräfte in dieser Bewegung vorhanden, die solch radikale Tendenzen zu neutralisieren vermochten.

22) Ausser dem bereits (A. 17) zitierten Werk seien besonders erwähnt: Tradition and Crisis, Glencoe 1961, und Martyrdom in the Middle Ages and in 1648-49 (hebr.), in: Y.F. Baer Jubilee Volume, Jerusalem 1960.

23) Hierzu und für eine eingehende Analyse von Mendelssohns "Jerusalem" siehe A. Altmann, Moses Mendelssohn, Alabama 1973, S. 502ff.

24) Zitat Mendelssohns: Moses Mendelssohns gesammelte Schriften, ed. G.B. Mendelssohn, Leipzig 1843-45 (im folgenden: GS), III, S. 307.

25) GS III, S. 348.

26) GS III, S. 350f.

27) GS III, S. 353.

28) Collision ist ein Schlüsselbegriff in Mendelssohns Staatsrechtslehre.

29) bKet 110b gegen Ende.

30) GS III, S. 354f.

31) Ein eindringlicher Appell zu innerjüdischer Toleranz steht am Schluss von Mendelssohns "Vorrede zu Manasseh ben Israels 'Rettung der Juden'" (1782), GS III, S. 201f.

32) Berlin, 1. Aufl. 1884, 2. Aufl. 1894. D. Hoffmann (1843-1921) war Rektor des (orthodoxen) Rabbinerseminars zu Berlin, wo er 48 Jahre lang dozierte, hervorragender Talmudist und Erforscher der Midraschliteratur, Bibel-Kommentator und wissenschaftlicher Gegner der Graf-Wellhausenschen Bibelkritik. Bei allem polemischen Temperament (im 19. Jahrhundert ohnehin keine Seltenheit) muss Hoffmann eine aussergewöhnliche Milde und Güte ausgestrahlt haben.

33) Das erwachende Selbstgefühl des modernen Judentums, das sich im Zionismus artikuliert, ist der Apologetik verständlicherweise abhold. Diese Abneigung, auf einem klaren zionistischen Credo beruhend, ist gerade bei so bedeutenden Wissenschaftern wie G. Scholem, Y.F. Baer und J. Katz recht deutlich zu spüren.

34) Eine knappe, treffliche Einführung in Hermann Cohens Werk und Wesen gibt P.P. Grünewald, Hermann Cohen. Hannover 1968.

35) Tradition and Crisis, hebräische Ausgabe, Jerusalem 1958, S. 53.

36) Galut, S. 98ff.

22

Olof Gigon

HEIDEN - JUDEN - CHRISTEN

Um die in mehr als einer Hinsicht paradoxe und einzigartige Stellung des Judentums schon in der Antike einigermassen zu verstehen, bleibt kein anderer Weg übrig als der, die drei im Titel genannten historischen Grössen zunächst für sich allein zu analysieren.

Beginnen wir mit den Heiden, also den Griechen und Römern der vorchristlichen Antike, so ist zu allererst ein tiefgehender Gegensatz zwischen der griechischen und der römischen Religion zu konstatieren.

Schon die frühesten Stadien, in denen wir die griechische Religion fassen können, zeigen, wie die an vielen bestimmten Kultorten zu bestimmten Kultzeiten durch bestimmte Kultträger in fest überlieferten Formen jeweils bestimmten Göttern als Bitte, Dank und Huldigung dargebrachte Verehrung, also die Kultreligion als Institution unaufhaltsam an Boden verliert. Die Griechen haben zu ihren profanen wie sakralen Institutionen immer ein problemreiches Verhältnis gehabt. Es ist ein seltsames und überaus nachdenkenswertes Phänomen, wie früh auf der einen Seite weite Bereiche des Kultischen: die Tempel, die Götterbilder, die Kultfeste ihren ursprünglichen Sinn verlieren und nur noch aesthetisch als schön und prächtig oder gar nur als unterhaltend empfunden werden, und wie auf der andern Seite die Berichte von den Machterweisen dieser oder jener Gottheit (Berichte, auf die sich der Bittende zu berufen pflegt: "Da du damals geholfen hast, so hilf nun auch mir") in die Hände der Dichter geraten und nun zu unverbindlichen Erzählungen über das Leben und Treiben der Götter umgeformt werden. Diese Erzählungen erregen ihrerseits Widerspruch, und gegen die Erfindungen der Dichter entsteht eine rational gereinigte philosophische Theologie, die allerdings mit der Kultreligion auch nichts mehr gemein hat.

Es kommt dazu, dass in der griechischen Religion die kultischen Reinheitsvorschriften nur teilweise mit dem übereinstimmten, was eine ganz andere Tradition als moralische Verpflichtungen setzte. Genau besehen trägt das Handeln der Gottheit bei den Griechen nur in zwei Punkten moralische Züge: sie bestraft diejenige Ungerechtigkeit, die sich dem staatlichen Richter zu entziehen vermag, und sie bestraft denjenigen, der die Anmassung (Hybris) hat, Gott gleich sein zu wollen. Dies ist alles.

Damit hängt schliesslich zusammen, dass die griechische Religion keine Heiligen Bücher kennt (die Orakelsammlungen sind etwas anderes), darum auch keine religiös-theologische Orthodoxie, und dass schliesslich die Amtsträger, also die Priester, in der Regel reine Kultbeamte sind, respektiert, aber nicht besonders angesehen und gänzlich ohne jeden gesellschaftlichen oder politischen Einfluss.

Jeder Staat hat natürlich seine staatserhaltende Gottheit; dabei wird es zu guter Letzt weniger wichtig, dass man für den Staat auf eben diese Gottheit vertraut, als dass der Grieche sich völlig bewusst ist, dass diese Gottheit für Athen eine andere ist als für Theben, und für Korinth oder Sparta wieder eine andere. Hier findet sich eine der Quellen der für das Griechentum bezeichnenden Liberalität oder seinen Pluralismus, wenn man diesen Begriff vorzieht; von ihm wird weiter unten nochmals die Rede sein.

Der in der klassischen und nachklassischen Zeit über alle Massen verdünnten griechischen Religion steht die römische Religion mit ihren sehr viel widerstandsfähigeren Institutionen gegenüber. Natürlich hat die Dichtung und philosophische Aufklärung der Griechen bei den gebildeten Römern seit dem Beginn des zweiten Jahrhunderts v. Chr. eine ausserordentlich grosse Rolle gespielt. Umso merkwürdiger ist, dass die römische Religion mit ihrem Gefüge von Kultstätten, Kultfeiern und Kultträgern nicht ernsthaft erschüttert worden ist. Die römischen Priesterkollegien sind bis in die Spätantike hinein hoch angesehen geblieben, und die Römer haben sich selbst den Griechen gegenüber stets als ein von Grund auf gottesfürchtiges Volk empfunden, darum auch als ein Volk, das mit Recht auf den besondern Schutz der Götter hoffen durfte und mit Recht den Anspruch erhob, über den ganzen Erdkreis hin die Gerechtigkeit herzustellen: "parcere subiectis et debellare superbos", wie der unzählige Male zitierte Vers Vergils (Aeneis VI 853) lautet. Rom hat, anders als die Griechen, ein eigentümliches Auserwähltheitsbewusstsein besessen; nichts ist charakteristischer als die Tatsache, dass die Griechen die Schöpfer der Wissenschaft der Ethnologie geworden sind (wozu sie ihr unerschöpfliches Interesse an fremden Ländern und Völkern befähigte), während die Römer niemals auch nur das geringste spontane Interesse für das Leben und Denken ihrer Nachbarn in Italien gezeigt haben. Samniter und Etrusker hatten dankbar zu sein, dass sie unter römischer Verwaltung leben durften. Ihre eigenen sprachlichen und kulturellen Traditionen waren den Römern völlig gleichgültig.

In einem wichtigen Punkte allerdings berühren sich die griechische und die römische Religion. Beide sind Kult- und Staatsreligionen. Die Begehungen gelten dem Wohl des Staates, an ihnen teilzunehmen ist zwar nicht streng geboten, gehört aber doch zum bürgerlichen Anstand. Um die Sorgen und Hoffnungen des Einzelnen kümmert sich eine solche Religion nicht. So treten neben den Staatskult die Privatkulte, und in Griechenland gewissermassen zwischen Staatskult und Privatkult in der Mitte die Mysterienkulte. Es sind Kulte, an denen nicht jedermann ohne weiteres teilnehmen kann. Der Einzelne muss sich darum bewerben, in die Kultgemeinde aufgenommen zu werden; er wird auf seine Würdigkeit hin geprüft, und über die Erkenntnisse und Verheissungen, die ihm zuteil werden, wenn er einmal Gemeindemitglied geworden ist, muss er Aussenstehenden gegenüber Stillschweigen bewahren. Die Verheissungen solcher Kulte gehen den Einzelnen an, sein Gedeihen in diesem Leben und ein gutes Geschick im jenseitigen Leben.

Bemerkenswert ist immerhin, dass die Exklusivität solcher Gemeinden niemals, soweit wir wissen, soweit gegangen ist, dem einzelnen Gemeindemitglied den Beitritt zu anderen, ähnlichen Kultgemeinden zu verbieten. Vor allem aus der späteren Antike kennen wir viele Fälle, in denen ein Einzelner gleichzeitig in viele Mysterienkulte eingeweiht war und an deren Begehungen teilnahm.

Der Auserwähltheitsanspruch der Römer hat sich niemals auch auf die Religion bezogen; sie liessen fremde Religionen gewähren, interessierten sich allerdings auch kaum für sie. Die Griechen haben einen solchen Anspruch nie gestellt. Doch auch bei ihnen (wie sekundär bei den Römern) hat das, was wir Toleranz nennen, bestimmte Grenzen gehabt, und dies in zwei Richtungen. Einmal sind Kulte verpönt, deren Begehungen mit der "Würde des Menschen", wie sie die Griechen verstanden, unvereinbar waren. Dies bezieht sich auf Menschenopfer, kultische Selbstverstümmelungen und auch auf alle Tierkulte. Die andere Grenze betrifft die privaten Kultvereinigungen und ihre

Schweigepflicht. Es ist damit zu rechnen, dass in solchen Fällen
zu allen Zeiten derselbe psychische Mechanismus aktiviert worden ist: Wo etwas verschwiegen wird, folgert man, dass der Andere etwas zu verschweigen hat, und dann drängt sich die Vermutung auf, dass das, worüber geschwiegen wird, entweder sittlich
anstössig oder politisch subversiv ist. Die Teilnahme an anstössi-
gen Kulten (die Bedeutungsentwicklung des etymologisch völlig un-
schuldigen Wortes "Orgia" = Orgie ist bezeichnend) war zwar
nicht strafbar, aber deklassierend; doch die Teilnahme an Kulten, die verdächtig waren, unter religiöser Verhüllung politisch
revolutionäre Ziele zu verfolgen, konnte nicht geduldet werden.
Der klassische Fall ist die brutale Unterdrückung und Zerstörung
der Kultgemeinden des Dionysos-Bacchus in Italien im Jahre 186
v. Chr. (Livius, 39, 8).

Das Auserwähltheitsbewusstsein verbindet Rom mit dem alten Israel über die Griechen hinweg, die es trotz ihrem Stolz auf die
griechische Paideia nicht kennen. Woher es beim einen wie beim
andern Volke stammt, ist nicht ganz leicht zu sagen. Was Israel
angeht, so mag das Paradeigma der altorientalischen Grossrei-
che, die alle eine von Gott selbst zugesicherte Weltherrschaft
beanspruchen, eine Rolle gespielt haben. Die Lage Israels ist
freilich diesen Grossreichen gegenüber im strengsten Sinne pa-
radox: die Auserwähltheit stützt sich gerade niemals auf eine geschichtliche Realität; sie hat sich nur von einer immer wieder
erneuerten Hoffnung nähren können. In Rom ist dies ganz anders.
Da hat die Reihe spektakulärer Erfolge im militärischen und politischen Bereich etwa zwischen 320 und 240 v. Chr. (teilweise wohl
auch unter dem Einfluss griechischer Theorien) den Glauben be-
festigt, Rom habe den Auftrag von den Göttern, in der Welt Ordnung und Gerechtigkeit und Sittlichkeit herzustellen. Der Glaube
wird oft genug blosser Vorwand gewesen sein. Zuweilen aber war
er gewiss echt und verbindet dann in sonderbarer Weise das römische Pathos mit dem der assyrischen, babylonischen, persischen Grosskönige.

Israel ist zu allen Zeiten ein aufs äusserste bedrängtes Volk gewesen. Es hat Deportationen und Rückwanderungen, gescheiterte
Revolutionen und Demütigungen aller Art auf sich nehmen müssen.
Da wurde dann die Religion zum unauflösbaren Bindemittel. Dass
die Religion den Bestand des Volkes im elementaren Sinne gerettet hat, gilt für die Juden noch mehr als dies in neuerer Zeit für

das griechische Volk zwischen 1453 und 1820 gegolten hat. Da fällt denn die Kultgemeinschaft und die politische Gemeinschaft vollkommen in eins zusammen.

Die Kultgemeinschaft als solche entwickelt einen Exklusivitätsanspruch, den die unbedrängten Griechen und Römer der Antike nie gekannt haben. Hier gilt, dass man nur dem einen Gotte dienen darf und keinem anderen, dass man nur einer Gemeinde angehören kann und nicht auch noch anderen; wer sich verführen lässt, sich andern Göttern und andern Gemeinden zuzuwenden, schliesst sich damit selbst aus der eigenen Gemeinde aus.

Es kommt dazu, dass diese Religion das ganze Leben erfasst. Die Basis sind die Heiligen Bücher, aus denen alles entnommen werden kann, was der Mensch zu wissen braucht, um gottgefällig zu handeln. Feiertag und Arbeitstag treten zu einander in einen Gegensatz, wie er bei Griechen und Römern undenkbar war. Die Zugehörigkeit zur Gemeinde wird gesichert durch die Beschneidung, einen Akt sakraler Selbstverstümmelung, den die Griechen nur als barbarisch empfinden konnten.

Dabei bleibt die Geschichte Israels, soweit sie uns hier angeht, voll von Rätseln. Durch Alexander d. Gr. kommt Israel unter die Herrschaft der Griechen, von 301 bis 198 v. Chr. gehört es zum Reich der Ptolemäer, dann von 198 an zu demjenigen der Seleukiden. Es bleibt noch ungeklärt, was den Seleukidenkönig Antiochos IV. Epiphanes (175-164) veranlasst hat, gegen alle Traditionen griechischer Liberalität mit ausgesuchter Härte gegen das jüdische Volk vorzugehen und den Versuch zu unternehmen, mit den Mitteln des Staates die jüdische Religion zu beseitigen, die Sabbatfeier und die Beschneidung in aller Form zu verbietenusw.Das Judentum sollte offenbar systematisch und ohne Rücksicht hellenisiert werden, doch der Historiker kann sich nur mit Verwunderung fragen, weshalb gerade dieses politisch und militärisch völlig ungefährliche kleine Volk zu einem derartigen Experiment ausersehen wurde und nicht irgend eines der zahlreichen anderen Barbarenvölker, die dem Seleukidenreich angehörten.
Die Unterdrückung hat Widerstand erzeugt. Es kam zu einem langwierigen erbitterten Kriege, der erst 142 v. Chr. damit endete, dass den Juden eine gewisse Autonomie zugebilligt wurde. Merkwürdig ist, dass in derselben Epoche das ethnologi-

sche Interesse für die Religion und die Sitten der Juden dauernd
wach blieb. Etwa fünfzig Jahre nach dem Ende des Krieges hat
der aus dem Reich der Seleukiden stammende stoische Philosoph
und Historiker Poseidonios mit Bewunderung vom reinen Monotheismus der Juden gesprochen. Schon in der Ptolemäerzeit war
das Alte Testament ins Griechische übersetzt worden und trat
in die Reihe derjenigen Werke, mit denen Vertreter der alten
ägyptischen, babylonischen und phönizischen Kultur in griechischer Sprache ihre reiche und ehrwürdige Vergangenheit den
griechischen Lesern zur Kenntnis brachten. Um diese Einzel-
heit vorwegzunehmen: Man hat dem Alten Testament sein holpe-
riges Griechisch nie übel genommen, da man ja wusste, dass es
sich da um Dokumente handelte, die viel älter waren als die Ge-
dichte Homers; das Neue Testament ist verfasst worden in der
Zeit des gepflegten Attizismus der frühen Kaiserzeit, und dass
die Autoren ein so schlechtes Griechisch geschrieben haben, hat
das Bemühen der Christen um Gewinnung der gebildeten Griechen und Römer ausserordentlich erschwert.

Wir werden umgekehrt nicht vergessen, dass um die Zeitenwende
einer der gewandtesten und fruchtbarsten philosophischen Schriftsteller ein Jude gewesen ist, Philon von Alexandrien, der sich
sein Leben lang bemüht hat, durch geeignete Interpretation eine
Verbindung zwischen dem Alten Testament und der platonisch-
aristotelisch-stoischen philosophischen Tradition herzustellen.
Es ist mir nicht bekannt, wie seine jüdischen Zeitgenossen diesen Versuch aufgenommen haben; dass er die Haltung der Griechen gegenüber Israel substanziell beeinflusst hätte, ist nicht zu
erkennen; doch für die Christen ist seine Exegese des Alten Testaments vorbildlich geworden. Dass der grössere Teil seiner
zahlreichen Schriften erhalten geblieben ist, wird wesentlich dem
leidenschaftlichen Interesse der Christen verdankt.

Doch kehren wir zurück zum Verhältnis des Judentums zu Griechen und Römern. Im Hellenismus bildet sich das aus, was man
den antiken Antisemitismus genannt hat, eine generelle Animosi-
tät gegen die Juden, die nie mehr ganz überwunden worden ist.
Wir haben es da mit einer der ausweglosen Situationen zu tun, an
denen die Weltgeschichte so reich ist. Auf der einen Seite hing
die Fortexistenz des jüdischen Volkes daran, dass es bedingungs-
los an seiner religiösen Tradition festhielt und sich nach keiner
Seite hin zu Kompromissen verführen liess. Es wusste sich von

Gott auserwählt, ohne je den Versuch zu machen, andere Völker in grossem Stile zu seinem Glauben zu bekehren. Es schloss sich in sich ab, wie es von allen Seiten her bedrängte Völker immer wieder getan haben (man kann mutatis mutandis sogar an die Spartaner des 6. und 5. Jhd. v. Chr. denken): wer am jüdischen Gemeindekult teilnahm, durfte an keinem anderen Kult teilnehmen, und wer anderen Kultgenossenschaften angehörte, hatte keinen Zutritt zum jüdischen Kult.

Doch genau dies war es, was die Griechen, sekundär auch die Römer immer wieder reizte. Das Denken der Griechen war durch Liberalität wie durch Unverbindlichkeit gekennzeichnet, wie ja in der Regel derjenige alles gelten lässt, der selber nirgendwo fundamental engagiert ist. Die Abgeschlossenheit der jüdischen Gemeinde wurde unweigerlich als Arroganz interpretiert, die Seltsamkeit mancher Gebräuche als skurrile Archaismen und der Ausschluss Aussenstehender als das Eingeständnis, dass man sittenwidrige oder politisch bedenkliche Begehungen abhielt, die zu verstecken man allen Grund hatte. So kam eine Antinomie zustande, die von der Gesamtsituation her nicht zu überwinden war. Weder konnten die Juden sich selbst verleugnen noch die Anderen über ihr Misstrauen hinwegkommen.

Allerdings bleiben auch so genug Rätsel. Nicht nur die brutale Härte des Seleukiden Antiochos IV. fällt beunruhigend aus dem Stil griechischen Lebens und Regierens heraus, es bleibt auch politisch-kulturell gesehen absurd, dass rund zweihundertunddreissig Jahre nach Antiochos IV. die römischen Kaiser Vespasian und Titus sich veranlasst gesehen haben, mit schonungsloser Gewalt gegen die Juden vorzugehen, von vornherein in der Absicht, für alle Zeiten jede Restauration eines jüdischen Staates unmöglich zu machen. Man hat es wohl noch kaum ausgesprochen, wie grotesk es eigentlich ist, dass der Sieg des römischen Imperiums über eines der vielen kleinen Völker des Nahen Ostens in einem prunkvollen Triumphbogen auf dem Forum Romanum gefeiert worden ist. Hätte es sich um Parther, Sarmaten, Germanen gehandelt, hätte man das Gefühl des Stolzes und der unendlichen Erleichterung nach einem endgültigen Siege durchaus verstanden. Aber wie konnte das jüdische Volk je zu einer Gefahr für das Imperium werden, und was vermochte seine Destruktion für das Gedeihen des Imperiums zu leisten? Hier bleibt ein Moment, das sich **nicht** ohne Rest aufhellen lässt.

Es ist nun noch ein Wort über das antike Christentum zu sagen. Dass es aus dem Judentum hervorgegangen ist, ist unbestreitbar und nie bestritten worden. Anders gesagt, hat das Christentum von vorne herein auf zwei Fronten zu kämpfen, gegen das Heidentum und gegen das Judentum.

Als das jüdische Erbe lassen sich drei wesentliche Dinge herausheben. Das erste ist, wie schon angedeutet, das Alte Testament. Es wird selten genug herausgearbeitet, wieviel das Christentum dadurch gewonnen hat, dass es das Alte Testament für sich annektierte. In einer Zeit, die begonnen hatte, sich für chronologische Probleme zu interessieren und der die Tatsache immer wieder vor Augen geführt wurde, dass die altorientalischen Kulturen um Tausende von Jahren älter waren als die Kultur der Griechen und Römer, war es ein unvergleichlicher Gewinn, nachweisen zu können, dass der eigene Glaube nicht eine Novität aus der Zeit des Kaisers Augustus war, sondern mit seinen Wurzeln bis in die Urzeit der Menschen zurückreichte. Wenn weiterhin bei den Griechen noch mehr als bei den Römern die Gottheit dadurch ausgezeichnet war, dass sie die Zukunft voraussah und sie durch gottbegnadete Seher voraussagen lassen konnte, so konnte nun das Christentum darauf bestehen, dass die seherische Kraft der Propheten des Alten Bundes noch unvergleichlich viel mächtiger war als diejenige irgendeines antiken Orakels oder Sehers. Und wenn endlich der antike Mensch zu allen Zeiten durch den Staatskult frustriert war und nur in den privaten Kultgemeinden, so gut es ging, Trost für seine persönlichen Aengste und Leiden fand, so hatte nun das Christentum vor allem in den Psalmen Texte anzubieten, in denen der Einzelne auf eine Weise mit seinem Gotte sprach und von ihm angehört wurde, wie es in der griechischen und römischen Welt völlig unbekannt war. Da entstand ein einzigartiges Gleichgewicht zwischen den Anstrengungen der Christen, das, was sie zu sagen hatten, für die Gebildeten in der Sprache der griechischen Philosophie auszudrücken, und dem Angebot einer radikal persönlichen Relation zwischen Gott und dem seiner Schwachheit bewussten Menschen, das gerade auf diejenigen befreiend wirken musste, denen der Trost der Philosophie weder zugänglich war noch genügen konnte.

Das zweite Erbstück ist der Monotheismus, der freilich bei den Christen nicht ganz die eindeutige Form hat , die er im

Judentum und später wieder im Islam besass, aber doch zu allen
Zeiten als ein grundlegendes Unterscheidungsmerkmal der Viel-
götterei der Griechen und Römer gegenüber galt.

Vergleichbares gilt für das dritte Stück, die Gemeindeexklusivi-
tät. Mit dem Judentum hatte das Christentum die Forderung gemeinsam, dass wer zur eigenen Gemeinde gehörte, keiner andern
Gemeinde angeschlossen sein durfte. Der Christ durfte genau so
wenig wie der Jude nebenher auch Teilnehmer am Isis- oder
Mithraskult sein. In der Frage der Schweigepflicht freilich bleibt
die Situation undurchsichtig. Vermutlich könnte man zeigen, wie
die christliche Gemeinde immer wieder hin und her gerissen war
zwischen der Tendenz, nicht nur im Sinne des jüdischen Kultes
sondern noch mehr nach dem Vorbild antiker Mysterienreligionen
(die es gewissermassen zu übertrumpfen galt) die eigenen Begehungen geheim zu halten (was dann augenblicklich Verdächtigungen aller Art hervorrief, nachzulesen etwa bei Tertullian), und
der Gegentendenz, nun gerade umgekehrt die Transparenz anzu-
streben; da hatte dann zu den Kultstätten und Kultbegehungen
jedermann freien Zutritt und konnte sich überzeugen, dass nichts
geschah, was vor der Oeffenlichkeit verborgen werden müsste.

Was umgekehrt das Christentum fundamental vom Judentum
unterschied, war der Anspruch, allen Völkern die Versöhnung
mit Gott zu bringen. Die Christen verstanden sich als "ein Volk"
eigener Art, in gleicher Distanz von allen Völkern, unter denen
sie lebten. Das Ziel ihres Glaubens war programmatisch, alle
Menschen zu gewinnen, etwas, was bis dahin keine Religion beansprucht hatte. Es ergaben sich daraus gewissermassen von
selbst drei charakteristische Folgerungen.

Die erste ist die Lösung vom jüdischen Kult und von der jüdischen sakral determinierten Lebensordnung, die Lösung vom
"Gesetze". Das Christentum instituierte einen eigenen Kult und
eine eigene Lebensordnung, und es ist in der Regel zu wenig
hervorgehoben worden, dass der christliche Kult es von Anfang
an verstanden hat, als ausgeformter Kult zu bestehen, ohne die
Seltsamkeiten des jüdischen Kultes oder gar die zum Teil mon-
strösen Extravaganzen mancher Mysterienkulte nachzuahmen.
Der christliche Kult hatte einen "Stil", der dem nach Anschauung und kultischer Handlung verlangenden Gläubigen ent-
gegenkam, ohne den guten Geschmack des Gebildeten zu verletzen.

Das zweite ist eine Bereitschaft zur Aufnahme und Integration antiker kultureller und vor allem philosophischer Traditionen, die wesentlich über das hinausging, was mit einer leicht literatenhaften Unbekümmertheit Philon von Alexandrien versucht hatte. Die Bereitschaft hätte gefährlich werden und das Christentum unversehens in eine Philosophenschule neben allen andern verwandeln können. Man darf auch da betonen, dass die christliche Gemeinde es verstanden hat, sich dem griechisch Gebildeten zu empfehlen,ohne die eigene kultische und religiöse Substanz zu zerstören.

Das dritte endlich ist die politische Anpassungsfähigkeit. Man darf sich durch die Christenverfolgungen, die in der Ueberlieferung zweifellos öfters dramatischer geschildert werden als sie in Wirklichkeit waren (weder Arnobius noch Lactanz haben, so weit wir wissen, durch die Verfolgungen des späten 3. Jhd. zu leiden gehabt), nicht irre machen lassen. Das Christentum war prinzipiell immer zur Mitarbeit an der Verwaltung des römischen Imperiums bereit. Schliesslich hat man die Koinzidenz der Geburt Christi mit der Befriedung des Imperiums durch Augustus immer wieder als providentiell empfunden, und es wurde gemunkelt, dass schon Kaiser Tiberius Sympathien für die Christen gehabt hätte. Das Judentum war und blieb in diesem Punkte blockiert. Es war und blieb die Religion eines bestimmten geschichtlichen Volkes, und der Konflikt zwischen der Loyalität zum eigenen Volke und derjenigen zum Imperium war latent immer vorhanden. Diesen besondern Konflikt kannte das Christentum nicht. Gewiss, es gab den andern Konflikt, der sich am berühmt-berüchtigten "Kaiserkult" entzündete: Durfte der Christ dem Genius des Kaisers, in dem sich die Gewissheit der ewigen Dauer des Reiches sammelte, ein Opfer darbringen? Viele, vielleicht die Mehrzahl mögen es mit schlechtem Gewissen getan haben; andere weigerten sich bis zum Schluss. Dies war jedoch ein Sonderproblem, wichtig gewiss, aber immerhin von begrenzter Bedeutung. Wo das Opfer nicht gefordert wurde, stand nichts im Wege, was den Christen hätte hindern können, im Staatsdienst eine beachtliche Karriere zu durchlaufen.

Um schliesslich zur Ausgangsfrage zurückzukehren: Aufs ganze gesehen war das Verhältnis der christlichen Gemeinde zur griechisch-römischen Kultur ein unproblematisches. Entscheidend war der von Anfang an bestehende Wille, diese Kultur soweit als irgend möglich zu rezipieren und in sie Eingang zu finden - was ja dann auch gelungen ist. Dem Judentum gegenüber bestand das, was man heute ein dialektisches Verhältnis zu nennen pflegt: eine einzigartige Nähe und eine einzigartige Ferne. Das Christentum hat seinen Ursprung nie verleugnet und das Alte Testament, wie wir hervorhoben, in vollem Umfang für sich annektiert, wenn auch in seinem Sinne umgedeutet; auf der andern Seite vergass es nie, dass die Juden Christus getötet hatten, und dies wurde als eine Schuld verstanden, die nicht bloss eine einzelne Generation mit ihren Schriftgelehrten und Hohepriestern in einer unseligen, aber dennoch vorübergehenden historischen Situation auf sich geladen hatte, sondern die das ganze Volk ein für alle Male solidarisch traf, auch dies eine der Singularitäten, an denen die Geschichte des antiken Israel reich ist; der einzigartigen Auserwähltheit des ganzen Volkes antwortet da die ebenso einzigartige Schuldigerklärung des ganzen Volkes.

Soviel mag zu diesem Thema von der Seite des Historikers der Antike gesagt werden. Die Möglichkeit, dass es über die historische Interpretation hinaus noch eine theologische gibt, darf dabei stillschweigend vorbehalten bleiben.

Franz Annen

SAULUS, DER CHRISTENVERFOLGER –
PAULUS, DER KRITIKER DES JUDENTUMS

Das Neue Testament ist das älteste christliche Zeugnis für die Spannungen, die das jüdisch-christliche Verhältnis von Anfang an begleiteten. Die 27 Schriften, die zusammen das Neue Testament bilden, sind zum grössten Teil in der zweiten Hälfte des ersten Jahrhunderts unserer Zeitrechnung entstanden, in einer Zeit also, in der sich die Anhänger Christi allmählich zu einer vom Judentum getrennten Glaubensgemeinschaft entwickelten, einer Glaubensgemeinschaft, die sehr bald überwiegend aus Heidenchristen bestand und so das jüdische Gepräge immer mehr verlor. Dass diese Loslösung vom jüdischen Mutterboden nicht ohne Konflikte vor sich gehen konnte, ist einigermassen einleuchtend. Dieser Konflikt hat sich im Neuen Testament auf vielfältige Weise niedergeschlagen und hat durch dieses Grunddokument christlichen Glaubens über die Jahrhunderte hinweg bis in unsere Zeit hinein weitergewirkt. Immer wieder holen sich hier grosse und kleine Judenhasser ihre scheinbare religiöse Rechtfertigung und theologische Basis. Wenn sich jüdische und christliche Forscher heute daranmachen, die vielfältigen und schwerwiegenden Probleme aufzuarbeiten, die im Verhältnis der beiden Religionsgemeinschaften seit Jahrhunderten, z. T. von Anfang an Unheil gestiftet haben, muss daher das Neue Testament ein sehr wichtiger Gesprächsgegenstand sein.

Im Brennpunkt der jüdisch-christlichen Auseinandersetzungen der ersten Jahrzehnte stand die grosse Gestalt des geborenen Diasporajuden und späteren Völkerapostels Paulus. Und wenn ich recht sehe, steht er immer noch zwischen Juden und Christen als unübersehbarer Stein des Anstosses. "Man kann heute von einer Heimholung Jesu in sein jüdisches Volk sprechen... In Bezug auf Paulus ist das noch nicht der Fall", schreibt Schalom Ben-Chorin in seinem Paulusbuch (1). Das Problem "Paulus" ist im jüdisch-christlichen Dialog bis jetzt jedenfalls nicht bereinigt. Ich bin mir bewusst, dass es auch mit dem vorliegenden Beitrag nicht bereinigt werden kann. Aber vielleicht ist wenigstens ein kleiner Schritt auf dieses Ziel hin möglich.

Zunächst ein kurzes Wort zu den neutestamentlichen Quellen, die für das wissenschaftliche Gespräch über Paulus zur Verfügung stehen. Da ist zunächst die Apostelgeschichte zu nennen. Sie liefert zwar viele Angaben über Leben und Werk des

Völkerapostels. Aber unter den Forschern ist sehr umstritten,
wieviel davon historisch getreue Ueberlieferung und wieviel der
theologischen Absicht des Verfassers zu verdanken ist. So möchte ich sie als Quelle nur dort benützen, wo ihre Aussagen auf der
Linie der Paulusbriefe selber liegen. Auch von den unter dem
Namen des Paulus überlieferten Briefen des Neuen Testamentes
stütze ich mich nur auf jene, die heute vom überwiegenden Teil
der Exegeten als echt angesehen werden (2): 1 Thess, Gal, 1 und
2 Kor, Phil, Phlm, Röm. Keiner dieser Briefe liefert eine systematische und umfassende Darstellung, wie Paulus sein Verhältnis zum Judentum sieht. Sie alle sind vielmehr Gelegenheits-
schriften, meist in einer Situation verfasst, die durch Kampf und
Polemik geprägt war. Nur der Römerbrief wirkt etwas entspann-
ter und ausgeglichener.

So kann auch der vorliegende Beitrag nicht eine systematische
Darstellung liefern. Eine solche wäre subjektive Kombination,
von den Quellen her nicht zu rechtfertigen. Ich werde vielmehr
versuchen, in einer Art Uebersicht die ganze Bandbreite der Gesichtspunkte zur Sprache zu bringen. Nur so kann sich ein einigermassen ausgewogenes Bild ergeben. Ich möchte das Verhältnis
des Apostels Paulus zum Judentum unter zwei Gesichtspunkten beleuchten:

1) Ein erster Teil zeichnet den Weg des Paulus biographisch nach,
wie er vom eifrigen Verfolger der Anhänger Christi zum ebenso
eifrigen Apostel Christi bei den Heiden wird und nun seinerseits
unter den Nachstellungen seiner Volksgenossen zu leiden hat. Dieser Blick auf das Leben des Paulus ist die notwendige Voraus setzung für das richtige Verständnis seiner Aussagen und Stellungnahmen zum Judentum in seiner "christlichen" Lebensperiode.

2) Um diese geht es dann im zweiten Hauptteil, der theologisch
die paulinische Sicht der Vergangenheit Israels, des Judentums
in der Begegnung mit dem Evangelium Christi und der Zukunft
Israels darstellen will.

I. Vom Verfolger zum Verfolgten

Die wenigen biographischen Angaben der Paulusbriefe erlauben
es nicht, einen lückenlosen, chronologisch gesicherten Lebens-
lauf nachzuzeichnen. Erst recht bleiben seine psychologische
Entwicklung und menschliche Reifung weitgehend im Dunkeln.
Das gilt für die Zeit vor seiner Bekehrung, aus der wir keine
direkten Zeugnisse haben, sondern nur wenige Erinnerungen in
späteren Briefen des Apostels. Das gilt aber auch für die Zeit
seiner apostolischen Tätigkeit, aus der uns zwar mehrere Briefe erhalten sind, deren chronologische Einordnung aber Schwierigkeiten bereitet. Aus den wenigen Schlaglichtern, die von den
Briefen auf das Leben des Apostels fallen, lassen sich dennoch
ein paar Linien ausziehen, die in unserer Fragestellung wichtig
sind.

1) Der Jude und Christenverfolger

Ueber die Herkunft und den Werdegang des Juden Schaul-Paulus
(3) wissen wir nur summarisch Auskunft. Vor allem zwei Stellen in seinen Briefen sind in diesem Zusammenhang zu zitieren;
einmal Gal 1, 13-14:

> "Ihr habt ja gehört, wie ich früher als gesetzestreuer
> Jude gelebt habe, und wisst, wie masslos ich die Gemein-
> de Gottes verfolgte und zu vernichten suchte. In der Treue
> zum jüdischen Gesetz übertraf ich die meisten Altersge-
> nossen in meinem Volk und mit grossem Eifer setzte ich
> mich für die Ueberlieferungen meiner Väter ein. "

Eine zweite Stelle, Phil 3, 5-6, bestätigt die Angaben des Gala-
ter-Briefes und fügt weitere Einzelheiten hinzu:

> "Ich bin am achten Tag beschnitten, bin aus dem Volk Is-
> rael, vom Stamm Benjamin, ein Hebräer von Hebräern,
> lebte als Pharisäer nach dem Gesetz, habe voll Eifer die
> Kirche verfolgt und war untadelig in der Gerechtigkeit,
> wie sie das Gesetz vorschreibt. "

Aus diesen stichwortartigen Angaben ergibt sich, dass Paulus jüdischer Abstammung, "Hebräer von Hebräern" (Phil 3, 5; vgl. auch 2 Kor 11, 22) ist. Man hört aus dem Tenor der Texte heraus, dass er durchaus kein gespaltenes Verhältnis zu seiner Herkunft hat, sondern vielmehr stolz darauf ist, "ein Nachkomme Abrahams" (Röm 11, 1; 2 Kor 11, 22) zu sein, "aus dem Volk Israel" (Phil 3, 5; vgl. auch Röm 11, 1; 2 Kor 11, 22) zu stammen, und zwar "aus dem Stamm Benjamin" (Phil 3, 5; Röm 11, 1). Seinen Geburtsort nennt er in den Briefen nirgends. Nichts spricht dagegen, dass die Angabe der Apostelgeschichte richtig ist, nach der er in Tarsus in Zilizien beheimatet war (Apg 22, 3). Danach ist Paulus ein Diasporajude, der in einer hellenistischen Stadt aufwuchs, und zwar offensichtlich in einer gesetzestreuen Familie, die ihn nicht nur "am achten Tag beschneiden" (Phil 3, 5) liess, sondern auch für eine streng jüdische Erziehung besorgt war.

Paulus hat im Blick auf die Zeit vor seiner Bekehrung alles andere als ein schlechtes Gewissen. Er "lebte als gesetzestreuer Jude" (Gal 1, 13), "war untadelig in der Gerechtigkeit, wie sie das Gesetz vorschreibt" (Phil 3, 6), ja "übertraf in der Treue zum jüdischen Gesetz die meisten Altersgenossen" (Gal 1, 14), wie er nicht ohne Stolz schreibt. Es passt zu diesem Bild, dass er sich den Pharisäern (Phil 3, 5) anschloss, die ohne Zweifel zur religiösen Elite im Judentum damals gehörten (4). Als Pharisäer war ihm nicht nur die schriftliche Thora heilig; er setzte sich auch eifrig für die "Ueberlieferungen der Väter" ein (Gal 1, 14). Die Angaben der Apostelgeschichte stimmen in all diesen Punkten mit den Paulusbriefen überein (Apg 22, 3; 26, 4-5). Sie weiss darüberhinaus, dass der junge Diasporajude aus Tarsus seine Ausbildung in Jerusalem "zu Füssen Gamaliels" (Apg 22, 3) erhielt (5). Auch daran ist nichts Unwahrscheinliches. Alles in allem ergibt sich für den "vorchristlichen" Lebensabschnitt des Paulus das Bild eines Juden, der keineswegs an der Richtigkeit des jüdischen Weges zweifelt, vielmehr ungeteilt und eifrig dem Gott Israels nach dem Gesetz dient.

Wenn ich vorhin sagte, dass der spätere Paulus im Blick auf sein Leben als Jude kein schlechtes Gewissen hat, muss man einen Aspekt dieser Lebensperiode ausnehmen: seine Verfolgung "der Gemeinde Gottes" (1 Kor 15, 9; Gal 1, 13; vgl. auch Gal 1, 22-23; Phil 3, 6) (6). In dieser Beziehung fühlt er sich später schuldig, wie man aus 1 Kor 15, 9 schliessen kann. Was man sich unter der Verfolgertätigkeit des Paulus näherhin vorzustellen hat, ist unter den Forschern umstritten. Die Paulusbriefe selber liefern keine näheren Angaben, betonen eigentlich nur die Tatsache, dass er "die Gemeinde Gottes verfolgte und zu vernichten suchte" (Gal 1, 13; vgl. auch 1, 22–23; 1 Kor 15, 9; Phil 3, 6).

Aus Gal 1 und Phil 3 ergibt sich, dass das Motiv für diese Verfolgertätigkeit in seinem Eifer für das jüdische Gesetz lag. Man muss sich dabei vor Augen halten, dass die Anhänger Christi um diese Zeit zwar schon eine umschreibbare Gruppe bildeten, sich aber noch nicht gänzlich vom Judentum getrennt hatten. Offenbar bedeutete ihr Weg für den jungen Paulus Abfall vom Gesetz. Als gesetzestreuer, eifriger Jude glaubte er sich verpflichtet, dagegen einzuschreiten, und zwar, wenn nötig, auch unter Anwendung von Gewalt.

Der zêlos (7), der Eifer für Gott und sein Gesetz, ist ein grosses Ideal der Ueberlieferung Israels, die dafür leuchtende Beispiele liefert (8). Der Prototyp des Eiferers ist der Priester Pinhas, von dem Num 25, 1–18 erzählt. Im Lager von Schittim durchbohrte er mit seinem Speer einen Israeliten, der zu Baal-Peor abgefallen war und mit seiner moabitischen Geliebten im Bett lag. Für diesen Eifer wird Pinhas von Gott selber gelobt (Num 25, 10–13) und wird später immer wieder als Vorbild des Eiferers erwähnt (Ps 106, 30–31; Sir 45, 23–25; 1 Makk 2, 26. 54). Ein weiterer grosser Eiferer der biblischen Ueberlieferung ist der Prophet Elija. Er setzte sich mit aller Konsequenz für den einen Herrn und Gott Israels ein. Aus Eifer für ihn richtete er auf dem Berg Karmel unter den Baalspriestern der Königin Isebel ein Blutbad an (1 Kön 18). Auch er wird später als Vorbild zitiert (Sir 48, 1–2; 1 Makk 2, 58). Als letztes Beispiel sei der Priester Mattatias genannt, der Vater der Makkabäer. Sein Eifer für das Gesetz wird in 1 Makk 2 gefeiert. Es wird erzählt, wie er in leidenschaftlichem Eifer vor aller Augen einen Juden erstach, der auf Geheiss des Königs Antiochus IV. Epiphanes (175–164) den Götzen opfern wollte.

Im Lichte dieses grossen biblisch-jüdischen Ideals des Eiferers (zelotés) für das Gesetz Gottes ist die Christenverfolgung des jungen Paulus zu sehen. Von diesem Ideal her ist auch Gewalt-

anwendung gerechtfertigt, ja sogar gefordert, wenn das Gesetz
in Gefahr ist. Paulus steht damit in einer grossen Tradition
leuchtender Vorbilder.

Dabei richtete sich sein Eifer, das sei nochmals betont, wie
bei Pinhas und Mattatias nicht gegen ausserhalb des Judentums Stehende (d. h. Heiden), sondern gegen vermeintlich ab-
trünnige Juden. Worin ihr Verstoss gegen das Gesetz gesehen
wurde, ist umstritten, da die Judenchristen doch am Gesetz
festhielten, sogar mit grosser Zähigkeit, wie die späteren Konflikte des Völkerapostels mit ihnen deutlich zeigen. Sah man in
der Art, wie sie Jesus als Messias verkündeten und an ihn als
Heilbringer glaubten, Abfall vom Judentum (9)? Laut einer ver-
breiteten Hypothese richtete sich die Verfolgung des Paulus nur
gegen die sog. "Hellenisten", d. h. Judenchristen aus der Dia-
spora mit griechischer Muttersprache, von denen in der Apostelgeschichte die Rede ist (Apg 6-7). Günther Bornkamm
schreibt dazu in seinem Paulusbuch (10):

> "Der Grund für das Schicksal der Hellenisten ist mit
> Sicherheit darin zu suchen, dass sie ein auch für die
> übrige Urgemeinde durchaus revolutionäres Verständnis
> der Christusbotschaft vertraten, das mit der streng jü-
> dischen Gesetzesauffassung in Konflikt geriet und die ge-
> heiligten Traditionen, den Tempeldienst und den exklusi-
> ven Heilsanspruch des auserwählten Volkes in Frage
> stellte."

In den Paulusbriefen bleiben diese Fragen unbeantwortet. Mehr
darüber weiss die Apostelgeschichte. Aber gerade was ihre
Schilderung der Verfolgungstätigkeit des Paulus angeht, sind Bedenken des Historikers am Platz. Der Verfasser stellt sich Paulus offenbar als wutschnaubenden, blutrünstigen Berserker vor,
der in Jerusalem nach Christen fahndet, um sie ins Gefängnis zu
bringen und hinrichten zu lassen (Apg 8, 3). Ja, in seinem Eifer
genügt ihm das Tätigkeitsfeld in Jerusalem nicht; er will auch
in der hellenistischen Stadt Damaskus Ordnung schaffen (Apg 9,
1-2; 22, 4-5; 26, 9-12). Der gefangene Paulus selber schildert
es nach Apg 26, 9-12 in seiner Verteidigungsrede vor Festus,
Agrippa und Berenike folgendermassen:

"Ich selbst meinte, ich müsste den Namen Jesu, des
Nazoräers, heftig bekämpfen. Das habe ich in Jerusalem
auch getan: Ich liess mir von den Hohenpriestern Vollmacht geben und sperrte viele der Heiligen ins Gefängnis; und wenn sie hingerichtet werden sollten, stimmte
ich dafür. Und in allen Synagogen habe ich oft versucht,
sie durch Strafen zur Lästerung zu zwingen; in masslo-
ser Wut habe ich sie bis in fremde Städte verfolgt. So
zog ich auch mit der Vollmacht und Erlaubnis der Hohenpriester nach Damaskus. "

An dieser Darstellung der Apostelgeschichte ist manches historisch fraglich. Das Synedrium besass zwar für Streitigkeiten
bürgerlicher, besonders aber religiöser Art eigene Gerichtsbarkeit. Es ist unter den Forschern umstritten, ob es auch das "ius
gladii", die Kompetenz der Todesstrafe, hatte. Wahrscheinlich
war dieses wie in andern Provinzen des Römerreiches dem römischen Statthalter vorbehalten (vgl. Joh 18,31) (11). In Damaskus aber hatten die Hohenpriester ganz sicher keine richterlichen
Befugnisse, die es ihnen erlaubt hätten, von dort Leute vor ihr
Tribunal nach Jerusalem abführen zu lassen (12). Es ist daher
anzunehmen, dass ein allfälliger Zug des Paulus nach Damaskus
und wohl seine Verfolgertätigkeit gegen die junge Christengemeinde überhaupt sich im Rahmen der internen Strafgewalt der jüdischen Glaubensgemeinschaft abspielte und als innerjüdische Disziplinarmassnahme verstanden wurde. Als Strafe waren dafür
Einkerkerung, Geisselung (höchstens 39 Hiebe, vgl. Dt 25,22;
2 Kor 11,24) oder Exkommunikation vorgesehen. In diesem Sinn
sind wohl die Hinweise der Paulusbriefe auf Paulus als Christenverfolger konkret zu verstehen. Die Schilderung der Apostelgeschichte, deren Verfasser ohnehin ein schlechter Kenner palästi-
nischer Verhältnisse ist, ist sicher eine Ueberzeichnung der historischen Tatsachen.

2) Der Völkerapostel

Den grossen Wendepunkt im Leben des Paulus lässt die Apostelgeschichte auf dem Weg nach Damaskus geschehen. Paulus selber lokalisiert ihn in seinen Briefen nicht (13). Ueber das äussere Geschehen des Bekehrungserlebnisses (14) verrät er über-

haupt wenig. Er sagt lediglich, der auferstandene Christus sei
ihm erschienen (1Kor 9, 1; 15, 8; Gal 1, 15). Die Art dieser Erscheinung und die Begleitumstände lässt er im Dunkeln. Umso
mehr Wert legt er auf die Bedeutung dieses Erlebnisses. Ich
möchte diese Bedeutung in drei Gesichtspunkten sehen, die für
unser Thema "Paulus und die Juden" grundlegend sind.

a) Der erste und wichtigste Aspekt: Ab jetzt ist für Paulus Jesus
Christus, der Herr, Mitte und Ziel seines Lebens. In Phil 3, 3-6
schildert er, worauf er früher sein Leben aufgebaut hatte, auf
welchen "irdischen Vorzügen" sein Vertrauen beruhte: Beschneidung, Zugehörigkeit zu Israel, zum Stamm Benjamin, zur Gruppe der Pharisäer, untadelige Beobachtung des Gesetzes. Durch
die Begegnung mit Christus geschieht für ihn eine grundlegende
Wende, eine Umwertung aller Werte:

> "Was mir damals ein Gewinn war, das habe ich um Chri-
> sti willen als Verlust erkannt. Ja, ich sehe sogar alles
> als Verlust an, weil die Erkenntnis Christi Jesu, meines
> Herrn, alles übertrifft. Seinetwegen habe ich das alles
> aufgegeben und halte es für Unrat, um Christus zu ge-
> winnen und in ihm zu sein. " (Phil 3, 7-9)

b) Sieht der Phil-Text die Christusbegegnung des Paulus vor
allem als Bekehrung, als Hinwendung zu Christus, so hebt Gal 1
(vgl. auch 1 Kor 9, 1; 15, 8-10) mehr den Aspekt der Berufung
hervor, und zwar der Berufung zum Heidenapostel.

> "Gott aber, der mich vom Mutterleib an auserwählt und
> durch seine Gnade berufen hat, beschloss in seiner Güte,
> mir seinen Sohn zu offenbaren, damit ich ihn unter den
> Heiden verkündige. " (Gal 1, 15-16)

Seine Bekehrung zu Christus versteht Paulus somit gleichzeitig
als Auftrag zur Heidenmission. Und er hat diesen Auftrag sehr
ernst genommen, hier seine Lebensaufgabe gesehen, wie fast
jede Seite seiner Briefe zeigt.

c) Aber nicht nur Bekehrung und Berufung verdankt Paulus der
Begegnung mit dem auferstandenen Herrn; auch das Hauptanliegen seiner Theologie hat in diesem Erlebnis seine Wurzel,
nämlich, dass die Rechtfertigung nicht durch Gesetzeswerke ver-

dient werden kann, sondern als Gnade Gottes dem Glaubenden
geschenkt wird. Paulus scheint den Gnadencharakter seiner Bekehrung und Berufung sehr stark erlebt zu haben. Er weiss
nichts von einer psychologischen Vorbereitung oder gar von
einem eigenen Bemühen auf diese Lebenswende hin. Im Gegenteil! Sie ist ganz Initiative Gottes und dazu noch am scheinbar
untauglichen Objekt. Er hatte nicht nur keine positive Beziehung
zur christlichen Gemeinde und zu Jesus, sondern war sogar ihr
leidenschaftlicher Verfolger (1 Kor 15, 9; Gal 1, 13; Phil 3, 6).
Was an ihm geschehen ist, hat er nicht sich selber zu verdanken
(15). Er sagt mit vollster persönlicher Ueberzeugung (1 Kor
15, 10):

> "Durch die Gnade Gottes bin ich, was ich bin, und sein
> gnädiges Handeln an mir blieb nicht ohne Wirkung."

Das hatte bei ihm ein radikales Umdenken zur Folge. Galt früher
sein ganzer Eifer dem Gesetz (Gal 1, 13-14; Phil 3, 6), sieht er
es nun anders:

> "Nicht meine eigene Gerechtigkeit suche ich, die aus dem
> Gesetz hervorgeht, sondern jene, die durch den Glauben
> an Christus kommt, die Gerechtigkeit, die Gott kraft des
> Glaubens schenkt." (Phil 3, 9)

Diese Hinweise auf das paulinische Verständnis seiner Christusbegegnung und der damit verbundenen Wende in seinem Leben und
Wirken waren notwendig, um die spätere Haltung des Völkerapostels dem Judentum gegenüber und auch seine theologische Ein-
schätzung Israels richtig zu sehen.

Wenn wir zunächst beim Biographischen bleiben, ist festzustellen, dass das Verhältnis des Apostels zum Judentum von seiner
Bekehrung an sehr konfliktgeladen ist. Soweit aus seinem eigenen
Zeugnis hervorgeht, stehen im Vordergrund aber weniger die
Auseinandersetzungen mit den sog. "ungläubigen" Juden als vielmehr mit den Judenchristen. Der Grund der Spannungen ist
darin zu sehen, dass Paulus die Heidenmission offensichtlich
von Anfang an gesetzesfrei verstand und praktizierte. Er ver-
pflichtete die bekehrungswilligen Heiden nicht zur Beschneidung
und damit zur Gesetzesobservanz. Da es deswegen Klagen von
Judenchristen gab (Gal 2, 4), wurden die hängigen Probleme auf

dem sog. "Apostelkonzil" in Jerusalem (Gal 2,1-10; vgl. Apg 15,1-35) zwischen den Autoritäten der judenchristlichen Urgemeinde und den Heidenmissionaren um Paulus besprochen und einer Lösung zugeführt. Nach der ausdrücklichen Aussage des Gal-Briefes blieb Paulus fest, und es wurde ihm "nichts auferlegt" (Gal 2,6). Das kann nur heissen, dass sein gesetzesfreies Evangelium in vollem Umfang Billigung fand. Er selber wurde ausdrücklich als Heidenmissionar bestätigt (Gal 2,7-9). Auf diesem sog. Apostelkonzil gegen Ende der Vierzigerjahre wurden so die Weichen für die weitere Entwicklung der frühen Kirche gestellt. Ihre Einheit wurde in einer kritischen Stunde gewahrt, aber gleichzeitig auch eine Entwicklung eingeleitet, die dazu führte, dass die Christengemeinde langsam aufhörte, eine jüdische Strömung zu sein, um immer deutlicher eine eigene Glaubensgemeinschaft zu werden, der bald nicht mehr die Juden-, sondern die Heidenchristen das entscheidende Gepräge gaben.

Diese Entwicklung ging allerdings auch nach dem Grundsatzentscheid des Apostelkonzils nicht schmerzlos vor sich. Nicht alle Judenchristen liessen so bereitwillig mit sich reden wie die Autoritäten um Petrus und Jakobus in Jerusalem. Die Paulusbriefe zeigen auf Schritt und Tritt Spuren des Konfliktes mit ihnen. Besonders der Galater-Brief ist davon gezeichnet (16). Dort unter den Galatern, die Paulus missioniert hatte, sind judenchristliche Missionare aufgetreten, die mit einigem Erfolg gegen das gesetzesfreie Evangelium des Paulus arbeiteten und die Galater dazu bringen wollten, sich beschneiden zu lassen. Für Paulus geht es dabei nicht um eine zweitrangige Frage der Missionsmethode: Durch das Drängen auf Beschneidung und Gesetz für die Heiden bekommt dieses eine Bedeutung, die nur Christus und dem Glauben an ihn zukommt. Und da ist er kategorisch:

> "Wenn ihr durch das Gesetz gerecht werden wollt, dann habt ihr mit Christus nichts mehr zu tun; ihr seid aus der Gnade herausgefallen." (Gal 5,4)

Wo es um Christus geht, kennt Paulus keine Kompromisse. Er ist der alte Eiferer geblieben, wenn auch nun unter anderen Vorzeichen.

Gelegentlich führt ihn sein Eifer auch zu Aussagen, die er hoffentlich mit ruhiger Ueberlegung nicht geschrieben hätte. So etwa Gal 5,12:

48

"Diese Leute, die Unruhe bei euch stiften, sollen sich doch gleich entmannen!"

Oder wenn er die Philipper warnt (Phil 3, 2):

"Gebt acht auf diese Hunde, gebt acht auf die falschen Lehrer, gebt acht auf die Verschnittenen!"

Diesen Sarkasmus, der Beschneiden und Verschneiden zusammenbringt, kann man nur als höchst geschmacklos bezeichnen und es tief bedauern, dass Paulus als geborener Jude sich herbeilässt, die religiösen Gefühle seiner Glaubensbrüder derart zu verletzen. Das gilt auch, wenn er dabei geläufige Ausdrücke antijüdischen Spottes aufnimmt. Man kann es vielleicht verstehen, dass ein Hitzkopf wie Paulus sich in der harten Kampfessituation vergisst. Aber zu rechtfertigen ist es nicht.

Angesichts dieser Heftigkeit des Konfliktes mit den Judenchristen fällt es auf, wie selten in den Paulusbriefen von Streitereien mit nicht-christusgläubigen Juden die Rede ist. Wenn man der Apostelgeschichte glauben darf, hat Paulus auf seinen Missionsreisen mit der Predigt jeweils in der örtlichen Synagoge unter den Juden begonnen (17). Mindestens für die erste Zeit seiner Tätigkeit ist das durchaus wahrscheinlich. Fast ebenso stereotyp berichtet die Apostelgeschichte aber auch, wie es dann jeweils früher oder später zu Auseinandersetzungen kam (18). Der Konflikt mit den Juden war es dann schliesslich auch, der dazu führte, dass Paulus von den römischen Autoritäten in Jerusalem verhaftet, jahrelang gefangengehalten und schliesslich nach Rom überführt wurde, wo er nach späterer Ueberlieferung den Tod durch Enthaupten erlitt.

Paulus selber spricht zwar einige Male von den Leiden und Verfolgungen, die er als Apostel Christi zu bestehen hat (19). Aber es ist durchaus nicht so, dass er sie samt und sonders den Juden in die Schuhe schiebt. Nur zwei Mal werden die Juden als Verfolger genannt. In 2 Kor 11, 24-26 wird unter anderen Leiden aufgezählt, dass er fünfmal von den Juden die 39 Schläge bekommen habe, dass er einmal gesteinigt worden sei, und dass unter denen, die ihn gefährdeten, neben den Heiden auch das "eigene Volk" sei. Er, der frühere Christenverfolger, erlitt offensichtlich später von seinen eigenen Volksgenossen dasselbe

Schicksal; er wurde vom Verfolger zum Opfer der Verfolgung.
Man muss es ihm zugute halten, dass er die Schuld der Juden
diesbezüglich nicht penetrant hervorstreicht.

Eine Ausnahme von dieser Mässigung bildet eine Stelle im 1
Thessalonicher-Brief, dem ältesten uns erhaltenen Paulusbrief
und der ältesten Schrift des Neuen Testamentes überhaupt. Sie
darf im Gespräch zwischen Juden und Christen über Paulus nicht
verschwiegen werden: 1 Thess 2,14-16.

> "Denn, Brüder, ihr seid den Gemeinden Gottes in Judäa
> gleich geworden, die zu Christus Jesus gehören. Ihr
> habt von euern Mitbürgern das gleiche erlitten wie jene
> von den Juden. Diese haben sogar Jesus, den Herrn,
> und die Propheten getötet; auch uns haben sie verfolgt.
> Sie missfallen Gott und sind die Feinde aller Menschen;
> sie hindern uns, den Heiden zu predigen und ihnen so
> das Heil zu bringen. Dadurch machen sie unablässig das
> Mass ihrer Sünden voll. So ist der ganze Zorn über sie
> gekommen. "

Im 2 Kor-Brief war nicht gesagt worden, worum der Streit des
Paulus mit den Juden ging, der zur Verfolgung des Apostels
führte. Die besprochene Stelle des 1 Thess-Briefes legt die
Vermutung nahe, dass das "Kampfgebiet" im "Proselytentum"
(20) zu sehen ist, das durch die gesetzesfreie Heidenmission
des Paulus besonders betroffen war. Die Behinderung seiner
Predigt vor den Heiden von Seiten der Juden und ihre Verfolgung der jungen Kirche sieht Paulus in einer Linie mit der Verfolgung der Propheten und Jesu selbst. Er benützt dabei die Vorstellung von Israel als dem prophetenmordenden Volk, die durchaus biblische Wurzeln hat (vgl. 1 Kön 19,10; 2 Chr 36,15-16).
Von da fühlt er sich berechtigt zur furchtbaren Anklage: "Sie
missfallen Gott und sind die Feinde aller Menschen. "

Aus der Polemik um die Heidenmission und aus der Verfol-
gungssituation ist also das böse Wort in 1 Thess 2,14-16 zu verstehen. Paulus schrieb es als Vertreter einer machtlosen Minderheit, während die Juden von den Christen noch nichts zu
fürchten hatten, eher umgekehrt. Es hat bei ihm noch nicht den
blutgesättigten Klang, den es in unseren Ohren hat, die wir darum wissen, dass diese und ähnliche Worte des Neuen Testa-

50

mentes späteren Judenverfolgern als theologische Argumente ihres unmenschlichen und erst recht unchristlichen Tuns herhalten mussten. Diese Entwicklung sollte man nicht dem Judenchristen Paulus in die Schuhe schieben. Er hat nicht als Verfolger, sondern als Verfolgter so gesprochen. Allerdings muss man zugeben, dass er dabei nicht auf der Höhe seines Herrn ist, der am Kreuz für seine Verfolger betete, wie das Lukasevangelium berichtet (Lk 23, 34), und seine Jünger aufforderte, dasselbe zu tun (Mt 5, 44).

II. Christus und die Juden

In diesem zweiten Teil geht es nun nicht mehr um biographische Notizen über das Verhältnis des Paulus zum Judentum, sondern um seine theologische Sicht des Judentums nach seiner Bekehrung und Berufung, eine Sicht, die mit dem Stichwort "Kritik" nur zum Teil erfasst ist, vielmehr Hochschätzung wie Kritik umfasst.

Die Perspektive ist durch das Damaskuserlebnis gegeben. Damals wurde Christus, der Auferstandene, Mitte und Ziel seines Lebens, der absolute Masstab, der für ihn alles andere relativierte. Von daher ist leicht zu sehen, dass es Paulus nicht um eine objektive, distanzierte Sicht des Judentums geht. Er ist nicht Religionsgeschichtler, sondern Christusgläubiger, ist also voreingenommen im tiefsten Sinne des Wortes.

Ich möchte das Thema unter folgenden drei Gesichtspunkten angehen:

1) Die paulinische Sicht der Vergangenheit des Gottesvolkes Israel.
2) Das Judentum in der Begegnung mit dem Evangelium.
3) Die Zukunft Israels, wie Paulus sie sieht.

1) Die Vergangenheit Israels

Ich kann Günter Klein nicht zustimmen, wenn er schreibt, das paulinische Bild des Judentums sei nicht konstitutiv bestimmt von einer "Versenkung in die Vergangenheit Israels" (21). Sein Blick ruhe selten darauf. Richtig ist vielmehr, dass Paulus sehr häufig davon spricht. Für ihn ist die Vergangenheit Israels die gültige Vergangenheit der Kirche, auch was die Heidenchristen betrifft. Der letzte Grund dafür ist die Tatsache, dass "Christus dem Fleisch nach" aus Israel stammt (vgl. Röm 9,5; 1,3; auch Gal 4,4). Die Blickrichtung ist also auch hier christologisch bestimmt.

Das Evangelium Christi bedeutet somit für Paulus keinen Bruch mit der Geschichte des Gottesvolkes. Vielmehr bringt es eine neue, tiefere Sicht der Schrift, die, so sieht es Paulus seit seiner Bekehrung, in Christus ihr Ziel und ihre Vollendung hat. Für die Juden, die nicht an Christus glauben, bleibt ihr eigentlicher Sinn verborgen.

> "Bis zum heutigen Tag liegt die gleiche Hülle auf dem Alten Bund, wenn er vorgelesen wird, und es bleibt verhüllt, dass er in Christus ein Ende nimmt. Bis heute liegt die Hülle auf ihrem Herzen, wenn Mose vorgelesen wird. Sobald sich aber einer zum Herrn wendet, wird die Hülle entfernt." (2 Kor 3,14-16)

Paulus versucht es immer wieder und auf vielerlei Weise, die Kontinuität seines Evangeliums mit dem "Alten Bund" aufzuzeigen:

a) Die wichtigste Verbindungslinie ergibt sich daraus, dass Paulus die Verheissungen Israels in Christus erfüllt sieht. So schreibt er an die Korinther:

> "Gottes Sohn Christus Jesus, der euch durch uns verkündigt wurde ..., ist das Ja zu allem, was Gott verheissen hat." (2 Kor 1,19-20)

Besonders die Verheissung an Abraham beschäftigt den Völkerapostel sehr. Christus ist für ihn d e r Nachkomme Abrahams, von dem diese Verheissung gilt.

"Abraham und seinem Nachkommen wurden die Verheissungen zugesprochen. Es heisst nicht: und den Nachkommen, als wären viele gemeint, sondern es wird nur von
einem gesprochen: und deinem Nachkommen; das aber
ist Christus. " (Gal 3, 16; vgl. auch 3, 19)

Auch sonst ist Paulus bemüht aufzuzeigen, dass Christus die
Erfüllung der Schrift ist. Das Evangelium wurde durch die Propheten verheissen, zum voraus kundgemacht (Röm 1, 2-3; 16, 26).

b) Im Besonderen, und damit ergibt sich eine weitere Verbindungslinie, entspricht nach Paulus seine Lehre von der Rechtfertigung aus dem Glauben allein der richtig verstandenen Intention der Schrift. Wiederum zeigt er das an Abraham:

"Von Abraham wird gesagt: Er glaubte Gott, und das wurde ihm als Gerechtigkeit angerechnet. Daran erkennt ihr,
dass nur die, die glauben, Abrahams Söhne sind. " (Gal
3, 6-7; vgl. Röm 4, 3)

Das wird auch "durch das vierhundertdreissig Jahre später er-
lassene Gesetz nicht ungültig" (Gal 3, 17). Gerechtigkeit aus dem
Glauben allein entspricht also der Schrift. Damit sieht Paulus
eines seiner theologischen Hauptanliegen biblisch begründet.

c) Drittens ist auch die Heidenmission kein Bruch mit der biblischen Ueberlieferung. Die Universalität des Evangeliums Christi ist für Paulus verbunden mit der Rechtfertigung aus dem
Glauben. Wenn die Gerechtigkeit nicht an das Gesetz gebunden
ist, sondern an den Glauben allein, steht sie allen Glaubenden
offen, ob Juden oder Heiden, unabhängig davon, ob sie das Gesetz kennen oder nicht. Und darin erfüllt sich wiederum die
Verheissung an Abraham:

"Und da die Schrift vorhersah, dass Gott die Heiden
auf Grund des Glaubens gerecht macht, hat sie dem Abraham im voraus verkündet: Durch dich werden alle
Völker Segen erlangen. Also gehören alle, die glauben,
zu dem glaubenden Abraham und werden wie er geseg-
net. " (Gal 3, 8-9)

Aus alledem dürfte deutlich geworden sein,

> "dass es Paulus weder für sich selbst noch für die Juden,
> um die er sich bemüht, um einen Bruch mit dem Juden-
> tum, sondern um eine im Christus-Kairos enthüllte und
> nun zu befolgende Tendenz der Tora geht" (22).

Er versteht das Christusereignis nicht als Bruch mit der Thora,
sondern als deren Erfüllung und somit auch seinen eigenen Christusglauben und seine Heidenmission nicht als Verrat am Glauben Israels, sondern als tiefere Einsicht in den Sinn und die Absicht der Schrift selber. Das Hinzukommen der Heiden zum Heil
ist nicht der Anfang einer neuen Heilsgeschichte, sondern die
Hineinnahme der Heiden in die Verheissung Israels.

Diesen Sinn hat auch das bekannte Gleichnis vom Oelbaum in
Röm 11. Dort werden die Heidenchristen gewarnt vor Ueberheb-
lichkeit gegenüber den Juden. Israel ist der edle Oelbaum, in
den die Heidenchristen als wilde Schösslinge eingepfropft wurden.

> "Wenn du als Zweig vom wilden Oelbaum in den edlen
> Oelbaum eingepfropft wurdest und damit Anteil erhiel-
> test an der Kraft seiner Wurzel, so erhebe dich nicht
> über die andern Zweige. Wenn du es aber tust, sollst
> du wissen: Nicht du trägst die Wurzel, sondern die Wur-
> zel trägt dich." (Röm 11,17-18)

Wenn die Heidenchristen späterer Jahrhunderte diese Mahnung
des Paulus ernst genommen hätten und den Juden mit der ent-
sprechenden Hochachtung begegnet wären, würde heute nicht
so viel begangenes Unrecht trennend zwischen Juden und Christen stehen.

2) Evangelium und Judentum

Wenn nach Paulus die Kirche aus Juden und Heiden in das
Erbe Israels eingetreten ist, so stellt sich nun eine Frage,
die für das Gespräch zwischen Juden und Christen von besonderer Wichtigkeit ist, weil sie die religiöse Bewertung des

Judentums nach Christus betrifft: Was geschieht aus paulinischer Sicht mit dem Judentum durch das Christusereignis, durch die Begegnung mit dem Evangelium? Ist es nun theologisch eine abgetane Sache, an der nur die Vergangenheit interessiert? Oder behält Israel nach wie vor seine Bedeutung für Theologie und Glauben?

a) Grundlegend für die Beantwortung dieser Frage ist der feste Glaube des Paulus, dass es Heil nur in Christus gibt, und zwar als freies Gnadengeschenk Gottes. Berufung zum Heil ist grundsätzlich souveräne Erwählung Gottes.

> "Denn zu Mose sagte er: Ich schenke Erbarmen, wem ich Erbarmen schenke, und erweise Gnade, wem ich Gnade erweise. So kommt es nicht auf das Wollen und Streben des Menschen an, sondern auf das Erbarmen Gottes."
> (Röm 9,15-16)

Dieses Prinzip ist nach Paulus in der Heilsgeschichte Israels offenbar. Schon die Verheissung an Abraham war freie Gnade (Röm 4,4), so auch die Erwählung des Isaak vor Ismael und des Jakob vor Esau (Röm 9,6-13). Erst recht ist das Heil in Christus ungeschuldete Gnade, nicht Verdienst des Menschen (Röm 3,24): "Ohne eigenes Zutun werden sie gerecht dank seiner Gnade durch die Erlösung in Christus Jesus".

Dem Gnadencharakter der Heilszuwendung Gottes entspricht der Glaube als Heilsweg. "Deshalb gilt: 'aus Glauben', damit auch gilt: 'aus Gnade'" (Röm 4,16). Die Werke des Menschen werden als Heilsweg ausgeschlossen, denn "dem, der Werke tut, werden diese nicht aus Gnade angerechnet, sondern er erhält den Lohn, der ihm zusteht" (Röm 4,4). Letztlich geht es Paulus also um die Souveränität Gottes und den Ausschluss menschlicher Ansprüche, um die alleinige Heilsbedeutung des Christusereignisses und den Ausschluss menschlicher Selbsterlösung, wenn er nicht müde wird zu betonen, dass der Mensch nicht durch Werke, sondern allein durch den Glauben gerechtfertigt werde.

b) Von da aus ist auch die Absage an die Heilsbedeutung des Gesetzes zu verstehen, die Paulus sehr betont ausspricht. Es ist hier nicht möglich, die vielfältigen und nicht immer übereinstimmenden Aussagen des Apostels über das Gesetz in extenso darzulegen und zu besprechen (23). Aber da es sich um einen zentralen Punkt seiner Kritik am Judentum handelt, müssen doch wenigstens ein paar Hauptlinien zur Sprache kommen.

Die Grundperspektive ist mit einem Satz in Röm 10, 4 kurz und prägnant angegeben: "Denn Christus ist das Ende des Gesetzes, und jeder, der an ihn glaubt, wird gerecht". Die Absage an die Heilsbedeutung des Gesetzes ist also für Paulus mit der alleinigen Heilsbedeutung Christi gegeben. Denn "käme die Gerechtigkeit durch das Gesetz, dann wäre Christus umsonst gestorben" (Gal 2, 21). Und wenn er im Galater-Brief derart heftig Stellung nimmt gegen jene, welche die bekehrten Galater zur Beschneidung nötigen wollen, dann geht es ihm auch da um Christus:

> "Hört, was ich, Paulus, euch sage: Wenn ihr euch beschneiden lasst, wird Christus euch nichts nützen. Ich erkläre noch einmal: Jeder, der sich beschneiden lässt, ist verpflichtet, das ganze Gesetz zu halten. Wenn ihr also durch das Gesetz gerecht werden wollt, dann habt ihr mit Christus nichts mehr zu tun." (Gal 5, 2-4)

Die Absage an das Gesetz ergibt sich für Paulus auch aus seinem Grunddogma der Rechtfertigung aus dem Glauben allein. Denn das Gesetz als Heilsweg stützt sich auf das Prinzip der Werke, nicht des Glaubens:

> "Das Gesetz aber hat nichts mit dem Glauben zu tun, sondern es gilt: Wer die Gebote erfüllt, wird durch sie leben." (Gal 3, 12; vgl. auch Röm 10, 5)

Während also der Glaubende das Heil als Gnade erwartet, fordert das Gesetz die Leistung von Werken, denen das Heil als Lohn versprochen ist. Ob Paulus damit das genuin jüdische Gesetzesverständnis wirklich trifft, darüber lässt sich wohl streiten (24), vor allem da Paulus anderswo selber sagt, dass die von ihm abgelehnte Gesetzesauffassung der tiefsten Intention des Gesetzes selber widerspricht:

> "Israel aber, das nach dem Gesetz der Gerechtigkeit strebt, hat das Gesetz verfehlt, Warum? Weil es ihm nicht um die Gerechtigkeit aus dem Glauben, sondern um die Gerechtigkeit aus Werken ging." (Röm 9, 31-32)

Die Ablehnung des Gesetzes als Heilsweg wird so zum Vorwurf an Israel, das Gesetz gegen dessen eigene Absicht missbraucht zu haben. Wiederum: Ich bin zu wenig Kenner des Judentums des ersten Jahrhunderts, um beurteilen zu können, wie weit die Kritik des Paulus zutrifft, allenfalls auf bestimmte Strömungen des Judentums damals zutrifft. Aber das Anliegen des Apostels bei seiner Ablehnung des Gesetzes dürfte deutlich geworden sein.

Das Gesetz selber ist bei Paulus keineswegs etwas Schlechtes, im Gegenteil: "Das Gesetz ist heilig, und das Gebot ist heilig, gerecht und gut" (Röm 7, 12). Aber dieses an sich gute und heilige Gesetz ist nicht nur ohnmächtig, Heil zu schaffen, "es treibt vielmehr in das Unheil hinein" (25): Es hilft nicht nur zur Erkenntnis der Sünde (Röm 3, 20), bewirkt nicht nur, dass die Sünde angerechnet wird (5, 13), vielmehr dient es der Sünde; durch das Gesetz wird die Sünde mächtiger (Röm 5, 20). Die Schuld daran liegt nicht beim Gesetz selber, sondern bei der Sünde und dem der Sünde verfallenen Menschen. Im Menschen, der von Adam her von der Sündenmacht beherrscht ist, weckt das Gesetz die Begierde und lässt so die Sünde in ihrer ganzen zerstörerischen und mörderischen Macht lebendig werden (vgl. besonders Röm 7, 7-25). So kann Paulus schliesslich vom "Gefängnis des Gesetzes" (Gal 3, 23), vom "Fluch des Gesetzes" (Gal 3, 13) sprechen, von dem uns Christus befreit, wenn wir uns im Glauben auf ihn einlassen.

Es wird hier deutlich, wie Paulus bei aller Betonung der Kontinuität zur Vergangenheit Israels auf der einen Seite, andererseits einen Gegensatz zwischen Gesetz und Evangelium sieht. Heil gibt es allein im Glauben an Christus. Der Weg des Gesetzes, mit dem Paulus das Judentum identifiziert (vgl. Gal 4, 25), führt nicht zur Rechtfertigung und zum Leben, sondern in Sünde und Tod (Röm 7, 9-13). Man wird dazu sagen müssen, dass Paulus sich kaum um ein ausgewogenes Verständnis des Gesetzes und damit des Judentums bemüht. Vielmehr dient es als dunkle Folie für seine Sicht des Heils in Christus.

c) In engstem Zusammenhang mit der Befreiung vom Gesetz und mit der Rechtfertigung aus dem Glauben allein ergibt sich die Universalität des Heilsangebotes im Evangelium Christi. Diese Universalität gehört für den Heidenmissionar Paulus zu den wichtigsten Anliegen seiner Theologie.

Die Voraussetzung für die Universalität des Heils in Christus
ist die Universalität des Unheils vor und ohne Christus. Im Rö-
mer-Brief wird diese allgemeine Unheilssituation breit ausge-
malt (Röm 1, 18-3, 20). Die ganze Verkommenheit und Gottlosig-
keit des heidnischen Lebenswandels wird mit grellen Farben
dargestellt, die Paulus z. T. der jüdischen Tradition entnimmt.
Aber auch die Juden kommen an die Reihe und werden keineswegs schonender behandelt. Sie rühmen sich zwar des Gesetzes.
Aber statt es selber zu halten, predigen sie es den andern.

> "Du rühmst dich des Gesetzes, entehrst aber Gott durch
> Uebertreten des Gesetzes. Denn in der Schrift steht:
> Euretwegen wird unter den Heiden der Name Gottes ge-
> lästert. " (Röm 2, 23-24)

Es kommt Paulus darauf an zu zeigen, dass alle Menschen, Juden wie Heiden, Sünder sind. Alle haben Verurteilung und Strafe
verdient; ob mit oder ohne Gesetz (Röm 2, 12-16), ob mit oder
ohne Beschneidung (Röm 2, 25-29), spielt dabei keine Rolle. Es
kommt nicht darauf an, ob man das Gesetz hat, sondern ob man
es hält; und die Beschneidung ist nur nützlich für den, der auch
nach dem Gesetz lebt. Der Heide, der das Gesetz, das ihm "ins
Herz geschrieben ist" (Röm 2, 15), erfüllt, hat keinen Nachteil.
Ihm wird "sein Unbeschnittensein als Beschneidung angerechnet"
(Röm 2, 26). Die Universalität des Unheilszustandes der Menschheit vor und ohne Christus bringt so eine erste Relativierung von
Beschneidung und Gesetz, d. h. der Zugehörigkeit zu Israel.

> "Was heisst das nun? Sind wir als Juden im Vorteil?
> Ganz und gar nicht. Denn wir haben vorher die Anklage
> erhoben, dass alle, Juden wie Griechen, unter der Herr-
> schaft der Sünde stehen. " (Röm 3, 9)

Wie die Sünde alle Menschen in einer gemeinsamen Situation des
Unheils und der Erlösungsbedürftigkeit zusammenschliesst, so
kennt auch das Heilsangebot Gottes in Christus keine Schranken,
auch nicht die Schranke zwischen Juden und Nichtjuden. Indem
Paulus das Ende des Gesetzes verkündet, fällt für ihn auch die
Kenntnis des Gesetzes, d. h. die Zugehörigkeit zu Israel, als Voraussetzung für das Heil weg. Nur noch der Glaube an Christus ist
entscheidend.

"Denn wenn du mit deinem Mund bekennst: 'Herr ist Jesus', und in deinem Herzen glaubst: 'Gott hat ihn von den Toten auferweckt', so wirst du gerettet werden. Wer mit dem Herzen glaubt und mit dem Mund bekennt, wird Gerechtigkeit und Heil erlangen. Denn die Schrift sagt: Wer an ihn glaubt, wird nicht zugrunde gehen. Darin gibt es keinen Unterschied zwischen Juden und Griechen. Alle haben denselben Herrn; aus seinem Reichtum beschenkt er alle, die ihn anrufen. " (Röm 10, 9-12)

Im Glauben gibt es also fundamentale Gleichheit zwischen Juden und Heiden (vgl. auch Röm 3, 29-30; Gal 5, 6 usw.). Jede Exklusivität des Heilsanspruchs der Juden ist darin aufgehoben. Ja noch mehr, in Christus sind Juden und Heiden zu einer tiefen Einheit zusammengefügt:

"Es gibt nicht mehr Juden und Griechen, nicht Sklaven und Freie, nicht Mann und Frau; denn ihr alle seid 'einer' in Christus Jesus. " (Gal 3, 28; vgl. auch 1 Kor 12, 13)

Freilich versteht Paulus diese Einheit nicht als Gleichmacherei. Er stellt die Regel auf:

"Im übrigen soll jeder leben, wie der Herr es ihm zugemessen, wie Gottes Ruf ihn getroffen hat. Das ist meine Weisung für alle Gemeinden. Wenn einer als Beschnittener berufen wurde, soll er beschnitten bleiben. Wenn einer als Unbeschnittener berufen wurde, soll er sich nicht beschneiden lassen. " (1 Kor 7, 17-18)

Der Jude, der Christusgläubiger wird, muss also keineswegs dem Judentum abschwören. Im Gegenteil: Er soll weiter als Jude nach dem Gesetz leben, denn die Beschneidung verpflichtet nach Paulus auf die Beobachtung des Gesetzes (Gal 5, 3).

d) Ist durch diese Absage an das Gesetz und durch die Aufhebung des exklusiven Heilsanspruches der Juden Israel durch Paulus "paganisiert" (26), d. h. dem Heidentum gleichgestellt, seiner Vorzüge beraubt? Ist Israel in Christus eine abgetane Sache? Paulus betont an mehreren Stellen des Römerbriefes ausdrücklich, dass er damit missverstanden wäre. So schreibt er etwa in Röm 3, 1:

"Was ist nun der Vorzug der Juden, und was der Nutzen
der Beschneidung? Er ist gross in jeder Hinsicht. "

Aber worin kann der Vorrang der Juden vor den Heiden nach all
dem, was gesagt wurde, noch bestehen? Eine rein zeitliche
Priorität würde nicht sehr viel besagen, während eine Bevor-
zugung in bezug auf das Heil deutlich genug ausgeschlossen ist.

In Röm 9,4-6 (vgl. auch 3,2) sind die Vorzüge Israels (27) aufgezählt:

> "Sie sind Israeliten; sie haben damit die Sohnschaft, die
> Herrlichkeit, die Bundesschlüsse, ihnen ist das Gesetz
> gegeben, der Gottesdienst und die Verheissungen, sie
> haben die Väter, und dem Fleisch nach entstammt ihnen
> der Christus. Gott, der über allem ist, er ist gepriesen
> in Ewigkeit. Es ist keineswegs so, dass das Wort Gottes
> hinfällig geworden ist. "

Letzlich laufen alle aufgezählten Vorzüge darauf hinaus, dass
Israel "das auserwählte Volk Gottes ist und bleibt" (28), auch
wenn es Christus abgelehnt hat und weiterhin ablehnt. "Denn
unwiderruflich sind Berufung und Gnade, die Gott gewährt"
(Röm 11,29).

Für Paulus bleibt also Israel das auserwählte Volk. Die Verheissungen gelten ihm weiterhin. Das Geschenk der "Worte Gottes",
des Gesetzes, behält seinen Wert. Sogar der Sohnestitel, den
Paulus sonst für Christus und die Christen reserviert, wird den
Israeliten belassen. Ja, für Paulus hat Israel noch eine zusätz-
liche hohe Würde erlangt, weil Christus aus ihm stammt. In ihm,
in dem Juden- und Heidenchristen eins sind, bleibt die Kirche an
Israel gebunden. "Kirche und Israel sind für Paulus zwei unter-
schiedliche, aber aufeinander angewiesene Grössen " (29). Die
Kirche löst nach Paulus Israel nicht ab, ist in diesem Sinne
nicht "das wahre Israel", eine Konzeption, die ja sonst im Neuen
Testament durchaus bekannt ist. Vielmehr ist Israel der bleibende Mutterboden oder, wie Paulus selber in Röm 9,16-24
sagt, die Wurzel, an deren Kraft die Kirche teilhat: Ihre judenchristlichen Glieder, der von Gott auserwählte "Rest" Israels
(Röm 11,5), sind aus dieser Wurzel gewachsene Oelzweige,
während die Heidenchristen durch die Gnade Gottes als wilde
Schösslinge eingepflanzt wurden.

Gott macht die Heilsgeschichte nicht rückgängig; er steht zu seinen Verheissungen. Daran hält Paulus fest, auch wenn er die Ablehnung des Christus und des Evangeliums durch die Mehrzahl der Juden nur als Untreue, Ungehorsam und Verstocktheit verstehen kann:

> "Wenn einige Gott die Treue gebrochen haben, wird dann ihre Untreue die Treue Gottes aufheben? Keineswegs! Gott soll sich als der Wahrhaftige erweisen, jeder Mensch aber als Lügner. " (Röm 3, 3-4; vgl. auch 10, 21; 11, 7-12)

3) Hoffnung für die Zukunft Israels

Schon bisher zeigte es sich, dass Paulus nach seiner Hinwendung zum Christusglauben nicht einfach ein Judenhasser geworden ist, auch wenn er in der Hitze der Auseinandersetzungen oft recht harte Töne anschlägt. Er behält eine glühende Liebe zu seinem Volk und leidet daher sehr darunter, dass es das Heil in Christus bisher nicht akzeptiert hat. Das kommt in Röm 9, 1-3 in ergreifender Weise zum Ausdruck:

> "Ich sage in Christus die Wahrheit, ich lüge nicht, und mein Gewissen bezeugt es mir im Heiligen Geist: Ich bin voll Trauer, unablässig leidet mein Herz. Ich möchte am liebsten selber verflucht und von Christus getrennt sein, um meine Brüder zu retten, die dem Fleisch nach zu meinem Volk gehören. "

Wenn man diese Liebe und innere Verbundenheit ernst nimmt, wird man begreifen, dass die Zukunft Israels für Paulus ein Problem ist, das ihn sehr beschäftigt. In Röm 9-11 bespricht er es ausführlich (30).

Ausgangspunkt ist für ihn die doppelte Ueberzeugung, dass Gott treu zu seiner Verheissung steht, und dass es nur im Glauben an Christus Heil gibt. Zunächst zeigt sich die Treue Gottes darin, dass ein "Rest" Israels den Christusglauben angenommen hat.

"Das bedeutet: Was Israel erstrebte, hat nicht das ganze
Volk, sondern nur der erwählte Rest erlangt; die übrigen
wurden verstockt. " (Röm 11, 7)

Das entspricht, so weist Paulus (Röm 9, 6-29; 11, 1-12) nach,
einer Eigenart der Heilsgeschichte Israels, in der Gott immer
wieder aus den Nachkommen Abrahams nach freier Gnadenwahl
die Träger der Verheissung bestimmt hat. Nach Gründen für diese Wahl Gottes darf man nicht fragen:

"Wer bist du denn, dass du als Mensch mit Gott rechten
willst? Sagt etwa das Werk zu seinem Schöpfer: Warum
hast du mich so gemacht? Ist der Töpfer nicht vielmehr
Herr über den Ton?" (Röm 9, 20-21)

Doch lässt es Paulus bei dieser Lösung des Problems, die einem theologisch recht billig vorkommen könnte, nicht bewenden.
Ihn interessiert das Schicksal von Gesamtisrael, auch jenes
überwiegenden Teiles, der "verstockt" ist. Dafür sucht er eine
Erklärung und extrapoliert eine Zukunftshoffnung. Die Erklärung macht Ernst damit, dass der e i n e Gott ein Gott der Juden und der Heiden ist (Röm 3, 29-30), und dass in Christus beide eins sind (Gal 3, 28). Die Heilsgeschichte der Juden und der
Heiden verläuft daher seit Christus in enger Verschränkung:
Durch das Versagen der Juden kam das Heil zu den Heiden (Röm
11, 11). Das Verschulden der Juden bedeutete so Bereicherung
für die Heiden. Sie wurden anstelle der ausgebrochenen Zweige
in den Oelbaum eingepfropft (Röm 11, 17-19). Das hatte wiederum die Absicht und die Folge, dass die Juden eifersüchtig werden (Röm 10, 19; 11, 11). Und schliesslich spricht Paulus seine
grosse Hoffnung aus, und zwar mit felsenfester Ueberzeugung:

"Damit ihr euch nicht auf eigene Einsicht verlasst,
Brüder, sollt ihr dieses Geheimnis wissen: Verstok-
kung liegt auf einem Teil Israels, bis die Heiden in voller Zahl das Heil erlangt haben; dann wird ganz Israel
gerettet werden. " (Röm 11, 25-26)

Man kann sich mit Recht fragen, woher Paulus das weiss und
"wie sich solcher Einblick in die Vorsehung Gottes legitimiert"
(31). Was mir an seiner Zukunftsvision wertvoll und wichtig
scheint, ist die Ueberzeugung, dass Juden und Christen in ih-

62

rem Heil aufeinander angewiesen sind und bleiben, und dass die Vollendung erst dann erreicht ist, wenn Juden und Christen im Heil vereint sind. Dass dieses Heil nur Heil in Christus sein kann, ist nicht spezifisch paulinisch, sondern gemeinsamer christlicher Glaube.

****

Damit komme ich zum Schluss: Paulus, der Diasporajude aus Tarsus und spätere Völkerapostel, ist dem jüdisch-christlichen Gespräch als Aufgabe mitgegeben, als heikle und schwierige Aufgabe. Er stand damals mitten im Trennungsprozess zwischen Judentum und Christentum. Er hat das entstehende Christentum kräftig mitgestaltet, hat geholfen, ihm Profil zu geben. Wir Christen bleiben ihm dafür verpflichtet. Er war ein grosser Eiferer, auch als Vorkämpfer der Sache Christi und der Heidenmission, die seine besondere Sendung war. In der Hitze des Gefechtes hat er manches überspitzt und zu polemisch gesagt. Da und dort in seinen Briefen stehen Formulierungen, die den Juden damals und heute in seiner religiösen Ueberzeugung verletzen. Dafür können wir uns als Christen nur in seinem Namen entschuldigen. Was im Lauf der Geschichte aus vielen seiner Aeusserungen an Leid und Verfolgung für die Juden erwachsen ist, das kann man ihm nicht anlasten. Dafür muss die Kirche, müssen die Christen späterer Jahrhunderte die Verantwortung übernehmen.

Es wäre ein grosser Fortschritt im Gespräch zwischen Juden und Christen, wenn wir uns heute neu darauf besinnen würden, was Paulus an Grundlagen der Einheit trotz allem, was uns trennt, aufzeigt. Er wusste darum, dass der Mutterboden der Christen in Israel ist, und er hoffte auf eine gemeinsame Zukunft hin. Ob er diese Zukunft im einzelnen richtig gesehen hat, ist offen. Auf jeden Fall hoffen wir beide, Juden und Christen, auf den einen und denselben Gott, den wir "Vater" nennen, und wir beide, Juden und Christen, sehen es als Ziel aller Geschichte an, was Paulus in 1 Kor 15, 28 schreibt: " ... dass Gott alles in allem sei".

Anmerkungen

1) Paulus. Der Völkerapostel in jüdischer Sicht, München 1970, 16.

2) Vgl. dazu G. Bornkamm, Paulus, Stuttgart [2]1969, 245-246; O. Kuss, Paulus. Die Rolle des Apostels in der theologischen Entwicklung der Urkirche, Regensburg 1971, 23-34.

3) Wie viele Diaspora-Juden damals trug er zwei Namen. Sein jüdischer Name "Schaul", latinisiert "Saulus", den er mit dem ersten König Israels (wie er aus dem Stamme Benjamin) gemeinsam hatte, war der unter seinen Glaubensgenossen gebräuchliche. Als römischer Bürger trug er offiziell auch einen gut römischen Namen, "Paulus", den er regelmässig in seinen Briefen verwendet. In diesem Sinn ist im Titel meines Beitrages die Unterscheidung von "Saulus" und "Paulus" zu verstehen. Es ist eine weit verbreitete, aber irrige Ansicht, Schaul habe den Namen "Paulus" erst anlässlich seiner Bekehrung angenommen. Vgl. dazu Bornkamm, a. a. O. , 29.

4) Vgl. Bornkamm, a. a. O. , 34.

5) Es handelt sich um Rabban Gamaliel den Aelteren, einen Enkel Hillels. Er ist zu unterscheiden von Gamaliel II. , der wiederum ein Enkel Gamaliels des Aelteren ist. Vgl. dazu A. van den Born/W. Baier, Art. Gamaliel: Bibellexikon, hrg. H. Haag, Einsiedeln [2]1968, 511-512.

6) Dazu vgl. besonders A. J. Hultgren, Paul's Pre-Christian Persecutions of the Church: Their Purpose, Locale, and Nature: JBL 95 (1976) 97-111; ferner Bornkamm, a. a. O. , 36-39.

7) Vgl. dazu A. Stumpff, Art. zêlos ktl.: TWNT 2, Stuttgart 1935, 879-890.

8) Vgl. dazu J. Dupont, La conversion de Paul et son influence sur sa conception du salut par la foi: M. Barth (Hrg.), Foi et salut selon S. Paul, Rom 1970, 75-80.

9) So Hultgren, a. a. O.

10) A. a. O. (A. 2), 37.

11) Dazu R. Schnackenburg, Das Johannesevangelium 3. Teil = Herders theol. Komm. zum NT IV/3, Freiburg 1975, 279-280. Dort auch weitere Literatur.

12) Vgl. Bornkamm, a. a. O. (A. 2), 38-39.

13) Wohl aber könnte es ein Hinweis auf eine Lokalisierung in Damaskus oder Umgebung sein, wenn Paulus in Gal 1, 17 sagt, dass er nach dem Berufungserlebnis "sofort nach Arabien zog und dann wieder nach Damaskus zurückkehrte".

14) Einen Ueberblick über die Literatur und die Probleme, welche die Bekehrung des Paulus betreffen, gibt B. Rigaux, Paulus und seine Briefe. Der Stand der Forschung, München 1964, 62-98. Zur Darstellung dieser Bekehrung in den Paulusbriefen selbst vgl. besonders J. Blank, Paulus und Jesus. Eine theolo-

gische Grundlegung = Studien zum Alten und Neuen Testament 18, München 1968, 184-248. Zu den Texten der Apg vgl. G. Lohfink, Paulus vor Damaskus = Stuttgarter Bibelstudien 4, 1965; K. Löning, Die Saulustradition in der Apostelgeschichte = Neutestamentliche Abhandlungen 9, Münster 1973.

15) Vgl. dazu Blank, a.a.O. , 185-197.

16) Vgl. dazu F. Mussner, Der Galaterbrief = Herders theol. Komm. zum NT IX, Freiburg 1974, 11-29.

17) So in Salamis (Apg 13, 5), Antiochien in Pisidien (13, 14-42), Ikonium (14, 1), Philippi (16, 13), Thessalonich (17, 1-4), Beröa (17, 10-11), Athen (17, 17), Korinth (18, 4-5), Ephesus (18, 19-20; 19, 8).

18) In Antiochien in Pisidien (Apg 13, 44-51), Ikonium (14, 2-6), Thessalonich (17, 5), Beröa (17, 13-14), Korinth (18, 6-7), Ephesus (19, 9).

19) Vor allem in den beiden Korinther-Briefen: 1 Kor 4, 9-13; 15, 30-32; 2 Kor 4, 8-12; 6, 4-10; 7, 5; 11, 23-33; 12, 10.

20) O. Michel, Fragen an 1 Thessalonicher 2, 14-16. Antijüdische Polemik bei Paulus: W. Eckert u. a. (Hrg.), Antijudaismus im Neuen Testament?, München 1967, 50-59; die zitierte Stelle findet sich 56.

21) G. Klein, Präliminarien zum Thema "Paulus und die Juden": Rechtfertigung, Fs. E. Käsemann, Tübingen 1976, 229-243; das Zitat 234.

22) H. Gollwitzer, Der Jude Paulus und die deutsche neutestamentliche Wissenschaft. Zu Günter Kleins Rezension der Schrift von F.W. Marquart "Die Juden im Römerbrief": EvTheol 34 (1974) 276-304; das Zitat 297.

23) Vgl. dazu besonders A. van Dülmen, Die Theologie des Gesetzes bei Paulus = Stuttgarter Biblische Monographien 5, Stuttgart 1968; R. Bring, Christus und das Gesetz. Die Bedeutung des Gesetzes des Alten Testaments nach Paulus und sein Glauben an Christus, Leiden 1969; M. Barth, Die Stellung des Paulus zu Gesetz und Ordnung: EvTheol 33 (1973) 496-526; F. Hahn, Das Gesetzesverständnis im Römer- und Galaterbrief: ZNW 67 (1976) 29-63; P. von der Osten-Sacken, Das paulinische Verständnis des Gesetzes im Spannungsfeld von Eschatologie und Geschichte: EvTheol 37 (1977) 549-587.

24) Vgl. dazu Mussner, a.a.O. (A. 16), 188-205 (Exkurs 4: Hat Paulus das Gesetz "missverstanden"?). Zur Gesetzesauffassung des Judentums vgl. L. Jacobs, Die Bedeutung des Gesetzes im Judentum: Conc 10 (1974) 547-551; E. L. Ehrlich, Tora im Judentum: EvTheol 37 (1977) 536-549.

25) H. Schlier, Der Brief an die Galater = Krit. exeg. Komm. über das NT, Göttingen [4]1965, 182 (176-188: Exkurs: Die Problematik des Gesetzes bei Paulus).

26) J.B. Souček, Israel und die Kirche im Denken des Apostels Paulus: ComViat 14 (1971) 143-154. Die Wendung findet sich 147.

27) Vgl. dazu M. Rese, Die Vorzüge Israels in Röm. 9, 4f. und Eph. 2, 12. Exegetische Anmerkungen zum Thema Kirche und Israel: TZ 31 (1975) 211-222;

L. Cerfaux, Le privilège d'Israel selon saint Paul: Recueil L. Cerfaux II, Gembloux 1954, 339-364.

28) Rese, a. a. O. , 218.

29) Ebd. , 219.

30) Dazu besonders D. Zeller, Juden und Heiden in der Mission des Paulus. Studien zum Römerbrief, Stuttgart 1973; ders. , Israel unter dem Ruf Gottes (Röm 9-11): IKZ 2 (1973) 289-301.

31) Zeller, Israel unter dem Ruf Gottes, 299.

Wolfgang Liebeschütz

DIE FRÜHE KIRCHE ALS VERFOLGERIN UND ALS VERFOLGTE

In diesem Symposium geht es darum, aus der Vergangenheit Weisen für die Zukunft zu erkennen. Die Referenten sollen diejenigen Faktoren betonen, die ehemals für besseres Verständnis und gegen Verfolgung und Hass gewirkt haben und die voraussichtlich in Zukunft in derselben Richtung weiter wirken könnten. In meinem Falle ist das aber gar nicht leicht. Ich behandle das Verhältnis zwischen Juden und Christen im römischen Reich in den Jahren 312-730 n.Chr., während deren das Reich nach der Bekehrung Konstantins des Grossen von christlichen Kaisern regiert wurde. Vom jüdischen Gesichtspunkt war diese Zeit eine Periode der allmählichen Verschlechterung und des wachsenden Hasses. In der Geschichte dieser Jahre besteht der einzige Lichtpunkt darin, dass die Situation nicht noch schlechter geworden ist. Katastrophen wie die des späteren Mittelalters – vom Dritten Reich ganz zu schweigen – hat das späte Römerreich nicht erlebt. Darum werden sich vielleicht einige hoffnungsvolle Erkenntnisse erzielen lassen. Aber das Hauptresultat bleibt doch ein pessimistisches, eine Mahnung, dass der Mensch sich selbst kennen lernen muss, und sich vor sich selbst in Acht zu nehmen hat.

Um das Jahr 300 waren die Juden verhältnismässig harmonisch in den Völkerverband des römischen Reiches eingegliedert. Die katastrophalen Konflikte zwischen den Juden Palästinas und der Reichsregierung, zwischen imperium und jüdischem Nationalismus waren vorbei (1). Die Juden Palästinas waren zu geschwächt, um den Freiheitskampf wieder aufzunehmen (2). Sie waren jetzt – wie auch alle anderen Einwohner des Reiches – römische Bürger (3) und besassen die Rechte, die mit römischer Staatsangehörigkeit verbunden waren (4). Es war eine Konsequenz des römischen Friedens und der römischen Verwaltung, dass die Sonderbestrebungen der regierten Völker und Städte überall verkümmerten (5). Die Entwicklung erleichterte das Zusammenleben von Juden und Nichtjuden besonders in den grossen Städten. Die Juden hatten beschränkte Selbstverwaltung unter Synagogarchen, die von dem Patriarchen ernannt wurden (6). Daneben sassen Juden jetzt in den Stadträten (7). Auch in der Reichsverwaltung gab es jüdische Beamte. Die Judenfrage schien auf dem Wege zur Lösung zu sein (8).

Eine entscheidende Wendung trat ein, als im Jahre 312 der Kaiser Konstantin sich zum Christentum bekannte. Seitdem wurde das Reich - mit nur einer kurzen Unterbrechung - von christlichen Kaisern regiert. Konstantin und die meisten seiner Nachfolger waren der Meinung, dass der Beistand Gottes für das römische Reich nur durch christlichen Gottesdienst gewonnen werden könne. Deshalb war ihnen die Förderung des Christentums wichtigste Herrscherpflicht. Sie fühlten sich verpflichtet, in einer in Rom bisher unbekannten Weise, Religionspolitik zu betreiben. Der christliche Kaiser musste in Sachen der Religion für Christen, das heisst, was er für christliche Orthodoxie hielt, gegen Häretiker, Heiden und Juden Partei nehmen (9). Das war für alle Betroffenen, sowie für das Reich selbst eine höchst schwerwiegende Entwicklung.

Was die Juden betraf, hat Konstantin die gesetzliche Basis geschaffen, die die Existenz der Juden im Römerreich Jahrhunderte lang bestimmt hat. Seine Gesetzgebung hatte zwei Seiten. Erstens war das Judentum erlaubt. Die Juden behielten ihre Bürgerrechte und Synagogen blieben unter staatlichem Schutz (10). Die Beamten der Synagoge hatten bestimmte Privilege (11). Streitigkeiten zwischen Juden konnten von jüdischen Gerichten entschieden werden (12). Es war gesetzlich verboten, einen Juden gewaltsam von der Ausübung seiner religiösen Pflichten abzuhalten (13).

Zweitens wurde die Ausbreitung des Judentums soweit wie möglich verhindert. Missionstätigkeit seitens der Juden wurde strengstens verboten (14). Neue Synagogen durften nicht gebaut werden (15). Juden, die zum Christentum übergetreten waren, durften von früheren Glaubensgenossen nicht schikaniert werden (16).

Im wirtschaftlichen und sozialen Alltagsleben blieben Juden gleichberechtigt. Dagegen wurden sie allmählich von Ehrenposten im Staatsdienst, das heisst von Offiziersstellungen in der Kaiserlichen Armee (17) und Verwaltung (18), und schliesslich auch der Advokatur (19), ausgeschlossen. Es sollte verhindert werden, dass Juden Christen gegenüber die Obrigkeit vertreten könnten. Schliesslich wurde das Prinzip ausgesprochen, dass Juden wohl die Arbeit und die Ausgaben öffentlicher Posten tragen könnten, aber in keinem Fall zu Ehren (honores) zugelassen werden dürften (20). Die Gesetzessprache wird manchmal direkt beleidigend. Jüdische Gebräuche werden mit

Beiwörtern wie "tierisch" und "frevelhaft" (21) und sogar "gottes-
lästerlich" bezeichnet (22). Das geschieht besonders in Gesetzen,
die sich mit Bekehrung zum Judentum befassen.

Das war kein Zufall. M. Simon hat bewiesen, dass im vierten Jahrhundert in den Städten des römischen Reiches eine starke Konkurrenz zwischen Christentum und Judentum bestand (23). Die
kaiserliche Gesetzgebung spiegelt lokale Konflikte. Es ist wahrscheinlich, dass viele Gesetze in Antwort auf Gesuche von Bischöfen, und manchmal auch von jüdischen Gemeinden, erlassen worden sind (24).

Die Konkurrenz der Religionen lässt sich besonders gut in Antiochien betrachten. Aus dieser Stadt ist nämlich eine Reihe von
Predigten erhalten, die Johannes Chrysostomos in den Jahren
386 und 387 gegen die Juden gehalten hat (25). Antiochien hatte
eine grosse jüdische Gemeinde (26), wie auch eine sehr alte
christliche. Es war in Antiochien, dass die Anhänger Jesu
zuerst Christen genannt worden sind (27). Die Anregung zu den
Predigten war dadurch gegeben, dass viele Christen jüdische
Gebräuche ausübten. Chrysostom kritisiert den in seiner Gemeinde weitverbreiteten Brauch,an jüdischen Festtagen, besonders dem Neujahr, dem Versöhnungtag und dem Laub-
hüttenfest, am Synagogengottesdienst teilzunehmen (28). Manche fasteten auch mit den Juden, besonders zur Zeit des Pes-
sachs (29). Einige gingen so weit, sich beschneiden zu lassen
(30). Chrysostom warnt gegen den Glauben, dass ein Eid, der
in einer Synagoge geschworen worden war, ganz besonders ver-
pflichtend wäre (31). Rabbiner standen im Ruf ausgezeichnete
Aerzte zu sein, und auch Christen suchten sie auf, um ihre
Krankheiten behandeln zu lassen (32). Es muss betont werden
dass die 'judaisierenden' Christen keineswegs zum Judentum
übertreten wollten. Es ging ihnen nur darum,christlichen Glauben mit jüdischer Gesetzesfrömmigkeit zu verbinden. Im Wesentlichen war es noch die Situation,für die Paulus den Galater-
brief geschrieben hatte (33).

Es scheint also,als ob in Syrien das Problem der endgültigen
Loslösung des Christentums vom Judentum noch aktuell war.
Ein Zeugnis dafür haben wir in den 'Heis Theos'-
Inschriften. In den spätantiken Dorfruinen Nordsyriens sind
noch oft die Worte 'Ein Gott' (oder Gott ist einzig) über der

Haustür eingemeisselt zu sehen (34). Man denkt sofort an Deu-
terononium 6, 3-8: 'Höre Israel, der Herr unser Gott ist ein ein-
ziger Herr ... und diese Worte sollst du zu Herzen nehmen ...
und sollst sie über deines Hauses Pforten schreiben und an die
Tore ...'.

Das ist ein Gebot, das von Juden bis zum heutigen Tag befolgt
wird, indem sie eine 'Mesusa' am Rahmen der Haustür befesti-
gen (35). Es sieht aus, als ob die syrischen Dörfler diese Vor-
schrift auch für sich als Christen für verbindlich hielten. Die
Grenze, die die religiösen Pflichten eines Christen von denen
eines Judens unterscheidet, war noch nicht klar gezogen. Für
umso wichtiger hielten es Prediger wie Johannes Chrysostomos,
die Unvereinbarkeit der zwei Religionen ihren Gemeinden einzu-
prägen.

Chrysostom verbietet also strengstens jegliche Teilnahme am
jüdischen Gottesdienst, wie auch die Befolgung der Vor-
schriften des jüdischen Gesetzes. Er argumentiert dabei mit
Hilfe von biblischen Zitaten, die in christlicher Apologetik her-
kömmlich waren (36), dass das jüdische Gesetz seine Gültigkeit
verloren hätte und durch das Christentum ersetzt sei. Ausserdem beschimpft er die Juden mit einer merkwürdigen Rhetorik,
die darin besteht, dass er die Laster, welche die Propheten des
Alten Testaments an den damaligen Israeliten auszusetzen hatten, den zeitgenössischen Juden zuschreibt. Im V. Buch Mose
lesen wir von Jakob: 'Da er fett und satt ward, ward er geil. Er
ist fett und dick und stark geworden und hat den Gott fahren lassen, der ihn gemacht hat'(37). Auf Grund dieser und ähnlicher
Stellen kann Chrysostom den Juden eine tierische Gefrässigkeit
beilegen (38). Propheten hatten die Abgötterei der Israeliten
sinnbildlich als Hurerei und Prostitution bezeichnet (39). Es
folgt - so argumentiert Chrysostom -, dass eine Synagoge ein
Ort ist, wo Prostituierte zusammenkommen. Das bedeutet, eine Synagoge ist um nichts besser als ein Bordell (40). Chrysostom geht so weit, die Juden des Kinderopfers zu verdächtigen (41).

Bei weitem nicht alles in den Predigten ist in diesem Stil geschrieben. Das Hauptthema ist meistens der Beweis, dass die
jüdischen Gebräuche nicht mehr dem Willen Gottes entspre-
chen. Chrysostom war kein Antisemit im modernen Sinne des

Wortes. Die Predigten gegen die Juden machen auch nur einen
sehr kleinen Bruchteil seiner gesammelten Werke aus. Er hat
nie staatliche Massregeln gegen die Juden befürwortet, und es
war auch wohl nicht seine Absicht,das Volk gegen die Juden auf-
zuwiegeln. Trotz ihrer wilden Rhetorik hatten die Predigten
einen beschränkten seelsorgerischen Zweck. Die jüdischen
Festtage standen bevor. Es war zu erwarten,dass auch viele
Christen an den jüdischen Riten teilnehmen würden. Das wollte
Chrysostom verhindern,weil er darin - mit Recht oder Unrecht -
eine Gefahr für die Disziplin und das Zusammenhalten seiner
Gemeinde sah (42). Auf die Dauer aber mussten solche Reden
Unheil anrichten.

Auch blieb es in der Bekämpfung des 'Judaisierens' in Antiochien nicht bei Worten. In Antiochien war eine berühmte Synagoge. Es hiess, sie sei die erste gewesen, die nach der Zerstörung des Tempels in Jerusalem gebaut worden sei. Auf dem
Gelände der Synagoge war das Grabmal einer Mutter und ihrer
sieben Söhnen, die, weil sie sich geweigert hatten, die väter-
lichen Gesetze zu übertreten, unter dem König Antiochus Epiphanes hingerichtet worden waren. Das Grab wurde besucht von
Juden, Christen und Heiden, die Genesung von Krankheit erhoff-
ten. Daran wurde von christlicher Seite her Anstoss genommen.
Die Synagoge wurde beschlagnahmt und als Kirche geweiht (43).
Die Makkabäer waren wohl schon vorher als Ehrenchristen angesehen worden (44). Auf diese Weise wurde die jüdische Konkurrenz auf wenigstens einem Gebiet ausgeschaltet.

Aber auch in Städten,wo die Koexistenz und beiderseitige Ab-
grenzung mit weniger Problematik verbunden war als in Antiochien,zeigte christliche Predigt oft eine gegen die Juden gerichtete Tendenz. Das war eine Konsequenz der Rolle,die Juden im
Alten und im Neuen Testament spielen. Die Juden waren das
Volk der Bibel. Sie kannten also alle die Stellen, die als Prophezeiungen des Kommens von Jesus gedeutet wurden (45), und
dennoch, trotzdem Jesus sein ganzes Leben unter Juden gelebt
und gelehrt hatte, wollten die Juden nicht an ihn glauben. Ihre
Haltung war wie eine Verkörperung des Unglaubens und wurde
deshalb von Prediger über Prediger angegriffen. Die Juden wurden ein für allemal das gegebene Symbol für den Unglauben
an sich, eine Denkweise, die gerade deshalb gefährlich war,
weil sie nicht auf Juden beschränkt war und ist. Für die Juden

war es aber natürlich sehr unangenehm, ein lebendiges Symbol zu sein.

Gegen Ende des vierten und am Anfang des fünften Jahrhunderts nahm der christliche Missionseifer einen grossen Aufschwung. Das hing mit dem wachsenden Mönchtum zusammen. Um diese Zeit begann die Bekehrung der ländlichen Bevölkerung grosse Fortschritte zu machen (46). Damals begann der Kaiser Theodosius I. die endgültige Unterdrückung des Heidentums (47). Auch für die Juden wurde die gesetzliche Lage ungünstiger. Das Patriarchat wurde aufgehoben (48). Angriffe auf Synagogen und auch deren Beschlagnahme waren nicht selten (49). Es scheint, als ob solche Angriffe oft unter der Führung von Bischöfen geschahen. Bischöfe spielten ja auch in der Unterdrükkung von Häresie und Heidentum eine Schlüsselrolle (50).

Schliesslich haben die Kaiser Justin und Justinian Ansätze gemacht, die Zivilrechte der Juden aufzuheben, das heisst, Juden in die Lage zu versetzen, in der Heiden und Häretiker sich schon lange befunden hatten (51).

Es ist wahrscheinlich, dass im Laufe des vierten und des fünften Jahrhunderts die Beziehungen zwischen Juden und Christen in der Bevölkerung schlechter wurden. Trotzdem blieb die Situation der Juden in der spätrömischen Welt in der Hauptsache beständig. Die Juden waren eine mehr oder weniger verachtete Kaste, aber eine Kaste mit bestimmten Rechten. Im Wirtschaftsleben waren Juden nicht benachteiligt. Bauten wie die Synagoge von Capharnaum zeigen, dass es den Juden Palästinas am Ende des vierten Jahrhunderts gut ging (52). Zwangsbekehrungen kamen nur selten vor. Die Edikte, die Justinian und Heraclius in diesem Sinne veröffentlichten, hatten nur sehr beschränkte Folgen (53). Gegen die Juden gerichtete Volksunruhen kamen zum Beispiel in Antiochien vor, aber Mord und Massenausweisung blieben seltene Ausnahmen (54). Wie gesagt, ist gerade, was nicht geschah und warum es nicht geschah, für uns das Interessanteste.

Unter den Faktoren, die Schlimmeres verhütet haben, war bestimmt die profane Tradition der Reichsverwaltung. Die römischen Beamten hatten immer gründlich für die Erhaltung der öffentlichen Ordnung gesorgt, und auf diesem Gebiet waren sie

74

konfessionsblind. Die Privilege der Juden gingen auf Julius Cäsar zurück (55), und die römischen Statthalter sahen darauf, dass Rechte, die nicht aufgehoben waren, auch respektiert wurden. Selbst der fromme Theodosius I. befahl Christen, die in Callinicum am Euphrat eine Synagoge zerstört hatten, dieselbe wieder aufzubauen, und zwar auf eigene Kosten. Leider liess er den Befehl, auf Drängen des Bischofs Ambrosius von Mailand, widerrufen (56). Aber eine Reihe von Gesetzen zeigt, dass die Prinzipien, die Theodosius bewegt hatten, für die Juden in Callinicum einzutreten, auch von späteren Kaisern befolgt worden sind (57).

Die profane Gesetzgebung definierte die Grenzen, in denen die Juden Toleranz genossen, auch für kirchliche Instanzen. Der Papst Gregor der Grosse hat sich mehrmals für Juden eingesetzt. Er missbilligte die Zwangstaufe (58). Eine Synagoge, die so nahe bei einer Kirche lag, dass der jüdische Gesang den christlichen Gottesdienst störte, durfte beschlagnahmt werden. Aber den Juden musste ein anderes Gebäude als Ersatz zur Verfügung gestellt werden (59). Niemand darf die Juden ihrer gesetzlichen Rechte berauben (60). Dagegen bestand Gregor auch darauf, dass, was den Juden gesetzlich verboten war, auch verboten blieb. Das Gesetz garantiert den Juden, dass der Gottesdienst in bestehenden Synagogen nicht gestört wird, aber es erlaubt ihnen nicht neue Synagogen zu bauen (61). Gregor gestattete den Juden auch nicht christliche Sklaven zu halten (62).

Neben den profanen gab es auch religiöse Motive, die den Antijudaismus nicht zum Aeussersten kommen liessen. Es war christliche Lehre, dass die Juden erhalten werden müssten, damit ihre endliche Bekehrung das Kommen des Königtums Gottes einleiten könne (63). Das gab der Kirche einen dauernden Beweggrund, das Schlimmste von den Juden abzuhalten. Auch hatte das Christentum noch aus der Verfolgungszeit eine starke Tradition, dass religiöse Bekehrung freiwillig sein müsse. Schliesslich hatten die Märtyrer, die Helden der Christenverfolgungen, gerade durch Widerstand gegen Bekehrungszwang ihr Leben geopfert (64). Freilich war diese Tradition nicht stark genug, ziemlich schweren Druck auf sektiererische Christen, besonders auf die Donatisten (65), zu verhindern. Bei den Juden kam aber noch das weitere Motiv dazu, dass die fortwährende Existenz der Juden für die Kirche Wert hatte, weil das jüdische Volk ein lebendiger Zeuge der Echtheit der Bibel war. 'Der Jude trägt das Buch, damit der Christ glauben kann. Sie bewahren unsere Bücher, wie Sklaven die Bände tragend hinter ihren Herren hergehen, so dass sie durch Tragen ermüden, die Herren aber durch Lesen profitieren' (66).

Wie gesagt, spielten als Prophezeiungen verstandene Stellen des Alten Testaments eine sehr wichtige Rolle in der Apologetik des Christentums. Solange wie es Juden gab, konnte niemand behaupten, dass die betreffenden Stellen von Christen gefälscht worden seien (67).

Ueberlegungen dieser Art haben in späteren Zeiten Scheusslichkeiten nicht verhindern können. Im vierten und fünften Jahrhundert wurde aber ihr Einfluss noch durch die Tatsache verstärkt, dass viele Christen die stärksten Bedenken hatten, ob das richterliche Fällen von Todesurteilen, oder auch Blutvergiessen im Krieg, mit Christentum vereinbar sein könnte. Augustin und Ambrosius waren der Meinung, dass christliche Richter, wenn möglich, ohne Martern und Todesstrafe auskommen sollten (68). Basilius wollte einen Soldaten, der im Krieg einen Feind getötet hatte, exkommunizieren (69). Es ist wahrscheinlich, dass diese Anschauung der Intoleranz Grenzen gesetzt hat, die in späteren Jahrhunderten nicht mehr galten.

Aber die Folgen auch beschränkter Verfolgung waren weitreichend. Die Juden wurden verbittert und dem Reich entfremdet. Während der grossen persischen Invasion 607-29 hofften die Juden Palästinas auf Befreiung von Seiten des Reichsfeindes (70). In diesen Jahren, wie auch in anderen Krisen, ergingen sich die Juden in messianischen Erwartungen. Der Glaube an eine bevorstehende Intervention Gottes und ein damit verbundenes Ende der bisherigen Welt gab Aussicht auf Erlösung aus der sonst hoffnungslosen Lage. Aehnliche Reaktionen haben Anthropologen bei unterdrückten Völkern der heutigen Zeit beobachtet (71). Auf politischem Gebiet förderte der Messianismus den Versuch, in Jerusalem mit Hilfe der Perser das jüdische Königtum wieder herzustellen. Im Felde der Kultur brachte die ablehnende und feindliche Haltung der Umwelt eine Rückwendung zum eigenen Erbe hervor (72). Bezeichnend war die Wiederaufnahme des Hebräischen als Sprache des jüdischen Gottesdienstes. Ein Gesetz von Justinian (73) zeigt, dass es damals zwei Parteien unter den Juden gab: Die einen forderten die Benützung der griechischen Uebersetzung der Bibel, die anderen die des hebräischen Originaltextes. Die Form des Gesetzes beweist, dass die Partei, die die griechische Uebersetzung benutzen wollte, die schwächere war, und den Kaiser gebeten hatte, ihrer Sache beizustehen. Auf die Dauer hat das aber die Entwicklung nicht aufgehalten. Im jüdischen Gottesdienst hat das Hebräische das Griechische vollständig verdrängt.

Das römische Reich und das Christentum haben die religiöse Intoleranz teuer bezahlt. Sie hat dazu geführt, dass in den östlichen Provinzen grosse Teile der Bevölkerung gegen Kaiser und Reich feindlich gestimmt wurden. Unter den Unzufriedenen waren die Juden eine Minderheit. Bei weitem die meisten waren natürlich monophysitische Christen. Das Resultat war, dass Syrien, Palästina und Aegypten dem römischen Reich und dem Christentum verlorengingen.

Ich habe bisher nur von der Kirche als Verfolgerin und nicht als Verfolgter gesprochen. Das liegt an dem Zeitabschnitt, den ich mir als Thema gesetzt hatte. Aber die Weltgeschichte fängt nicht im Jahre 312 an, und wenn man weiter zurück geht, kommt man natürlich sofort in die Zeit, in der die Kirche verfolgt wurde. Wenn man noch weiter zurück geht und das Alte Testament aufschlägt, liest man manche Kapitel, in denen Menschen wegen Abfall vom reinen Judentum äusserst streng bestraft werden (74). Das war lange vor der Zeit, die ich in diesem Vortrag behandelt habe, aber diese Geschichten wurden dennoch in der späteren Zeit zitiert, um die Berechtigung religiöser Zwangsmassnahmen zu beweisen. Die Geschichte der Verfolgung von Juden durch Christen hat ihren Ursprung in der Verfolgung von Juden durch Juden.

Ich begann mit dem Gedanken, dass es schwer sei, aus der Verfolgungsgeschichte klare und unzweideutige Lehren für die Zukunft zu gewinnen. Sicher hat die religiöse Intoleranz ungeheures angerichtet. Trotzdem bleibt es eine Tatsache, dass sowohl bei Juden wie bei Christen die Intoleranz ein wesentlicher Bestandteil einer durchaus konstruktiven und gemeinschaftserhaltenden Weltanschauung war. Es lässt sich kaum leugnen, dass die kompromisslose Verwerfung fremder Formen der Gottesverehrung zur Erhaltung beider Religionsgemeinschaften wesentlich beigetragen hat. Männer wie Johannes Chrysostomus, Ambrosius von Mailand und Augustin, die in meinem Referat als Vertreter der Intoleranz vorgekommen sind, haben doch auf anderem Gebiet grosses, auch für die Menschlichkeit, geleistet.

Was kommt denn endlich aus der Analyse der Geschichte der Kirche als Verfolgerin und Verfolgter heraus? Hauptsächlich, meine ich, besseres Verständnis der Intoleranz an sich. Man kann zeigen, dass sie tief im Wesen der beiden Religionen begründet ist. Man kann anschaulich machen, was für Folgen dieser oder jener Ausdruck der Intoleranz unter gegebenen Umständen haben kann (75). Aber das bleibende Resultat ist vielleicht die Erkenntnis, wie dicht bei einander Gutes und Schlechtes im menschlichen Handeln zu Hause sind. Es geschieht gerade, wenn sie überzeugt sind, nur die höchsten Ziele zu verfolgen, dass die Menschen Gefahr laufen, das scheusslichste Unheil anzurichten. Die Geschichte mahnt also zur Vorsicht und Selbstbesinnung, sie erinnert an die Worte von Goethes Egmont: 'Uns bleibt nichts als mutig gefasst, die Zügel festzuhalten, und bald rechts, bald links, vom Steine hier, vom Sturze da, die Räder wegzulenken. Wohin es geht, wer weiss es?'

Anmerkungen

1) S. z. B. Th. Mommsen, Römische Geschichte Bd. V (Berlin, 1894), 487-552.

2) Michael Avi - Yonah, Geschichte der Juden im Zeitalter des Talmud, (Berlin, 1962), 16-20.

3) A. N. Sherwin White, The Roman Citizenship, 2. Aufl. (Oxford, 1973), 386ff.

4) J. Juster, Les Juifs dans l'empire romain, leur condition juridique, économique et sociale, (Paris, 1914), Bd. II, 28-40.

5) N. M. Fustel de Coulanges, La Cité antique, (Paris, 1874), 454ff.

6) J. Juster, op. cit., Bd. I, 391-400.

7) Daselbst, Bd. II, 258-63.

8) E. M. Smallwood, The Jews under Roman Rule, (Leiden, 1976), 513-5, 526-38.

9) A. H. M. Jones, The Later Roman Empire, (Oxford, 1964), 93-7.

10) Eine umfassende Uebersicht über die kaiserlichen Gesetze gibt K. D. Reichardt, Die Judengesetzgebung im Codex Theodosianus, in: Kairos, n. F. XX (1978), 16-39. Jüdisches Bürgerrecht: Codex Theodosianus (C. T.) II, 1, 10 (398) Judaei Romano et communi iure viventes. Synagogen beschützt: C. T. XVI, 8, 9 (393); VII, 8, 2 (370); XVI, 8, 25-27 (423).

11) XVI, 8, 2 (330); 3 (321); 4 (330); 13 (397).

12) II, 1, 10 (398).

13) II, 8, 26 (409; XVI, 8, 9, (393); 20 (412); 21 (418).

14) C. T. XVI, 8, 6 (339); 7 (352).

15) C. T. XVI, 8, 25 (423); 27 (423).

16) XVI, 8, 1 (315) droht mit Todesstrafe durch Verbrennung.

17) XVI, 8, 24 (418).

18) XVI, 8, 16 (404); Nov. Theod. II. III, 2 (438). Aber von den unangenehmen und kostspieligen Pflichten der curiales und cohortalini wurden Juden nicht befreit! (Das. 6).

19) Codex Justinianus (C. J.) I, 4, 15 (468).

20) Nov. Just. XLV (537).

21) C. T. XVI, 8, 1 feralem, ... nefariam sectam.

22) XVI, 8, 7 auch 9, 4 nefanda superstitio; XVI, 8, 19 Judaica perversitas; XVI, 8, 7 sacrilegi coetus; XVI, 7, 3 Judaicis semet polluere contagiis; XVI, 8, 6 turpitudinis consortium ... suis flagitiis, u. s. w.

23) M. Simon, Verus Israel, 2. Aufl. (Paris, 1964) 383-94. B. Blumenkranz, Die Judenpredigt Augustins (Paris, 1973), 216.

24) F. Millar, The Emperor in the Roman World (London 1977), 584ff.

25) Patrologia Graeca (P.G.) XLVIII, 843 ff., M. Simon, Verus Israel, 256

26) Josephus, Bellum Judaicum VII, 33; C.H. Kraeling, 'The Jewish Community at Antioch', Journal of Biblical Literature, II (1932), 130-60.

27) Apostelgeschichte 11, 26.

28) P.G. XLVIII, 814-5, 853.

29) Das. 855, 861-71, 927, vgl. das Verbot zur Zeit des Pesachs Ostern zu feiern. Konzil von Antiochien 341 n.Chr. Mansi II, 1308, can. 1.

30) P.G. XLVIII, 858; s.M. Simon, Verus Israel, 377-8.

31) Das. 847-8.

32) Das. 852. 861, 907, 935-6. Den weitverbreiteten Glauben an die Zauberkraft jüdischer Symbole und Riten beschreibt M. Simon, Verus Israel, 394 seq.

33) Vgl. die Bemerkungen F. Annens o.S. 47 ff.

34) E. Peterson, HEIS THEOS, Forschungen zur Religion und Literatur des alten und neuen Testaments,J.N. Folge 24,(Göttingen, 1926). Ders., jüdisches und christliches Morgengebet in Syrien, ZKTh LVIII (1934) 110-13.

35) S.z.B. W.O.E. Oesterley and G.E. Box, The Religion and Worship of the Synagogue (London 1911), 364f., 447-9, 454f.

36) A.L. Williams, Adversus Judaeos (Cambridge, 1935).

37) 5. Mose, 32,15.

38) P.G. XLVIII, 846.

39) Hosea 4,16; Hesekiel 16,15; Jeremia 3,3.

40) P.G. XLVIII, 847 'vielmehr ist die Synagoge nicht nur ein Bordell und ein Theater, sondern auch eine Räuberhöhle'.

41) P.G. XLVIII, 852-3 mit Hinweis auf Psalm 106,37. Chrysostom war auf dem Weg zur Ritualmordanklage. Aber die Anklage selbst, die im Mittelalter eine so grosse Rolle gespielt hat, und die früher gegen die Christen gemacht worden war, ist in der Spätantike nicht gegen Juden erhoben worden. S.M. Simon, Verus Israel, 249 und 261. J. Juster, Les Juifs, Bd. II, 203-5.

42) S. Adv. Jud III, Pt. XLVIII, 861-7.

43) M. Schatkin, 'The Maccabean Martyrs', Vigiliae Christianae XXVIII, 97-113. E. Bikerman, 'Les Maccabées de Malalas', Byzantion XXI (1951), 73ff.

44) J. Chrysostom, In sanctos Maccabaeos, hom. 1-3, P.G. L, 617-28. Gregor von Nazianzen, Or. XV, P.G. XXXV, 912ff.

45) Ueber die zentrale Rolle der allegorischen Bibelauslegung in der christlichen Apologetik, s. M. Simon, Verus Israel, 177-87.

46) S. z. B. Libanius Or. XXX, Pro Templis, Edition mit englischer Uebersetzung in F. Norman, Libanius; Select Works, Bd. II, Loeb Classical Library (London, 1977).

47) J. Matthews, Western Aristocracies and Imperial Court (Oxford, 1975), 127-45, zeigt, dass damals zum ersten Mal eine Mehrzahl von überzeugten Christen Schlüsselstellungen in der Reichsverwaltung besetzte.

48) C. T. XVI, 8, 29 (429).

49) L. Ruggini, Ebrei e orientali nell'Italia settentrionale fra il IV e il VI secolo, Studia et documenta historiae et iuris XXV (1959), 192-207. J. Juster, Les Juifs, Bd. I, 461-9, II, 200-1. C. T. XVI, 8, 12 (397); 20 (412); 21, 25 (423); 26 (423); 27 (423).

50) P. Brown, Religion and Society in the Age of Saint Augustine (London, 1972), 321-31.

51) C. J. 1, 5, 12 (527); 13, 18, 19 (529); 21 (531). Nov. Just. XLV, 1 (537); CXXIX (551); CXLIV (572).

52) S. Loffreda, The Synagogue of Capharnaum, Studii Biblici Franciscani XXII (1972) 529.

53) In Minorca 419, Epistula Severi, P. L. XLI, 821-32. In dem zurückeroberten Africa verbot Justinian die Existenz der Synagoge. Nov. XXXVII (535); Procopius, De Aed. VI, 12. Das Gesetz ist nicht ernstlich durchgeführt worden, s. A. Sharf, Byzantine Jewry (London, 1971), 26. 632 befahl Heraclius, dass alle Juden im Reich sich taufen lassen sollten. Auch dieser Befehl ist in nur sehr beschränktem Mass und kurz ausgeführt worden, s. A. Sharf, das. 53-5.

54) Antioch: s. G. Downey, A History of Antioch in Syria (Princeton, 1961), 499 (484 n. Chr.); 505-6 (507 n. Chr.), 573 (610 n. Chr.). Alexandria: A. Sharf. Byzantine Jewry, 27 (415 n. Chr.). Die Unruhen in Alexandrien im Jahre 415 endeten mit der Ausweisung der Juden, so auch Unruhen im Jahre 592 in Antiochien, s. Downey, op. cit., 571. Bei diesen Gelegenheiten gab es sicher Tote und Verwundete.

55) J. Juster, Les Juifs, 213-42. Das alte Herkommen als Grund der Toleranz, C. T. XVI, 8, 3. 13. 20.

56) Ambrosius Ep. XL, XLI. Paulinus, Vita S. Ambr. 23.

57) C. T. XVI, 8, 0. 10. 11. 12. 13. 18. 20. 21. 25. 26. Gesetz 18 ist als I, 9, 11 und 21 als I, 8, 14 in den Codex Justinianus aufgenommen worden.

58) Gregor, Ep. I. 45; XIII, 15; I, 34. Gregor erleichterte jüdischen Pächtern ihre Pacht im Falle, dass sie sich taufen liessen: Ep. V, 7.

59) Das. II, 6.

60) Das. IX, 38; VIII, 25.

61) Das. IX, 195.

62) Ep. II, 6; III, 37; IV, 9,21; VII, 21; VIII, 21; IX, 104. 213. 215. Das C.T. XVI, 9,1-5; C.J. 1,10.

63) Paulus, Römer, 11,25-26.

64) C.T. XVI, 8,23 (416). Während der Christenverfolgungen hatten die Apologeten darauf bestanden, dass religiöse Bekehrung nur Wert hatte, wenn sie freiwillig gewesen war. So z.B. Lactantius Div. Inst. V, 20. Augustin hat staatlichen Druck auf die Donatisten befürwortet. Aber sein Ep 93 (403 n. Chr.) zeigt, dass die Zwangsbekehrung der Donatisten noch starke Bedenken hervorgerufen hat, s. P. Brown, 'St. Augustine's attitude to religious coercion', in Religion and Society in the Age of Saint Augustine (London, 1972), 260-79. Im ganzen fand man es wohl leichter, sich mit der Beschlagnahme von Gebäuden und der Verhinderung von Gottesdienst abzufinden, als mit direktem Glaubenszwang. Das hat nicht verhindert, dass letzterer auch angewendet worden ist, z.B. C.T. XVI, 5,52 (412). Aber in dieser Hinsicht waren Juden sehr viel besser dran als Häretiker.

65) W.H.C. Frend, The Donatist Church, (Oxford, 1952) E. Tengström, Donatisten und Katholiken, Studia Graeca et Latina Gothoburgensia XVIII (1964).

66) Augustin Enarr. in Ps. 56,9 (PL XXXVI, 66).

67) Zitate in J. Juster, Les Juifs I, 227, besonders Augustin Enarr. in Ps. 58, (PL XXXVI-VII, 705). Juster bemerkt, dass die Idee mehr als zwanzig Mal bei Augustin vorkommt. Siehe auch Ep. 137,16 (P.L. XXXIII, 523).

68) z.B. Ambrosius Ep. 25. Augustin Ep. 91,7; 153,10.

69) Basil Ep. 188,13. Lactantius Div. Inst. VI, 20,15-7 Paulinus von Nola, Ep. 25,3.

70) A. Sharf, Byzantine Jewry, 49-51. M. Avi-Yonah, Geschichte der Juden im Zeitalter des Talmuds 261-72.

71) M. Avi-Yonah, op. cit., 225, 261-2, 267, V. Lanternari, The Religion of the Oppressed, a study of modern messianic cults (New York, 1963). P. Worsley, The Trumpet shall sound, a study of Cargo Cults in Melanesia (London, 1957).

72) M. Simon, Verus Israel, 341-55. M. Avi-Yonah, op. cit., 226, 239-40.

73) Novella CXLV.

74) 1 Mose, 32; 1 Könige 18,17-40; 4 Mose 25,1-15; 4 Mose 16,1-36; 1 Mose 22, 20; 5 Mose 13,6-18.

75) Hans Liebeschuetz, Das Judentum im deutschen Geschichtsbild von Hegel bis Max Weber, (Tübingen, 1967), 324-5 über Max Webers Wissenschaftstheorie.

Piroska R. Máthé

INNERKIRCHLICHE KRITIK AN DEN VERFOLGUNGEN IM ZUSAMMENHANG MIT DEN KREUZZÜGEN UND DEM SCHWARZEN TOD*

Der Fragenkreis der vorliegenden Untersuchung sei zunächst genauer umschrieben:

1) Im Vordergrund steht das Verhalten der christlichen Mehrheit gegenüber der jüdischen Minderheit in der hoch- und spätmittelalterlichen Gesellschaft. Es besteht daher die Gefahr, dass ein immobiles Bild des Judentums gezeichnet wird und die jüdische Geschichte nur als Geschichte des Antisemitismus verstanden werden könnte. Vor allem die judaistische Forschung betont hingegen die Veränderungen und die geistige Aktivität des Judentums im Hochmittelalter und sieht in seiner Selbstbeschränkung und eher passiven Rolle ein Resultat der spätmittelalterlichen Verfolgungen (1).

2) Damit ist schon angedeutet, dass ich unter den verschiedenen Antisemitismustheorien die soziologische, verbunden mit den Untersuchungen über das Vorurteil (2), im Ansatz als brauchbares Erklärungsmodell für die antijüdischen Manifestationen seit dem ausgehenden 11. Jahrhundert betrachte. Diese Ausschreitungen und deren Kritik seitens der Christen sind also in den Rahmen der innerkirchlichen Auseinandersetzungen zu stellen. Nur aus diesem ganzen Zusammenhang ergeben sich Massstäbe für eine adäquate Beurteilung der einzelnen kritischen Aeusserungen. Aus diesem Grunde wird auch auf Bekannteres zurückzugreifen sein.

3) Es muss nun der Begriff Majorität, wie er im Folgenden verstanden wird, präzisiert werden. Keinesfalls darf man diese Mehrheit mit der Kirche gleichsetzen. Zwar sind die Quellen bis Ende des 13. Jahrhunderts und weiterhin vorwiegend "hochkirchliche", offiziöse; die übrigen Stimmen sind nur indirekt erschliessbar und melden sich erst später zu Wort. Das liegt am Bildungsgefälle in der mittelalterlichen Gesellschaft, wobei man nicht vergessen darf, dass sich die Kirchenleute auch als Angehörige dieser Gesellschaft äussern. Doch kann man vor der Institutionalisierung des Reformpapsttums im 12. Jahrhundert nicht von d e r Kirche sprechen, während gerade diese monastischen und kirchlichen Reformbestrebungen die innerkirchlichen Auseinandersetzungen gezeitigt haben. Ferner ist das regionalkirchliche Eigenleben bis ins Spätmittelalter wirksam und konnte nicht durch zentralisierend-hierarchische Ansprüche des Papsttums beseitigt werden. Aus die-

sem Grunde gibt m. E. die von J. Isaac (3) aufgestellte These von der "Lehre der Verachtung", erarbeitet durch die Kirche, d. h. Patristik, dann ausgebaut durch die weltliche Macht zu einem "System der Erniedrigung", nicht viel her für die Erklärung der Verfolgungen und deren Kritik. Zudem vernachlässigt diese These die - jedenfalls für den Mediävisten - wichtige Frage nach dem Instrumentarium für die Durchsetzung dieser Lehre und dieses Systems (4).

I.

Christliche wie jüdische Forschung stimmen einigermassen darin überein, dass sich bis zu den Kreuzzügen im westlichen Europa ein relativ friedlicher Verkehr abspielte zwischen der Majorität und der in ihrem Kult geschützten Minorität, d. h. der einzig so geschützten Minorität. Der erste Kreuzzug habe erst die Wende hervorgebracht (5).

Anzeichen von vorübergehenden Spannungen werden schon seit dem 9. Jahrhundert sichtbar, das uns sonst viele Beweise für die wirtschaftlich-sozial hohe Stellung einzelner Juden im karolingischen Reich liefert. Es sei jedoch betont, dass es einzelne Juden waren, die sicher wiederum eine Minorität waren, wie die Reichen und Mächtigen in der alten Gesellschaft überhaupt (6). Der Alemanne Bodo, ein Kaplan Ludwigs des Frommen, bekehrte sich um 838 zum Judentum, weil er nicht mit dem Bilderkult einverstanden war; es handelte sich um die Fortsetzung des in Byzanz so lange tobenden kirchlichen wie politischen Streites in geschwächter Form in der Westkirche. Bodo hielt es aber für nötig, eine Pilgerreise nach Rom vorzuschützen, um sich ungefährdet samt seiner Habe nach Spanien absetzen zu können. Seine Konversion wurde der Geschichtsschreibung würdig (7). Die Unterstellung, er kollaboriere mit den Sarazenen gegen das karolingische Reich, folgte auf dem Fuss, und gleich darauf verdächtigte man die Juden insgesamt, den Arabern und den Dänen (Normannen) in die Hände zu spielen (8).

Als Jerusalem 1009 in die Hände der Muslime fiel, häuften sich in Frankreich die Verdächtigungen, dass die Juden sie dazu angestiftet hätten (9). Eine zeitlich und lokal beschränkte Judenverfolgung in Mainz hatte um 1012 wohl die Konversion Wezelins, des Kaplans Herzog Konrads von Lothringen, zur Folge, und man würdigte diesen Konvertiten mit einer ausführlichen Widerlegungsschrift (10).

Für die Verhärtung in den Beziehungen vor dem 1. Kreuzzug legt ferner Othlo von St. Emmeram (1010-72) ein Zeugnis ab. In einer seiner Visionen erleidet ein Regensburger Jude den Feuertod, weil er Jesus als "bellenden Hund" verhöhnt habe. Othlo selbst vollzieht die bis anhin seltene Identifizierung Judas – Judaei, die Gleichsetzung also des historisch negativen Juden mit denen seiner Umwelt (11).

Das waren Aeusserungen von Vertretern der monastischen Reform, die zu dieser Zeit in sich schon sehr differenziert war. Man darf deshalb noch nicht wie L. Dasberg die Gründe für die Anreicherung des Kreuzzugsgedankens mit dem Judenhass primär in der cluniacensischen Bewegung suchen. Nach Dasberg hat sich Cluny gegen den König, den Herrn der Juden, gerichtet und wurde damit für die Juden gefährlich. Denn die niederen Schichten hätten sich mit Clunys Ideen identifizieren können wegen der in ihnen enthaltenen germanischen (?) Elemente (12). Bessere Hinweise liefert m. E. die Gottesfriedensbewegung (13). Ich betrachte sie als Symptom für die sich nun formierende mittelalterliche Gesellschaft. Denn es ist nicht von ungefähr, dass sie im ausgehenden 10. Jahrhundert in Frankreich begann, das in der gesellschaftlichen Entwicklung, d.h. Feudalisierung, einen Zeitvorsprung vor Deutschland hatte. Erst damit konnte sich das Problem von Mehrheit und Minderheit ergeben. Dass die monastischen und kirchlichen Reformbewegungen wiederum zur Bewusstseinsbildung dieser Gesellschaft beigetragen haben, sei unbestritten.

Am 26. November 1095 rief Papst Urban II. auf der Reformsynode von Clermont-Ferrand in der Auvergne, dem Ursprungsgebiet der Gottesfriedensbewegung, zur Reform und dann zum Kreuzzug auf. Der Papst funktionierte das vom byzantinischen Kaiser angeforderte Hilfskontingent gegen die Seldschuken zu einem eigenständigen abendländischen Heer mit dem Ziel der Befreiung des Hl. Grabes aus der Hand der Ungläubigen um. Ebenso funktionierten wandernde Volksprediger wie Robert d'Abrissel und

Peter von Amiens, die wie viele Anhänger der Reformbewegung
das Armutsideal gegen den verweltlichten Klerus predigten und
damit auch Anhang unter Grossen und Kleinen fanden, den einen
Teil der aufbruchsfreudigen Masse um. Vorangegangen waren
im Norden Frankreichs in den Jahren 1085-95 Perioden von
Trockenheit und Ueberschwemmungen, und der Mangel an Nah-
rungsmitteln war gross. Endzeiterwartungen auf christlicher
wie jüdischer Seite verstärkten wohl die Ruhelosigkeit (14).

Wir vernehmen zuerst aus dem Raume von Rouen das Motiv der
dortigen Verfolgungen: weshalb soll man gegen den weitentfern-
ten Feind der Christen ziehen, wenn der Feind Christi per defi-
nitionem im Wohlstand unter uns lebt (15)? Dann ging der Strom
der Judenverfolgungen rheinabwärts und nicht rheinaufwärts in
Richtung Osten und Hl. Grab. Er begann vor dem Aufbruch des
offiziellen Kreuzzugsheeres, fing am 3. Mai in Speyer an, bis
er am 1. Juli in Trier endete (16).

Am Beispiel von Mainz, wofür jüdische wie christliche Berichte vorliegen, sollen die verschiedenen Angriffs- wie Schutzmotive gezeigt werden (17). Wie die Nachrichten über die Verfolgungen in Speyer und Worms nach Mainz gelangen, begeben sich
die Gemeindeältesten zu Erzbischof Ruthard, dem Stadtherrn.
Gegen das Unterpfand jüdischer Habe sichert er ihnen nach einigem Zögern Schutz zu, veranlasst den Burggrafen und seine
eigenen Ministerialen auch dazu und konfiniert die Juden gröss-
tenteils in der bischöflichen und burggräflichen Burg. Rabbi
Kalonymos wendet sich zusätzlich an den vom Reformpapsttum
gebannten Heinrich IV. in Italien. Der Kaiser stellt einen Schutz-
brief aus (18), der ganz in der Tradition des königlichen Schutzes
für privilegierte Sondergruppen gehalten ist, unter denen die Juden nur e i n e waren, aber eben mit einem besonderen religiösen Kennzeichen. Wie Graf Emicho von Leiningen, "in hac regione
potentissimus" (19), am 25. Mai nach dem wilden Kreuzzugshau-
fen vor der Stadt erscheint, sind die "Städter", d.h. die Organe
der werdenden städtischen Autonomie, noch zum Schutz ent-
schlossen. Der Belagerung zeigen sie sich auf die Dauer nicht
gewachsen und öffnen dann die Tore. Der Erzbischof und seine
Leute fliehen: das Oeffnen der Tore richtete sich also auch gegen
Ruthard, dem man misstraute, und er selber schien auch für sich
zu fürchten. Die Juden in der bischöflichen und burggräflichen
Burg werden niedergemetzelt, ebenso diejenigen, die in Stadt-

häusern bei christlichen Bekannten Unterschlupf gefunden haben. Dem Rabbi gelingt mit Hilfe von bischöflichen Ministerialen die Flucht in die ländliche Umgebung nach Rüdesheim. Der Erzbischof versucht ihn zu bekehren, weil er keinen Schutz mehr gewähren könne. Dem Morden entziehen sich der Rabbi und seine Familie durch Selbstmord. Die Ereignisse in Mainz hatten noch ein Nachspiel. Auf Anordnung Kaiser Heinrichs durften im nächsten Jahr die zwangsgetauften Juden zum alten Glauben zurückkehren, und 1098 stellte er eine Untersuchung über die konfiszierte jüdische Habe an, wobei Verwandte des Erzbischofs der Unterschlagung verdächtigt wurden. Erzbischof Ruthard entzog sich mit seinem Anhang dem Gerichtsverfahren, indem er nach Thüringen zu der politisch und kirchlich antiheinricianischen Partei flüchtete (20).

Wenn wir die Schutzmotive, d. h. indirekte und direkte Kritik an den Verfolgungen, genauer betrachten, so sind sie unterschiedlichen Ursprungs. 1) Die weltliche Macht stellt sich schützend vor die Juden: der Kaiser und sein Vertreter, der Burggraf. Zu ihnen gehört der Erzbischof in seiner Eigenschaft als Stadtherr. Der Schutz, d. h. die Privilegien, war nie, im ganzen Mittelalter nicht und für keine Sondergruppe, unentgeltlich. Unter diesem Gesichtspunkt ist der Vorwurf der "Bestechung" (21) zu betrachten, der nicht nur den Juden gemacht wurde. 2) Das Schutzmotiv der Kirche seit Paulus, Augustin und Gregor d. Gr.: Die Juden sind zu dulden und zu erhalten als lebende Zeugen der eigenen Erlösung, und ihrer endzeitlichen Bekehrung war man gewiss. Das war eine existentielle und quälende Verbundenheit. 3) wird die menschliche Komponente wirksam, geboren aus Erfahrungen des täglichen Umgangs. Doch diese Schutzmotive konnten sich bei einer innerchristlichen Spannung religiösen oder mehr politischen Ursprungs aufheben. Die Stadtbürger in ihrer Auseinandersetzung mit dem Stadtherrn um die Autonomie verdächtigen den Erzbischof einer antikaiserlichen-proreformerischen Haltung, und als Akt gegen ihn öffnen sie den Verfolgern die Tore; den Stadtherrn hatten sie schon 1077 einmal aus der Stadt verjagt (22). Sie handeln also in eigenem Interesse auch ihrem Kaiser, dessetwillen sie vordergründig den Erzbischof preisgeben, zuwider. Es ist die Konfliktlösung auf dem Rücken einer religiös definierten Minorität.

Auch die Aggressionsmotive beginnen ansatzweise zu variieren. Vordergründig greifbar ist die wirre religiöse Orientierung. Mit ihren Armutspredigten für eine grundlegende Reform des verweltlichten Klerus und der unter weltlicher Vormacht stehenden Kirche haben die Prediger auch Instinkte des "Pöbels" und des Adels mobilisiert. Die Stossrichtung ging gegen die "Städter", die Vornehmen, Reichen und Juden. Man darf zudem nicht vergessen, dass die damals entstehende Stadt ein rechtlicher, wirtschaftlicher und soziologischer Fremdkörper im agrarischen Umland war (23). Die vor den Kreuzzügen zunehmenden chiliastischen Hoffnungen mögen dazu beigetragen haben, dass man die Integration des einen Volkes Gottes auch gewaltsam betreiben wollte. Bei Graf Emicho und seinem Anhang wird das eine Rolle gespielt haben. Denn er glaubte an ein ihm verheissenes Reich in Süditalien und an seine Wiederkehr nach dem Tode (24). Aber Emichos Figur ist aus einem weiteren Grunde zwiespältig. Schon in Speyer und Worms, an deren Gebiet seine Herrschaften auch angrenzten, hatte er ähnliche Versuche wie in Mainz gemacht. In die religiös deklarierte Aggression des 'in hac regione potentissimi' haben sich mögliche politische Interessen gegen die Bischöfe gemischt.

Die Kritik der offiziellen wie offiziösen Kirche an diesen unkontrollierbaren Verfolgungen kam spät. Papst Alexander II. - auch ein Reformpapst, aber noch nicht in die Investiturquerelen verquickt - hatte zwar 1063 verschiedene Dankesbriefe an spanische Bischöfe und Grosse verschickt, weil sie im Zusammenhang mit der Reconquista die Juden verschont hatten. Denn die Sarazenen seien Feinde Christi, hingegen seien die Juden für die Rettung aufbewahrt (25). Das war die Tradition von Paulus-Augustin-Gregor. Erst beim 2. Kreuzzug mehren sich die direkten Kritiken.

Offiziöser Kritiker ist bekanntlich Bernhard von Clairvaux geworden (26), aber auch andere, die von gleichem Geiste und gleichem Niveau waren wie er, etwa sein Ordensbruder Bischof Otto von Freising, der Halbonkel Kaiser Friedrichs I. Mit ihnen befinden wir uns aber schon in der sozialen und kirchlichen hauchdünnen Oberschicht. Für das Problem Minderheit und Mehrheit ist bedeutsam, dass Bernhard erst auftrat (1146), als der Mönch Rudolf aus dem Hennegau den Kreuzzug zu pervertieren drohte, den Bernhard mit viel Mühe zustande gebracht hatte (27). Man befürchtete ein ähnliches Schicksal wie für den einen Teil des 1. Kreuzzuges, der unter Peter von Amiens sein unrühmliches Ende vor Byzanz gefunden hatte, was der Kreuzzugsbewegung ziemlichen Abbruch getan hatte. Der Mönch Rudolf fand nun Anhang in den rheinischen Städten selber, die diese Gelegenheit zu Aufständen gegen ihre die Juden schützenden Stadtherren zu nutzen suchten, um wieder mehr Autonomie zu erpressen. Bernhard wurde eigens an den Rhein gerufen und traf mit dem rebellischen Mönch in Mainz zusammen. Dort drohten die Stadtbürger zu Rudolfs Verteidigung zu den Waffen zu greifen. Bernhard argumentiert einerseits augustinisch: die Juden sind die zerstreuten Zeugen der Erlösung und dürfen keinesfalls vernichtet werden. Andererseits richtet sich seine Kritik gegen die christliche Gesellschaft selbst. Denn er meint, die schlechten Christen 'peius iudaizant' als die Juden. Dabei wird auch bei Bernhard das Vorurteil deutlich, wenn er fortfährt: "falls man diese schlechten Christen noch Christen nennen kann und nicht vielmehr getaufte Juden" (28). Rein innerkirchlich ist seine Kritik am Mönch Rudolf, weil er entgegen dem Ordensgelübde herumvagabundiere und sich willkürlich das Predigtamt angemasst habe. Es ist dies der alte innerkirchliche Konflikt, der seit den Anfängen des Mönchtums bestand, nämlich derjenige zwischen den gegensätzlichen coenobitischen und eremitischen Tendenzen, zwischen Einordnung in Gemeinschaft und selbstgewollter Aussonderung – im 13. Jahrhundert wird dieser Konflikt unter anderen Vorzeichen wieder aufgenommen, aber auch da nicht ohne Folgen für Judenschutz und -verfolgung. Dieses letzte Motiv für die Kritik Bernhards ist m.E. wichtig, denn es gehört in den Zusammenhang seiner Kritik an einzelnen religiös-kirchlichen Erscheinungen wie etwa seine bissigen Ausfälle gegen die neuen Ritterorden, die auch nicht so recht einzuordnen waren, oder seine scharfe Kritik am Papsttum und dem entstehenden Machtapparat der Kurie mit seinem Finanzbedürfnis. Die faktisch günstigen Folgen von Bernhards Eintreten für die Juden sollen damit nicht gering veranschlagt werden, doch halte ich es für nötig, die Motivation für ein "Verständnis" und eine Duldung der Juden auseinanderzuhalten, so weit man kann (29).

Ein anderer innerkirchlicher Konflikt zeigt sich bei der "Kritik" des Bischofs Siegfried von Würzburg (30). Wie ein Teil des Kreuzzugsheeres 1147 vor Würzburg ankommt, findet man "wunderbarerweise", so sagt der Chronist, die Teile einer zer-

stückelten Leiche im Main schwimmen. Diesen "gleichsam gerechten Anlass" ergreifen sowohl Kreuzfahrer wie Bürger, um
den Juden insgesamt den Mord anzulasten (31). Einige können
sich zu ihren christlichen Bekannten in Burgen flüchten, einige
bleiben verschont, weil sie das Taufgelöbnis ablegen; eine Jüdin wird von einer christlichen Waschfrau versteckt und gerettet. Die zwischenmenschlichen Kontakte in Ober- und Unterschicht spielen immer noch. Die in der Domvorhalle aufgebahr-
ten Leichenteile vollbringen jedoch "Wunder". Erst gegen diese
spontane Volksheiligung schreiten Bischof und Domkapitel ein
(32). Der Zorn der Kreuzfahrer und der Bürger richtet sich nun
gegen diese, und sie müssen sich bis zum Abzug des Heeres im
Dombezirk verbarrikadieren. Darauf lässt der Bischof die Leichenteile in seinem Garten vergraben, um den Anhaltspunkt für
antijüdische Aeusserungen zu beseitigen, und die Juden sind ihm
von Herzen dankbar. Der Bischof tritt m. E. nicht nur gegen die
antijüdische Funktion des neuen Heiligen auf, sondern auch gegen
sein "Werden". Denn wir befinden uns im 12. Jahrhundert, wo
ein Heiliger und sein Kult in geregelte kanonische Bahnen gelei-
tet wird, er also nicht mehr so leicht entstehen kann und darf
wie etwa die unzählige Schar der merovingischen Heiligen. In
Würzburg haben wir also einen Konflikt zwischen Hochkirche
und Volksfrömmigkeit. Wenn der Bischof für die Juden eintrat,
dann war das auch in seinem eigenen Interesse, weil hier antijüdische Aeusserungen leicht in antikirchliche umschlagen konnten.

Um den Würzburger "Heiligen" ist es still geworden; im 12.
Jahrhundert konnte man das noch unterbinden. Als dann 1287
Werner von Bacharach ermordet und zuerst als Mordopfer, dann
als Ritualmordopfer (33) verehrt wurde, konnte auch der könig-
liche Befehl Rudolfs von Habsburg, seine Asche in alle Winde zu
zerstreuen, um eine "so einfältige Verehrung" zu verhindern,
nichts mehr ausrichten. Wie ausschliesslich innerkirchlich die
Kritik im Mittelalter an diesem Heiligenkult mit antijüdischem
Vorzeichen geblieben ist, zeigt die Polemik des gelehrten Domi-
nikaners Heinrich Kalteisen 1428. Dieser Heilige, argumentiert
er, könne überhaupt kein Märtyrer gewesen sein, denn als echter Christ hätte er niemals die Schwelle eines jüdischen Hauses
betreten, geschweige denn Dienste für Juden darin verrichtet (34).

Die Kritik der offiziellen Kirche, d. h. des Papsttums, kam noch
später, erst nach dem Prozess der Konsolidierung der Reform
und deren juristischen Begründung im Decretum Gratiani (um
1140). Es sind die bekannten 'Sicut Judaeis'-Bullen. Sie sind gesichert seit dem ersten Kanonisten auf dem Papstthron, Alexander III. (1159-1181), und bis ins 15. Jahrhundert haben sie mindestens 25 Auflagen erlebt (35). Die Arenga ist nach Gregor d. Gr.
gestaltet (er hatte darin zwar schon Vorläufer, aber nur seine
Briefe aus dem Register waren ins Dekret eingegangen): Wie den
Juden keine Vermehrung der Synagogen gestattet ist, so darf
auch ihr garantierter Besitzstand nicht geschmälert werden. Deshalb dürfen 1) unwillige Juden nicht zur Taufe gezwungen werden,
weil unter Zwang kein echter Glaube entstehen kann. 2) dürfen
sie weder getötet noch ihre Güter konfisziert werden, wenn nicht
ein weltliches Gerichtsurteil vorausgegangen ist. 3) sollen sie
ihre Feiertage unbehindert abhalten dürfen, ohne dass sie mit
Steinen beworfen oder mit Schmähungen überhäuft werden; 4)
darf man keine neuen Dienstleistungen von ihnen verlangen; 5)
wird strengstens verboten, ihre Friedhöfe zu schänden oder dies
anzudrohen, um damit Geld von ihnen zu erpressen.

Diese päpstlichen Bestimmungen zeigen vor allem die weltlichen
Schutzmassnahmen in ihrer ganzen Zwiespältigkeit, und sie kommen im Vorfeld des 3. Kreuzzuges ins Spiel. Bei der Kunde vom
Fall Jerusalems (1187) erliess Friedrich I. vorsorgliche Schutzmassnahmen, und sie funktionierten auch während des Kreuzzuges erstaunlich gut, abgesehen von kleineren Zwischenfällen,
die entsprechend bestraft wurden (36). Auf dem Reichstag von
1188 einigten sich der Kaiser und der Erzbischof von Köln über
ihre territorialpolitischen Streitfragen, d. h. der Erzbischof
zahlte eine beträchtliche Summe an den Kaiser, weil er u. a.
die Juden der Falschmünzerei beschuldigt und sie bestraft hatte (37). Das war ein Angriff auf den Schutzherrn der Juden, den
Kaiser, gewesen und stand im Zusammenhang mit der eifersüch-
tigen Wahrung des Münzregals, dessen fiskalischen Nutzen die
blühende Stadtwirtschaft zu sehen gelehrt hatte.

Eine andere Schranke für wörtliche und tätliche Kritik an den
Verfolgungen zeigt der Bericht des Ephraim bar Jacob über die
Ereignisse von 1196 in Oesterreich auf (38). Dem jüdischen Ver-
walter der herzoglichen Fiskalgüter Solomon hatte sein Knecht
Geld gestohlen. Er wurde ordnungsgemäss bestraft, doch seine

Frau hetzte die in der Stadt anwesenden Kreuzfahrer auf, und
Solomon und seine Familie wurden ermordet. Der Herzog liess
darauf zwei der Rädelsführer hinrichten, "mehr wollte er nicht
töten lassen, weil sie Kreuzfahrer waren" (39). Gegen allgemeine Wertvorstellungen konnte ein noch so energischer Verteidiger
der Juden nicht aufkommen.

Dieses Ereignis macht uns auf einen weiteren möglichen Kon-
fliktsherd aufmerksam. Seit den merovingischen Synoden, dann
wieder auf dem 3. Laterankonzil von 1179 wurde die Hausgemeinschaft zwischen christlichem Gesinde und jüdischen Arbeit-
gebern verboten (40). Dahinter stand eine nicht unberechtigte
Angst vor dem 'judaizare', was man den relativ häufigen indirekt
erfassbaren Konversionen von Christen entnehmen kann (41). Die
jüdische Gemeinschaft war vor allem mit ihren strikten Connu-
biumsvorschriften eher davor geschützt. In den späteren Legen-
den über Ritualmord und Hostienfrevel wird der denunzierende
christliche Knecht bzw. die Magd zu einer stehenden Figur (42).
Eine Zwischenstufe zeigen die Vorfälle von Sens 1213 (43). Demnach stahl eine christliche Magd, die sich schon fast zum Judentum bekannte, eine Hostie. Diese verwandelte die Geldstücke im
jüdischen Haus in lauter Hostien. Das Wunder verläuft noch un-
blutig, gibt aber Anlass, dem kanonischen Verbot der Hausgemeinschaft Nachdruck zu verleihen. Andererseits hatten gerade
diese Kontakte in engster Hausgemeinschaft und nicht etwa die
vorgängigen Disputationen mit Abt Rupert von Deutz um 1128/29
den Juden Hermann aus Köln zum Christen werden lassen (44).
Denn er hatte tätige Nächstenliebe auch dem Juden gegenüber
erfahren, die er bei den Christen nie vermutet hatte. Sie zeigten nämlich sonst ein 'magnum preiudicium' gegen die Juden
und würden sie gleich toten Hunden verabscheuen; ihr Verhalten sei einzig auf den Neid um die Auserwähltheit Israels zurückzuführen (45). Hermann begründet das Vorurteil natürlich
theologisch, aber wichtig ist zu hören, dass die Christen an
ihrem Verhalten gemessen werden.

Am Ende des 12. Jahrhunderts scheint ein weiteres Zeugnis
innerkirchlicher Kritik auf. Es steht nun schon nicht mehr im
Zusammenhang mit den Verfolgungen, sondern mit den Be-
kehrungsversuchen mittels Disputation. Seit der Frühschola-
stik haben sich die fiktiven oder realen Disputationen in grossem Masse vermehrt (46). Man fühlte sich dem Gegner in einer

theologischen Diskussion endlich gewachsen, und das in karolingischer Zeit beklagte christliche Bildungsdefizit war nun aufgeholt (47). Etwas von diesem Selbstbewusstsein und seiner methodischen Formulierung widerspiegelt der Dialog des Walter von Châtillon um 1170. Die beiden christlichen Gesprächspartner sprechen sich zuerst ab, wer was sagen soll (sie spezialisieren sich), und dann wird die bekannte christliche Argumentationskette für Christus als Messias, für seine jungfräuliche Geburt und für die Trinität fast heruntergeleiert. Ein Ton säkularisierender Rationalität ist hörbar, wenn der Autor zwar von der Verstocktheit der Juden als Gottes Ratschluss spricht, sie aber kurz darauf mit den 'Britones' vergleicht, die an die Wiederkunft ihres Königs Artus glauben (48). Das Neue liegt in der Vergleichbarkeit überhaupt.

Dieser Rationalität ist der in bernhardinischer Tradition stehende Cistercienserabt Adam von Perseigne (Le Mans) ganz abgeneigt, als er um 1198 die Bitte um Abfassung eines Traktats zur Widerlegung der Ungläubigen, insbesondere der Juden abschlägt (49). Dem Bittsteller will er keine Argumente liefern, da dieser sie ja nur aus Stolz auf seine Disputationsbegabung, nicht aber zum wahren Zwecke verwenden wolle. Er möge lieber mit Taten als mit Reden ein gutes Beispiel geben. Darauf folgt die ganze im 12. Jahrhundert geläufig gewordene Tirade, die Zeitkritik, die wieder positive Wirkungen für die Juden zeitigen kann. Was es nütze, fährt Adam weiter, wenn jemand die Ungläubigkeit der Juden beweise, während er selber in der Sünde des Herrenmordes stehe, weil er als Unwürdiger die Sakramente empfange? Der falsche Christ, wissentlich Christus Gott verfolgend, sei ein schlimmerer Feind des Glaubens als der den Menschen Jesus unwissentlich verfolgende Jude (50). Weder der Teufel noch die Unwissenheit der Juden hätten sich so an der Majestät Christi verschulden können, wie es nun die unseligen Christen tun (51). Auch bei dem Cistercienser Caesarius von Heisterbach (1180–c.1240), der in seinen Mirakelberichten den jüdischen Glauben schon lächerlich macht (52), dienen die Juden und Sarazenen als Massstab christlichen Verhaltens. Wegen des Hochmuts der Christen würden sie vom Christentum abgestossen (53). Den Wucher greift er vor allem bei den Christen an (54).

Aus dieser innerkirchlichen Kritik resultierte jedenfalls Ruhe
für die Juden. Dass man aber den cisterciensischen Geist nicht
verallgemeinern darf, zeigt das Beispiel von Bernhards Sekre-
tär und drittem Nachfolger in Clairvaux, Abt Gaufrid von Au-
xerre. Zu Beginn der 90er Jahre verdächtigt er zu Unrecht den
kirchlich umstrittenen Joachim von Fiore der jüdischen Herkunft, wirft ihm vor, er sei im Judaismus erzogen worden und
habe "den Judaismus noch nicht genügend von sich gekotzt" (55).
Es genügte wieder einmal, jemanden des Judentums zu bezich-
tigen, um ihn total zu verunglimpfen. Es wird auch deutlich,
wie mit der Zunahme der christlichen Häresien die Juden selber
nun immer mehr in deren Nähe gerückt werden (56). Schon in
den Streitschriften des 12. Jahrhunderts wurden die Juden neben
andere Häretiker gestellt. Die Umkehrung gibt es auch. Abä-
lards fiktiver Dialog, von hohem Gehalt, zwischen einem Philosophen, gebürtigen Araber, einem Juden und einem Christen
diente seiner eigenen Apologie gegen die Angriffe Bernhards
von Clairvaux, vor dem er bei Petrus von Cluny Zuflucht gefunden hatte. Der Jude steht für das vorphilosophische Stadium
(57).

Diesen Zusammenhang von Juden und Sektenbekämpfung, mag er
begründet sein oder nicht, gilt es bei den berühmt-berüchtigten
antijüdischen Aeusserungen des Petrus Venerabilis zu beach-
ten (58). Er schreibt vorerst gegen die Petrobrusianer, die die
Kindertaufe ablehnen, keine Kirchen haben wollen, gegen die
Messe sind, nicht an die Fürbitte glauben und das Kreuz ablehnen, weil es ein Marterwerkzeug ist (59). Die cluniacensische
Verbindung mit der Reconquista hat ihn zum indirekten Studium
des Korans veranlasst. Wegen seiner missionarischen Absicht
kommen die Sarazenen gut weg, denn sie sind in seinen Augen
bekehrungsfähig. Er wundert sich, dass der Koran so viel jüdisches und christliches Gedankengut enthalte; weshalb sie denn
nicht das ganze jüdische und christliche Gesetz akzeptierten?
Ausführlich begründet er, dass sie unbedingt auf die Propheten
und Christen hören sollten, wie ja die Christen auch auf die Juden hörten (60). In seinem Traktat "gegen die alteingefleischte
Verhärtung der Juden" benutzt Petrus indirekt z. T. den Talmud,
z. T. zerpflückt er ihn aufs grausamste. Auf dem Hintergrund
des frühscholastischen Glaubens an die Ratio und der Verbindung
von Ratio und Glauben muss sein schärfster Ausfall gegen die
Juden gesehen werden. Im Zusammenhang mit der Menschwer-

dung Christi sagt er, die Juden sollten auch Menschen sein,
nur gehe ihnen das Unterscheidungskriterium zwischen Tier und
Mensch ab, nämlich die Ratio (61). Wenn Glauben zu einem vorwiegend rationalen Akt wird, muss sich in geistesgeschichtli-
chem Kontext die Lage der "ungläubigen" Juden verschlechtern.
Zwar hält Petrus eingangs fest, Christus habe den Juden seinen
Tod verziehen, und sie seien schon genügend bestraft, weil ihnen die Herrschaft genommen sei und sie das Kainsmal tragen
(62).

Auf derselben Ebene bewegt sich Petrus nun in dem bekannten
Brief an König Ludwig von Frankreich am Vorabend des 2.
Kreuzzuges. Die Sarazenen seien eigentlich besser als die Juden, weil sie Teile des Christentums akzeptieren. Deshalb dürfe man den Besitz der Juden, den sie ja den Christen abgewon-
nen hätten, für christliche Zwecke, nämlich die Finanzierung
des Kreuzzuges fruchtbar machen, nicht aber sie töten (63).
Und Petrus von Cluny weiss genau, wovon er spricht, wenn er
in der Tradition fränkischer Synoden gegen den Besitz von Kult-
geräten in jüdischer Hand wütet (64): sie waren die Kapitalre-
serve des Mittelalters, bevor es systematisch genutzte Silber-
bergwerke gab, und konnten als Pfand eingesetzt werden. Cluny, im 11. Jahrhundert vorbildlich für seine Finanzverwaltung,
steckte zu Beginn von Petrus' Abtszeit in einer Finanzkrise.
Zuerst behalf er sich mit kurzfristigen Anleihen bei den Juden,
lieber noch bei christlichen Kaufleuten, dann mit Ausgabenbe-
schränkungen. Doch die Verschuldung wuchs (65). Binnen- und
Aussenmoral werden bei Petrus Venerabilis deutlich, und erst
im 13. Jahrhundert erarbeitete man den Unterschied zwischen
Wucher und gerechtem Zins. Mit demselben Problem waren
die Juden ja auch konfrontiert (66). Ein Vorfall im Jahre 1246
in Narbonne zeugt davon, wie sie ihrer christlichen Umwelt
Rechnung tragen (67). Ein Jude beantwortet die Frage nach dem
Geldzins folgendermassen: 1) Die Bibel verbietet nur den Wucher, nicht den Zins; 2) die Bauern müssen in Zeiten der Not
Geld haben, um die Renten bezahlen zu können; auch kein
Christ leiht ihnen ohne Zins Geld; 3) Könige und Barone leihen
kontinuierlich bei den Juden Geld, ohne sie wären viele Burgen
nie gebaut worden und andere längst zerfallen; 4) allgemein:
die Christen selber haben nie vom Kredit Abstand genommen,
weil sie einsehen, dass sie ohne ihn nicht auskommen können.

Das 13. Jahrhundert ist wichtig für das Verhältnis von christlicher Mehrheit und jüdischer Minderheit. Das gilt insbesondere für Deutschland, wo wegen der vielen kleineren Städtegründungen und wegen der Judenvertreibungen aus Frankreich die jüdischen Siedlungen sich sehr stark vermehrten (68). In den kleineren Städten, Ackerbürgerstädten, waren sie viel stärker in ihre agrarische Umwelt eingebunden als etwa in den alten Rheinstädten.

Mit den Bettelorden des 13. Jahrhunderts, den ersten ausschliesslich städtischen Orden in der Geschichte des abendländischen Mönchtums, kam ein neuer Ton in die innerkirchliche Auseinandersetzung und damit m. E. auch ein neuer Ton in die christlich-jüdische. Die Mendikanten wandten sich bewusst den Problemen der städtischen Bevölkerung zu; einmal ihren wirtschaftlichen Problemen, und die hiessen dann Juden. Es gab auch seelsorgerische Probleme, Verunsicherung und Häresien wie vor allem die Albigenser, dann die Franziskanerspiritualen und Begharden, und letztlich hiess das auch Juden (69).

In den Verträgen nach den Albigenserkriegen wird das alte Verbot, kein Jude dürfe ein öffentliches Amt innehalten, nun so formuliert: auch ein mit der Kirche wieder versöhnter Häretiker dürfe kein Amt bekleiden, wie auch die Juden nicht (70).

Die Bettelorden leiteten den Kampf gegen den Talmud an der Universität Paris in den Jahren 1239 bis 1247 (71). Unmittelbaren Anlass hatte der jüdische Konvertit Nikolaus Donin von La Rochelle gegeben. Vor seiner Taufe war er schon 10 Jahre lang von der jüdischen Gemeinde gebannt gewesen, gerade wegen seiner Ablehnung der talmudischen und rabbinischen Tradition. Diesmal weitete sich eine innerjüdische Auseinandersetzung zu einer christlich-jüdischen aus. Donin wies auf Stellen des Talmuds hin, die angebliche Schmähungen gegen Christus enthielten. So wandten sich auch konservative Rabbiner von Montpellier und Lyon an die Inquisition und forderten sie zur Verurteilung der Schriften des Maimonides auf (72). Von ungefähr war es nicht, dass das Eintreten eines Bischofs für den Talmud noch aufschiebende Wirkung für die Urteilsvollstreckung hatte. Sein plötzlicher Tod wurde als Gotteszeichen genommen und gab das Fanal für die Verbrennung von 221 Wagenladungen Talmudexemplare 1242. Denn bald darauf entbrannte der viel hartnäckigere und längere Kampf zwischen Weltklerikern und Bettelmönchen ebenfalls an der Universität Paris. Die Mobilität, ihre Privilegierung, ihre anderen ekklesiologischen Vorstellungen und ihre Anziehungskraft waren nicht nur aus ökonomischen Gründen eine Gefahr für den Weltklerus (73). Wie die z. T. widersprüchlichen päpstlichen Bullen des 13. Jahrhunderts den Kampf zwischen Weltklerus und Bettelorden widerspiegeln, so tun es auch die päpstlichen Bullen wie 'Vineam Soreth' von 1297, die die Synagogen für Predigten der Bettelmönche freistellen, dann z. T. rückgängig gemacht werden müssen. So wehrte sich der Weltklerus mit wechselndem Erfolg gegen die Freigabe seiner Kirchen für die Predigt- und Propagandatätigkeit der Bettelorden.

Die bessere Kenntnis der jüdischen Religionstradition konnte wenigstens theoretisch für die Kritik an Beschuldigungen und Verfolgungen angewendet werden. In seinem Schutzprivileg von 1236 für die Juden des gesamten deutschen Reiches unterstellte sie Friedrich II. wie schon sein Grossvater der Kammerknechtschaft, d. h. dem Fiskus, und versuchte sie so dem Zugriff lokaler kirchlicher und weltlicher Gewalten zu entziehen. (Das Problem der vielzitierten Knechtschaft sei im Moment noch zurückgestellt.) Im selben Privileg teilt der Kaiser das Untersuchungsergebnis über die Judenverfolgungen in Thüringen (Fulda) wegen angeblicher Blutschuld mit. Die Beratung mit den (christlichen) Reichsfürsten habe zu keinem befriedigenden Resultat geführt, weil sie konträrer Meinung gewesen seien. Obwohl er selber aufgrund von eigenen Studien die Juden von solcher Schuld 'rationabiliter' freisprechen könne, habe er in sämtlichen Reichen nach jüdischen Konvertiten, den besten Kennern der jüdischen Riten, schicken lassen 'ad satisfactionem tamen non minus rudis populi quam et iuris'. Sie gelangen zu folgendem Ergebnis: 1) Das mosaische Gesetz und der Talmud kennen überhaupt kein Blutvergiessen, also ist es unwahrscheinlich, dass die Juden es üben. Für die Unwahrscheinlichkeit spricht auch 2) die Abscheulichkeit und Unnatürlichkeit des angelasteten Verbrechens sowie das menschliche Gemeinschaftsgefühl ('species communitatis'), das die Juden auch für die Christen empfinden. Ein striktes Verbot von weiteren solchen Anschuldigungen wird erlassen und zusätzlich begründet: weil der Herr in seinen Dienern geehrt werde, werde der Kaiser in den verfolgten Juden

ebenfalls verletzt (74). Aus dem gestuften Vorgehen, weniger
aus den Aussagen, geht m. E. hervor, dass sich Friedrich II.
bemühte, Vorurteile abzubauen.

Auch Papst Innocenz IV. argumentiert 1247 aus Kenntnis des
Talmuds gegen solche Blutbeschuldigungen: das mosaische
Gesetz verbietet es, und gerade während des Passahfestes dürften die Juden nichts Totes anrühren. Wie der Kaiser so schliesst
auch der Papst: die Verfolgung von Juden laufe den päpstlichen
Privilegien zuwider (75). Teils geht es den beiden höchsten Autoritäten um die Anerkennung ihrer Autorität. Doch die Herr-
schaftsstruktur war jedenfalls im weltlichen Bereich noch zu
labil, als dass verbale Verfügungen ohne handgreifliche Unterstützung von Wirkung gewesen wären.

Die Knechtschaft der Juden, die man theologisch begründete und
nun rechtlich fixierte und durch die die Juden "Bürger auf Zeit"
wurden (76), steht m. E. in engem Zusammenhang mit dem Ver-
herrschaftungsprozess seit dem Hochmittelalter. Ihm sind nicht
nur die Juden erlegen, sondern auch andere, nicht an der Herrschaft teilhabende Gruppen. Er ist gekennzeichnet durch eine
vorwiegende, dann überwiegende fiskalische Nutzung der Herr-
schaftsrechte und bewirkte eine Nivellierung auch in dem Sinne,
dass lokale soziale und rechtliche Unterschiede aufgehoben werden konnten. Diesen Prozess konnte man nicht theologisch begründen, sondern höchstens mit Ständetheorien einsichtig machen (77). In diese christlichen Ständetheorien waren die Juden
nicht einzuordnen. In der Landfriedensordnung Heinrichs IV.
von 1103 figurieren die Juden neben Klerikern, Bauern und Kaufleuten (78), und sie bleiben weiterhin in den Landfrieden einge-
schlossen, wobei sich der Katalog der zu schützenden Gruppen
erweitert (79). Den Status 'militaris habitus' konnte sich zu Beginn des 12. Jahrhunderts der Leibarzt eines Erzbischofs noch
wahren, indem er Christ wurde (80). Einem bäuerlichen Meier
konnte im 12. Jahrhundert der Aufstieg in die begehrte Schicht
der 'militares' vielleicht noch gelingen. Im 13. Jahrhundert war
das ziemlich ausgeschlossen.

Dass die Schutzbedürftigkeit einzelner Gruppen fiskalisch ge-
nutzt wurde, traf die Juden am härtesten. In Frankreich bedien-
ten sich ihrer die Könige seit dem ausgehenden 12. Jahrhundert
für die Sanierung des Fiskus, indem sie periodisch Verfolgun-

gen betrieben oder androhten (81). Denn vor allem die aufzu-
bauende fürstliche Verwaltung hatte ein ungeheures Kreditbedürf-
nis, und man kannte nur behelfsmässige Mittel. In Deutschland
setzte dieser Prozess erst seit der Mitte des 13. Jahrhunderts
ein, und damit begann auch der Streit um das Judenregal zwischen den verschiedenen weltlichen Instanzen. Aber über die fiskalische Ausnutzung hatten nicht nur die Juden zu klagen, sondern auch die Städte, deren Rechte und Aemter etc. immer wieder verpfändet wurden (82), und dann vor allem die Bauern. Als
Indiz für diesen Prozess könnte man folgende Aussagen werten.
Um 1205 wird ein Jude belangt, nicht etwa weil er Christus mit
"bellender Hund", sondern mit "rusticus" schmäht (83). Wiederholt verwendet sich der Papst für die Cistercienser und ihre
Herrschaftsleute, weil sie von weltkirchlichen Herren für die
Benutzung grundherrlicher Einrichtungen mit Auflagen so ge-
drückt werden, dass sie in ärgerer Knechtschaft leben müssten
als die Juden (84).

Auch in der Kirche des 13. Jahrhunderts durchkreuzten zu viele
Einflüsse lokaler, politischer oder geistesgeschichtlicher Pro-
venienz die päpstlichen Schutzanordnungen. Nur mit Mühe liess
sich die diskriminierende Kleiderordnung des 4. Laterankonzils
(1215) durchsetzen. Ausnahmefälle mussten anerkannt werden,
in Toledo musste man ganz davon abstehen. Aber auch in unkri-
tischen Gebieten wie Besançon und Konstanz wurde sie um 1250
noch nicht befolgt (85). Um den Schutz der Juden und deren fiskalische Nutzung stritten sich nicht nur kirchliche und weltliche
Macht, sondern auch verschiedene innerkirchliche Instanzen.
Ihre Gerichtsbarkeit war umstritten zwischen den Archidiakona-
ten und den Generalvikaren, d.h. dem im 13. Jahrhundert neuen
bischöflichen Offizialgericht (86). An die Schranken lokaler Tradition stiess das Papsttum, als es Konvertierte mit Pfründen
versehen wollte, um ihnen die Erhaltung des sozialen Status zu
erleichtern (87). Dabei spielte neben dem Misstrauen gegen konvertierte Juden sicher die Abwehr dieses neuen Instituts von
päpstlichen Provisionen eine Rolle, denn man lehnte auch christliche Kandidaten ab.

Diese Kompetenzstreitigkeiten konnten sich vorteilhaft für die
Juden auswirken. Die Mehrheit konnte sich aber auch getroffen
fühlen, wenn etwa der Erzbischof von Köln in seinem Privileg
für die Juden von 1266 den christlichen Wucherern und Cawert-

schen die Niederlassung in Köln verbietet, damit seine Juden
durch die Konkurrenz nicht geschädigt werden (88).

Es sind die Stimmen des 13. Jahrhunderts, die die Fragwürdig-
keit des weltlichen Schutzes anprangern. Bischof Lucas von Tuy,
Galizien (1239-1288), ist einseitig in seinem Vorurteil befangen.
In seinem Traktat gegen die Albigenser stellt er die Juden als
Säer von Häresien dar, gegen die ein eifriger Christ ja nicht
aufkommen könne, weil die weltlichen Fürsten sie wie ihre Aug-
äpfel hüten und die Kirchenfürsten den Juden das Rückgrat stär-
ken. Beide Gewalten kümmere es dabei nicht, dass dadurch die
Armen noch ärmer würden; denn durch die Bestechungen seien
sie blind gemacht worden, wie die Juden blind seien (89).

Distanzierter und kritischer äussert sich Thomas von Aquin. Ein
eingehendes Studium von Maimonides' 'Dux neutrorum' befähigte
ihn, das mosaische Gesetz und die jüdischen Riten zu würdigen
und in den Juden seiner Umwelt das einstige Volk Gottes zu sehen (90). Sein Gutachten zuhanden der Herzogin von Brabant oder
Gräfin von Flandern sollte man nicht nur im Hinblick auf die Judenfrage untersuchen, denn es betrifft die fürstliche Verwaltung
insgesamt (91). 1) Juden dürfen besteuert werden, aber keinesfalls darf man ihnen die Existenzgrundlage gefährden, und die
Besteuerung muss im Rahmen des Gewohnheitsrechts bleiben.
Weil ihr Besitz aus Wucher stammt, müsse er entweder an die
ursprünglichen Besitzer zurückgehen. Falls diese nicht auszu-
machen seien, dann müsse er für fromme Zwecke oder 'in com-
munem utilitatem' verwendet werden. 2) Geldstrafen für Juden
dürfen ausgesprochen werden, doch das Vorgehen ist wie bei 1).
Am besten wäre es aber, wenn die Juden einer normalen Er-
werbstätigkeit nachgingen und das Rentnerdasein aufgeben würden, wie sie es in einigen Teilen Italiens schon tun (92). 3) Wenn
die Juden mehr an den Fürsten zahlen als von ihnen gefordert
wurde, dann darf der Fürst das Geld für private Zwecke behal-
ten, wenn es nicht aus Wucher stammt, andernfalls Vorgehen
wie bei 1). Was er aber von den Juden gesagt habe, gelte für die
Cahorsiner und alle christlichen Wucherer. 4) Aemterkauf ist
aus verschiedenen Gründen nicht gut, weil die Gewinnsüchtigen
einseitig bevorzugt werden. Besser sei ein Zins, der erst nach
Amtsablauf entrichtet werde. 5) Steuern von christlichen Untertanen zu erheben, ist erlaubt, wenn es für den Gemeinnutzen
und nicht Eigennutzen des Fürsten geschehe. 6) Wenn die Beam-

ten über das Gewohnheitsrecht hinaus Steuern erheben, dann
ist wie bei 1) zu verfahren, und die Beamten sind streng zu
kontrollieren. 7) Die Juden sollen in ihrem Herrschaftsbereich
die besondere Tracht tragen, damit sie jederzeit und überall
erkennbar sind. Denn auch ihr Gesetz schreibe ihnen vor, sich
in der Kleidung von allen anderen zu unterscheiden (93). In der
Anfrage waren die Juden nur ein Problem im Komplex der fürst-
lichen Finanzverwaltung. In der Antwort werden sie gleich wie
die christlichen Untertanen behandelt mit dem Unterschied, dass
ihre Herrschaftsabhängigkeit normativ, und die der Christen ge-
wohnheitsrechtlich begründet wird (94). Aber beide Gruppen sollen vor den Auswüchsen fürstlicher Verwaltung geschützt werden. Die Umsetzung dieser Forderungen in die Praxis liess für
Mehrheit und Minderheit viel zu wünschen übrig, die Kritik an
der Praxis war aber da.

Der "Talmud im Dienste der christlichen Apologetik" führte neben anderen geistig-religiösen wie wirtschaftlichen Faktoren
eher zu Verhärtungen auf der christlichen Seite (95). Wie Ramón
Martin am Ausgang des 13. Jahrhunderts in seinem 'Pugio fidei
adversus Mauros et Judaeos' sagt, ist nach Seneca keine Pest
so schädlich wie die Feindschaft unter Hausgenossen; "daher ist
kein Feind dem christlichen Glauben so gefährlich wie die Juden,
denn niemand ist uns verwandter, niemandem können wir weniger ausweichen als den Juden" (96). So sammelt er aus dem hebräischen Alten Testament und dem Talmud Belege für die christlichen Dogmen, damit die Juden ihrerseits nicht ausweichen können, gibt genaue Angaben über die hebräische Aussprache, damit die Lateiner sich der Stellen richtig bedienen können und von
den Juden ob ihrer Sprach- und Sachunkenntnis nicht mehr ausge-
lacht werden (97). Martin trägt aber auch Stellen aus dem Talmud zusammen, aus denen die Juden Argumente dafür ableiteten,
dass das Betrügen und Töten von Christen erlaubt sei, letzteres
wenn es heimlich geschehen könne (98). Damit ist der Kreis ge-
schlossen zwischen Identifizierung von Judentum mit Wucher sowie Blutbeschuldigungen und dem "Nachweis" aufgrund der jüdischen Religion. Wie sicher man sich fühlte und sich auf christlicher Seite nur noch in der Angriffsposition befand, zeigt wiederum Ramón. Er tastet das Arcanum leichtfertig an, die Verheissung Gottes an das Volk Israel. Gott spreche oft ironisch,
und die Verheissungen seien nicht immer absolut zu verstehen,
sondern seien an Bedingungen geknüpft. Ramón betont diesen

Punkt, denn man könne mit dem Relativieren der Verheissung
die Juden am stärksten treffen (99). Von Sicherheit zeugt auch
ein anonymer Traktat (um 1260) gegen die Waldenser und andere
Sekten, unter die auch die Juden eingereiht werden. Der Kampf
gegen sie sei mehr als ein Bürgerkrieg, sei ein Krieg zwischen
Vätern und Söhnen (100). Weil der Fragende sich immer in vor-
teilhafterer Situation als der Befragte befinde, stellt der Autor
einen ganzen Fragenkatalog auf, und zum Schluss möchte er den
Juden sowohl den Namen Juda wie das Alte Testament absprechen (101). Des Aquinaten Urteilsfähigkeit konnte sich nicht so
leicht mitteilen.

Nikolaus von Lyra benutzt zu Beginn des 14. Jahrhunderts in seiner grossen Bibelpostille ausgiebig die jüdische Tradition, und
z. T. mit Hochachtung spricht er von Maimonides. Wenn er aber
an vielen Stellen eingehend erörtert, hier hätten die Juden den
heiligen Text korrumpiert, weil er für die Göttlichkeit Christi
oder die Trinität zeuge (102), und die Juden verführen mit der
alttestamentlichen Exegese so willkürlich wie die Häretiker mit
der neutestamentlichen Exegese (103), dann war das Vorurteil
für viele Generationen fixiert. Denn die Bibel zusammen mit der
Postille und dem Judentraktat des Nikolaus war die meistgelese-
ne Schrift des Spätmittelalters. Das Vorurteil, von Kindheit ein-
gewöhnt in der Familie, sieht Nikolaus einseitig bei den Juden
wirken, wie er die Gründe für die Bekehrungsunlust der Juden
erörtert. Als zwei weitere Gründe macht er ihren Geiz, d.h.
die eventuell sozial niedrigere Stellung nach der Konversion,
und ihr Unverständnis für die Eucharistie namhaft (104).

Schlimmer ist schon die Tatsache, dass die Blutbeschuldigung
von Pforzheim von 1267 in der beliebtesten Realenzyklopädie
des Spätmittelalters, in Thomas von Cantimprés 'Bonum uni-
versale de apibus' auftaucht (105). Wir befinden uns in der Zeit,
da sich in Deutschland die Verfolgungen vorwiegend in agrarischen Gebieten abspielen, wie etwa die Rindfleischverfolgung
von 1298 in Franken, die sich auf die Oberpfalz, Schwaben,
Hessen und Thüringen ausdehnte (106).

Am Vorabend der Pestverfolgung gibt der Chronist Johannes
von Winterthur sehr gute Einblicke in die innerkirchlichen Auseinandersetzungen und deren Motivationen. In ihren Kontext
ordnet er auch immer die Vorwürfe von Hostienfrevel etc. ein

(107). Schon im 9. Jahrhundert, als die Westkirche ihren ersten,
selbständigen, nicht aus Byzanz ererbten Dogmenstreit um die
Transsubstantiation ausfocht, wurde gerne die Figur des Juden
als Wahrheitszeuge genommen, der in der Messe die Bekehrung
erlebte, weil er das Lamm wirklich gesehen habe (108). So sind
die seit dem 13. Jahrhundert sich häufenden Berichte über angebliche Hostienfrevel durchaus Produkte der im vierten Late-
ranum fixierten Transsubstantiationslehre. Das Grassieren von
blutenden Hostien, ein Anzeichen auch von gesteigertem Bedürf-
nis nach Nähe zum Glaubensobjekt, machte der Kirche selber zu
schaffen, nicht nur den Juden (109). Die Kluft zwischen Volksfrömmigkeit und Hochkirche weitete sich.

Als 1298 in Klosterneuburg ein armer Priester sein Einkommen
aufbessern wollte, fabrizierte er eine blutende Hostie und schrieb
die Schuld den Juden zu. Er kalkulierte also das Vorurteil ein,
und seine Rechnung ging auf. Die Leute strömten herbei, er wurde reich, die Juden wurden vertrieben oder erschlagen, bis der
Herzog gestützt auf ein päpstliches Responsorium durchgreifen
liess. Der Ordinarius des schuldigen Priesters kam jedoch der
Aufforderung zu geistlichen Strafmassnahmen nur zögernd nach
(110). Was in diesem Falle erschreckt, ist die Instrumentalisie-
rung des Vorurteils.

Johannes von Winterthur berichtet wiederholt von Sekten und
Schwärmergruppen, deren Ansteckungsgefahr doch noch schlimmer sei als die der Juden oder Heiden (111). Und indirekt nennt
er einige Beweggründe für diese Anziehungskraft der Sekten:
eine tiefgehende religiöse und soziale Verunsicherung. So jedenfalls möchte ich folgenden Bericht deuten. Ein Mann klagt, das
Leben sei nichts weiter als Schlafen, harte mühselige Arbeit,
Essen, Schlafen usw., und er springt in selbstmörderischer Absicht in den Rhein (112).

Diese beiden Komponenten von religiöser Verunsicherung, die
in Irrationalität umschlägt und der Kirche selber gefährlich werden kann, und von sozialer Unrast, die die labilen Herrschafts-
strukturen ebenfalls gefährden kann, kommen in den Armlederverfolgungen der Jahre 1336/39 zum Ausdruck (113). Sie er-
streckten sich über Franken, den Mittelrhein und das Elsass.
Die Führer werden vom Anhang 'rex' genannt - es spielten chi-
liastische Hoffnungen mit (114) -, und sie entstammten vorwie-

gend dem ländlichen Kleinadel; der Anhang bestand aus Bauern und Handwerkern. Es ist derselbe Kreis von Leuten, die mit kurzfristigen kleinen Konsumkrediten bei den Juden zu einem höheren Zinssatz als die Reichen und der höhere Adel mit den grossen und langfristigen Krediten verschuldet waren (115). Der säkulare Trend der schleichenden Agrarkrise des 14. Jahrhunderts hat sie alle in demselben Masse getroffen.

Aus den Armlederbewegungen sei diejenige im Elsass herausgegriffen (116). Sie bekannte sich strikte zum Armutsideal, und dementsprechend bestand ihre Nahrung nur aus Wasser und Brot. In diesem Zusammenhang muss man bedenken, dass der Armutsstreit innerhalb des Franziskanerordens zu diesem Zeitpunkt schon mehr als 50 Jahre währte und noch nicht beigelegt war. Die Schar von wechselnder Zahl (500-2'000) zog wohl geordnet durch die Diözesen Basel und Strassburg, durch die elsässischen Kleinstädte; auf ihrer Fahne war das Kreuz gezeichnet, hinter sich liess sie Judenblut, weil die Christusmörder ausgetilgt werden sollten. An der Reichsstadt Colmar brach sich zum ersten Mal ihre Zugkraft, nicht ohne innerstädtische Voraussetzungen und Folgen. Die Patrizier traten eher für den Schutz der Juden ein, die 'populares' zogen ins Feldlager hinaus und suchten den "König" auf (117). Die Patrizier stellten sich aus Angst um ihre Vorherrschaft vor die Juden, sie konnten sich auch durchsetzen, weil der Kaiser helfend eingriff. Der Herrschaftskonflikt entzündete sich an den Juden wie einst zur Zeit der Kreuzzüge. Es handelte sich dabei nicht nur um einen sozialen Konflikt, einen Klassenkampf, denn aus den neuesten Forschungen geht klar hervor, dass Führer wie Mitläufer nicht nur der Unterschicht entstammten (118). Diese Tatsache kann man auch der offiziösen Geschichtsschreibung entnehmen. Sie versucht die Anhängerschar des "Königs" Armleder mit "Pöbel" zu diskriminieren, wie sie auch sonst die innerstädtische Opposition betitelt. Der fränkische König Armleder war ein Ritter Arnold von Uissigheim (Franken), der sich wohl früher als Raubritter betätigt hatte, um sein Einkommen aufzubessern angesichts der sinkenden Renten und steigenden Preise (119). Wenn Johannes von Winterthur einem französischen Ritter unbeglaubigterweise nachsagt, er habe den Mord seines Bruders durch Juden rächen wollen und kalkuliert, mit dem Schlagwort Mord an den Christusmördern auf der Fahne gewinne er grösseren Anhang, und der elsässische Armleder habe das 'nescio quo motivo' nachgeahmt (120), dann rechnet jedenfalls der Chronist wiederum mit der Instrumentalisierungs-möglichkeit des Vorurteils.

Die vom südfranzösischen Raum ausgehenden Pestverfolgungen, die alle v o r dem Eintreffen der Pest an den jeweiligen Orten stattfanden, bringen ausser dem Phänomen der Panendemie nichts Neues (121). Die Patrizier müssen in einigen Orten in zähem Handeln um Schutz wie Rechtsweg für die Juden und um eigene Vorherrschaft dem ökonomisch gewichtig gewordenen Handwerk Anteil am Stadtregiment einräumen. Dieser Vorgang spielt sich etwa in Basel und Strassburg ab, wo das patrizische Regiment schon seit einigen Jahren erschüttert war. Dabei stell-ten sich auch Patrizier auf die Seite der Judenverfolger, so dass man ein schichtenspezifisches Verhalten schlecht herauslesen kann (122). Ebenfalls liessen rein patrizisch regierte Fernhan-delsstädte wie Frankfurt und Nürnberg die Judenverfolgungen zu. Hingegen geben die Kölner in ihrer Korrespondenz deutlich zu erkennen, was sie von den Judenverfolgungen befürchten, näm-lich 'concursus populares', die zu unkontrollierbaren Aufläufen ausarten und durchaus dem eigenen Regiment und der Stadt nach-teilig werden könnten (129). Nur relativ neu ist die Tatsache, dass nun die Zwangskonvertierten noch scheeler als früher ange-sehen werden. Man verleumdet sie weiterhin, sie vergifteten heimlich ihre Schützer (124). Es ist nicht mehr weit bis zur Ver-folgung der Marranos und zum Nachweis der Race im Spanien des 15. Jahrhunderts.

Die Argumentation der sich häufenden kritischen Stimmen, auch in der städtischen Chronistik, ist dieselbe wie bei Papst Clemens VI. Ihm war es in seiner babylonischen Gefangenschaft in Avignon wenigstens gelungen, die Juden zu schützen. 1) ist es evident, dass die Juden selber sterben und auch in nicht von Juden bewohn-ten Ortschaften die Pest sich ausbreitet; 2) die Pest ist eine Geis-sel Gottes (125).

Genauer betrachten möchten wir nur die Haltung Konrads von Megenberg, nicht weil sein kritisches Urteil über das Vorurteil ein versöhnliches Zeugnis ablegt, sondern weil bei ihm ein ziem-lich breites Spektrum für die Motive der Kritik sichtbar wird. Er stammte aus sozial niederer Schicht, besuchte die Schule in Er-furt und dann die Universitäten Paris und Wien und war nun Domscholaster in Regensburg (126). Dort hatte sich das vorwiegend bürgerliche Patriziat (237 Bürger) zum Schutze der Juden verbunden und ihn auch wirkungsvoll durchgesetzt. Die Judensteuer war seit 1346 an ein Konsortium von Bürgern, d. h. an die Stadtgemeinde übergegangen, sie hatten also auch ein wirtschaftliches Interesse an den Juden (127). In seinem Pesttraktat von 1350 untersucht Konrad die damals namhaft gemachten Gründe für die Pest wie Sternentheorie, Juden und Strafe Gottes; zum letzteren bekennt er sich. Sie ist die Strafe Gottes für den Skeptizismus und die Hybris der Scotisten (Anhänger Duns Scotus'), die das rechte Verständnis der Hl. Schrift bedrohen, die Aristoteles als Autorität antasten und Neuerungen begünstigen wie etwa Aufruhr der Jungen gegen die Alten, so dass Aristokratie/Oligarchie in Demokratie und Tyrannis pervertiert (128). Es ist also die alte innerkirchliche Kritik, nun mit einem wissenschaftlichen Vorzeichen, wie es dem 14. Jahrhundert ansteht. Konrad erwähnt auch, dass eine christliche Sekte, die Sackträger (Leprosen), angeblich bekannt hätten, sie seien von den Juden zu den Brunnenvergiftungen angestiftet worden (129). Da haben wir wieder das Komplementär von beunruhigenden Juden und noch mehr beunruhigenden Sekten. So schritt Papst Clemens VI. ebenfalls gegen die Geisslerbewegungen im unmittelbaren Vorfeld der Pest ein, einerseits wegen ihrer Irrlehren, andererseits wegen ihrer Ausschreitungen gegen die Juden, die sich auf die etablierte Kirche ausdehnen konnten.

Die Verteidigung der Juden gründet Konrad auf Evidenz wie der Papst: sie sterben selber, die Christen sterben auch nach der Brunnenentgiftung und Vertreibung bzw. Tötung der Juden (130). Andererseits nennt er das allgemein menschliche Erbarmen mit der Not dieser so zu Unrecht verdächtigten Leute; "denn sie sind Menschen, und das menschliche Antlitz ist zu lieben, und wenn es in Stein geschnitten wäre, so wäre dieser Stein allen anderen vorzuziehen". Vielleicht unter gewissem Druck sagt Konrad zum Schluss, es gehe ihm nicht etwa um die Gunst bei den Juden, sondern "es sind die Christen, mit denen ich argumentiere" (131), und er argumentiert wegen der obgenannten Verderbnis. Deren mögliche Folgen im Zusammenhang mit den Judenverfolgungen hat er schon 1337, also in der Zeit der Armlederverfolgungen, warnend angegeben: Wie sich die Leute nun gegen die Juden wenden, würden sie sich weiter gegen den verdorbenen Klerus wenden. Er berichtet von Gerüchten, dass man zusammen mit den Juden die Kleriker ins Verderben schikken wolle; denn wie die Juden mit dem Wucher, so richte die Geistlichkeit mit ihrer Gerichtsbarkeit (es ist wieder deren fiskalische Nutzung) die Christen an Hab und Gut zugrunde (132).

Bei Konrad von Megenberg wäre man versucht, von Toleranz zu sprechen in dem Sinne, dass er das Vorurteil angesichts der schrecklichen Auswirkungen zu überprüfen sucht. Jedenfalls veranlasste Papst Johannes' XXII. rigorose Haltung im franziskanischen Armutsstreit und seine Intoleranz von religiösen Sondergruppen einige Leute zur kritischen Ueberprüfung ihrer Taten. Kleriker, die vor der Weihe standen oder Aussicht auf Pfründen hatten, wandten sich an den Papst um Absolution für Vergehen an Juden in ihrer Jugendzeit: einer für seine Teilnahme an der Steinigung eines Juden, der andere für seine Denunziation eines Leprosen, die man damals zusammen mit den Juden ungerechterweise habe töten wollen (133).

Noch einmal zeigt sich die enge Verflechtung von Problemen der Mehrheit mit ihren eigenen christlichen Minderheiten und den Problemen der jüdischen Minderheit. Die Kritik an den Judenverfolgungen stand in engstem innerkirchlichem Kontext, entstand aus Besorgnis um diese christliche Gesellschaft mit ihren pathologischen Zügen. Sie zeitigte vorwiegend eine Duldung der Juden, damit auch einen gewissen Freiraum für die Juden, der zum Verständnis führen konnte.

* Material für den Vortrag ist im Rahmen der Uebung "Die Juden im Mittelalter. Probleme einer Randgruppe" SS 1977 an der Universität Bern zusammen mit den Studenten erarbeitet worden. Mein Dank gilt den fruchtbaren studentischen Diskussionsvoten.

1) Vgl. bes. I. A. Agus, The Heroic Age of Franco-German Jewry. The Jews of Germany and France of the 10th and 11th Century, New York 1969, z. T. überzeichnend; C. Roth, The European Age in Jewish History, in: The Jews. Their History, Culture and Religion, hrsg. L. Finkelstein, I, [3]1960, 220.

2) Th. W. Adorno, E. Frenkel-Brunswik, D. L. Levison, R. N. Sandford, The Authoritarian Personality (Studies in Prejudice), New York 1950; E. Simmel (Hrsg.), Antisemitism. A Social Disease, New York 1946; K. Geissler, Die Juden in Deutschland und Bayern bis zur Mitte des 14. Jahrhunderts, München 1976, 3-16.

3) J. Isaac, Genesis des Antisemitismus. Vor und nach Christus, Wien-Frankfurt-Zürich 1969, z. T. die Untersuchungsergebnisse von J. Parkes (The Conflict of the Church and the Synagogue. A Study in the Origins of Antisemitism, London 1934) simplifizierend, vgl. 104f.

4) Diese These sei speziell genannt, weil man sich in den Forschungen über den modernen Antisemitismus oft damit begnügt, unter Hinweis auf J. Parkes und J. Isaac von einem klerikalen oder kirchlichen Antijudaismus zu sprechen: vgl. I. Fetscher, Zur Entstehung des politischen Antisemitismus in Deutschland, in: Antisemitismus. Zur Pathologie der bürgerlichen Gesellschaft, hrsg. H. Huss, A. Schröder, Frankfurt 1965, 12f.; vgl. ferner K. Thieme, Der religiöse Aspekt der Judenfeindschaft, in: Judentum. Schicksal, Wesen und Gegenwart, hrsg. F. Böhm, W. Dirks, Wiesbaden 1965, II, 603-631, 610ff. Es hängt auch davon ab, welchen Stellenwert man dem vorchristlichen Antijudaismus einräumt, dazu: J. N. Sevenster, The Roots of Pagan Anti-Semitism in the Ancient World, Leiden 1975, bes. 145ff., 179 "a matter-of-course Anti-Semitism"; E. L. Abel, The Roots of Anti-Semitism, London 1975, 10, 39, 97.

5) Z. B. E. L. Dietrich, Das Judentum im Zeitalter der Kreuzzüge, in: Saeculum 3 (1952) 94-131, 94, 126; B. Blumenkranz, Juden und Judentum in der mittelalterlichen Kunst, Stuttgart 1965, weist es ikonographisch nach, bes. 13. Die negativen Belege stammen alle aus dem 13. Jahrhundert.

6) Diese Einschränkung betrifft auch die Ergebnisse der Arbeit von W. J. Fischel, Jews in the Economic and Political Life of Mediaeval Islam, London 1968. Die arabischen Quellen liefern nur Nachrichten über prominente Nichtmuslime. In Berücksichtigung der Quellenlage wären die Verhältnisse im westgotischen Spanien zu überprüfen, wo wir sehr viele Quellen zur Rechtsnorm, aber fast keine zur Rechtswirklichkeit haben. Das relativiert die Untersuchungen von S. Katz, The Jews in the Visigothic and Frankish Kingdoms of Spain and Gaul, Cambridge Mass. 1937.

7) J. Aronius, Regesten zur Geschichte der Juden im Fränkischen und Deutschen Reiche bis zum Jahre 1273, Berlin 1902 (zit. Ar.) Nr. 103; B. Blumenkranz, Jüdische und christliche Konvertiten im jüdisch-christlichen Religionsgespräch des Mittelalters, in: Judentum im Mittelalter (Miscellanea Medievalia 4), Berlin 1966, 264-282, 266ff.

8) Annales Bertiniani ad a. 847, 848, 852, in: Monumenta Germaniae historica (zit. MGH) Scriptores I, 36, 41.

9) Adhemar von Chabannes und Radulphus Glaber: B. Blumenkranz, Les auteurs chrétiens latins du moyen âge sur les juifs et le judaisme, Paris 1963, 251, 256f. Radulphus Glaber berichtet sogar über eine anschliessende Vertreibung der Juden in Frankreich, die nicht belegt ist.

10) Ar. Nr. 104; B. Blumenkranz, Konvertiten 268f.

11) B. Blumenkranz, Auteurs chrétiens 261.

12) L. Dasberg, Untersuchungen über die Entwertung des Judenstatus im 11. Jahrhundert, Paris 1965, bes. 116, 131; nach Dasberg auch K. Geissler, Juden 98ff.

13) H. Liebeschütz, The Crusading movement in its Bearing on the Christian Attitude towards Jewry, in: Journal of Jewish Studies 10 (1959) 97-112; ders., The Relevance of the Middle Ages for the Understanding of Contemporary Jewish History, in: Year Book of the Leo Baeck Institute 18 (1973) 3-25, 7f.

14) N. Cohn, Das Ringen um das Tausendjährige Reich (engl. The Pursuit of the Millenium, 1957), Bern 1961, 43ff.; L. Dasberg, Judenstatus 183ff.

15) Guibert von Nogent, De vita sua II, 3, in: Patrologia latina (zit. PL) 156, col. 903f.

16) Ar. Nr. 176ff.

17) Ar. Nr. 185f.; E. L. Dietrich, Judentum 110-115; Hebräische Berichte über die Judenverfolgungen während der Kreuzzüge, hrsg. A. Neubauer, M. Stern (Quellen zur Geschichte der Juden in Deutschland 2), Berlin 1892 (zit. Hebräische Berichte).

18) Solomon bar Simson, in: Hebräische Berichte 87.

19) So Albert von Aachen, Historia Hierosolymitanae expeditionis I, 27 (Recueil des historiens des croisades 4), Paris 1897, 293.

20) Ar. Nr. 203, 205. Dies wird nur in den christlichen Berichten überliefert: Weltchronik des Frutolf von Michelsberg und Ekkehard von Aura.

21) So auch in den Hebräischen Berichten, z. B. 86f., 93, 111.

22) H. Planitz, Die deutsche Stadtgemeinde, in: Die Stadt des Mittelalters II, Darmstadt 1972, 74f.

23) So könnte man vielleicht die Aussage des Solomon bar Simson, in: Hebräische Berichte 113, deuten: in Rüdesheim sind die "Dorfleute" erzürnt. Der un-

111

kontrollierbaren Verfolgung auf dem flachen Land durch "Dörfler" sind die Kölner Juden erlegen (Hebräische Berichte 117f). Vgl. A. Rose, Antisemitism's Root in City Hatred, in: Antisemitism in the United States, hrsg. L. Dinnerstein, New York 1971, 41-47.

24) Nach Solomon bar Simson, in: Hebräische Berichte 92; dazu N. Cohn, Tausendjähriges Reich 56f.

25) B. Blumenkranz, Auteurs chrétiens 263f.

26) B. Blumenkranz, Patristik und Frühmittelalter, in: Kirche und Synagoge. Handbuch zur Geschichte von Christen und Juden, hrsg. K.H. Rengstorf, S. v. Kortzfleisch, I, Stuttgart 1968, 122.

27) Ar. Nr. 233, 244.

28) Bernhard v. Clairvaux (PL 182, col. 567f.).

29) Man darf noch nicht von "Toleranz" bei Bernhard sprechen: so etwa W. Kluxen, Die Geschichte des Maimonides im lateinischen Abendland als Beispiel einer christlich-jüdischen Begegnung, in: Judentum im Mittelalter 146-182, 146.

30) Ar. Nr. 245.

31) Annales Herbipolenses ad a. 1147 (MGH Scriptores XVI, 3f.): 'mirabili quodam casu'; 'occasione dehinc quasi iusta in Iudeos accepta'.

32) 'Unde dum peregrini hominem illum quasi martirem colerent, et reliquias corporis circumferendo, canonizari eundem quem Theodericum dicunt postularent, religioso eiusdem civitatis episcopo Sifrido una cum clero importunitati eorum immo errori reluctante: tantam in episcopum et clerum persecutionem suscitaverunt...' (ib.). Das wird im Erinnerungsbuch von Ephraim bar Jacob (Hebräische Berichte 192f.) ausgelassen.

33) Zu den Ritualmordbeschuldigungen siehe J. Trachtenberg, The Devil and the Jews (1943), New York 1961, bes. 124ff. Gerade das Würzburger Beispiel zeigt aber nicht, dass die Anklage vom Klerus erhoben wurde (so Trachtenberg). Zu den sozial- und tiefenpsychologischen Gründen der Ritualmordbeschuldigungen siehe P. Loewenberg, Die Psychodynamik des Antijudentums, in: Jahrbuch d. Instituts f. deutsche Geschichte 1 (1972) 145-158.

34) W.P. Eckert, Hoch- und Spätmittelalter, in: Kirche und Synagoge I, 267f.

35) S. Grayzel, The Papal Bull Sicut Judeis, in: Studies and Essays in Honour of A.A. Neumann, hrsg. M. Ben-Chorin, Leiden 1962, 253ff.

36) Ar. Nr. 323. Bericht über Speyer bei Ephraim bar Jacob (Hebräische Berichte 212).

37) Ar. Nr. 325. Dazu Ephraim bar Jacob (Hebräische Berichte 206): die Juden stossen auf "feindliche Geldwechsler" und geraten in die Hände der "feindlichen Zollbeamten". Der Dualismus in der Regaliennutzung wird sehr deutlich.

38) Ar. Nr. 339.

39) Hebräische Berichte 211.

40) Dekretalen Greg. V. 2. 4-5.

41) Sehr viele Konversionen kann W. Giese, In Iudaismum lapsus est, in: Hist. Jahrbuch d. Görres-Gesellschaft 88 (1968) 407-418, aus hebräischen Quellen erschliessen und möchte deshalb dem religiösen Akzent der mittelalterlichen Judenfeindschaft mehr Rechnung tragen.

42) Man wäre versucht, in diesen Figuren etwas Aehnliches zu sehen wie beim prozentual gesteigerten Antisemitismus der amerikanischen Neger: mit der Stigmatisierung einer definierten Gruppe will man sich den eigenen Anschluss an die herrschende Schicht erleichtern, vgl. K.B. Clark, Candour About Negro-Jewish Relations, in: Antisemitism in the United States 116-124.

43) S. Grayzel, The Church and the Jews in the XIIIth Century. A Study of their Relations during the Years 1198-1254, Based on Papal Letters and the Conciliar Decrees of the Period, Philadelphia 1933, Nr. 29.

44) Ar. Nr. 223; B. Blumenkranz, Konvertiten 275ff.; H. Liebeschütz, Relations between Jews and Christians in the Middle Ages, in: Journal of Jewish Studies 16 (1965) 35-46, 45f.

45) Hermannus quondam Judaeus, Opusculum de conversione sua c. 2, hrsg. G. Niemeyer (MGH Geschichtsquellen 4), Weimar 1963, 77, c. 5, 84.

46) P. Browe, Die Judenmission im Mittelalter und die Päpste (Misc. Historiae Pontificiae 6), Rom 1942, 100ff.: Verzeichnis der lateinischen Streitschriften. Einbezug der ostkirchlichen Streitschriften bei A.L. Williams, Adversus Judaeos, Cambridge 1935. Die jüdischen Gegenschriften bei E.J. Rosenthal, in: Kirche und Synagoge I, 307-362.

47) Die Bewunderung der jüdischen Bildung und Gelehrsamkeit in der Synagoge 'ad hoc pervenitur, ut dicant imperiti Christiani melius eis predicare Iudeos quam presbiteros nostros'. So klagte Agobard von Lyon ep. 7 (MGH Epistolae V, 185); Ar. Nr. 90.

48) Walter von Châtillon, Dialogus contra Judeos (PL 209, 423-458), col. 423.

49) Adam von Perseigne, Epistola ad amicum (PL 211, col. 653-659); B. Blumenkranz, in: Kirche und Synagoge I, 131f.

50) ib. col. 655f.

51) ib. col. 659.

52) Caesarius v. Heisterbach, Dialogus miraculorum, ed. J. Strange, Köln 1851, z.B. dist. X c. 69; dist. II c. 24.

53) ib. dist. IV c. 14f.

54) ib. dist. XI c. 44; dist. VIII c. 46; dist. XI c. 42.

55) B. Hirsch-Reich, Joachim von Fiore und das Judentum, in: Judentum im Mittelalter 228-263, 237f.

56) Vgl. J. Trachtenberg, Devil and Jews 159ff.

57) H. Liebeschütz, The Significance of Judaism in Peter Abelard's Dialogus, in: Journal of Jewish Studies 12 (1961) 1-18.

58) Vgl. B. Blumenkranz, in: Kirche und Synagoge I, 121ff.

59) Petrus Venerabilis, Contra Petrobrusianos Haereticos (PL 189, col. 719ff.).

60) Liber contra sectam sive haeresim Sarracenorum (PL 189) bes. I, 12, col. 685.

61) Tractatus adversus Iudeorum inveteratam duritiam c. 5 (PL 189, col. 602).

62) ib. col. 507.

63) Epistolae IV, 36 (PL 189, col. 367).

64) ib. col. 368.

65) G. Duby, Le budget de l'abbaye de Cluny entre 1080 et 1156, in: Annales 7 (1952) 155-171, bes. 164-170.

66) W. J. Cahnmann, Wirtschaftliche und gesellschaftliche Ursachen der Judenfeindschaft, in: Judentum II, 632-679, 643.

67) S. Grayzel, Church and Jews 46 A. 24.

68) Vgl. Germania Judaica II/1-2. Von 1238 bis zur Mitte des 14. Jahrhunderts, hrsg. Z. Avneri, Tübingen 1968 (zit. GJ), Einleitung XXIII f. und Karte.

69) Vgl. S. Grayel, Church and Jews Nr. V, VI; 113, 114: 1247 wird ein Ritualmord durch zwei Franziskaner aufgebracht.

70) S. Grayzel, Church and Jews Nr. VII (1212), Nr. XXII (1229), Nr. XXIV (1231).

71) W. P. Eckert, in: Kirche und Synagoge I, 227ff.; B. Blumenkranz, Konvertiten 279ff.; S. Grayzel, Church and Jews Nr. 95-98, 104, 119, App. A und B.

72) W. Kluxen, Maimonides 149, 157f.

73) Y. M.-J. Congar, Aspects ecclésiologiques de la querelle entre mendiants et séculiers dans la seconde moitié du XIIIe siècle et le début du XIVe, in: Archives d'histoire doctrinale et littéraire du Moyen Age 36 (1961) 35-151.

74) Ar. Nr. 496f., 474; MGH Constitutiones II, Nr. 204, S. 274f.

75) Ar. Nr. 568; S. Grayzel, Church and Jews Nr. 116.

76) G. Kisch, Forschungen zur Rechts- und Sozialgeschichte der Juden in Deutschland während des Mittelalters, Zürich 1955, 41-47, 59-72; L. Dasberg, Judenstatus 50ff.; E. Roth, Die Geschichte der jüdischen Gemeinden am Rhein im Mittelalter, in: Monumenta Judaica, Köln 1963, 66ff., 83f.; vgl. S. Grayzel, Church and Jews, App. E, 348f.

77) Vgl. G. Duby, Aux origines d'un système de classification sociale, in: Mélanges en l'honneur de F. Braudel II, Toulouse 1973, 183-189.

78) Ar. Nr. 210; L. Dasberg, Judenstatus 37.

114

79) So etwa in der Tregua Heinrichs (VII.) 1224 auf 'venatores, piscatores': Ar. Nr. 428.

80) Ar. Nr. 222.

81) Histoire des Juifs en France, hrsg. B. Blumenkranz, Toulouse 1972, 41f.

82) G. Landwehr, Die Verpfändung der deutschen Reichsstädte im Mittelalter, Köln-Graz 1967, Zusammenstellung der Städte und der verschiedenen Pfandobjekte 396ff.

83) S. Grayzel, Church and Jews Nr. 14.

84) ib. Nr. 74 (1234); Nr. 103 (1244).

85) ib. Nr. 107: Besançon 1245; Nr. 133: Konstanz 1254.

86) ib. Nr. 67: Rouen 1233.

87) ib. z.B. Nr. 6, 8, 75, 76, 83, 89, 102 usw.

88) Ar. Nr. 718.

89) Lucas Tudensis, Adversus Albigensium errores III, 3, ed. P. Joanne Mariana, Ingoldstadt 1612, 159f.: 'Haeretici Iudaeorum perfidiam simulant'.

90) H. Liebeschütz, Judaism and Jewry in the Social Doctrine of Thomas Aquinas, in: Journal of Jewish Studies 13 (1962) 57-80, bes. 63.

91) Thomas von Aquin, De regimine Judeorum ad Ducissam Brabantie; zit. nach Editio Parmensis XVI, 292-294. Vgl. H. Liebeschütz, Judaism and Jewry 70ff.

92) De regimine 292.

93) ib. 294.

94) ib. 292 betr. Juden: 'sic absolute respondere potest, quia licet, ut iura dicunt, Judaei merito culpae sint vel essent perpetuae servituti addicti...' ib. 293 betr. Christen: wird auch begründet mit 'principes a Deo instituti' inkl. der in dieser Formel enthaltenen Beschränkung.

95) W. P. Eckert, in: Kirche und Synagoge I, 233ff. Ich beurteile die Wirkung des Pugio fidei auch wegen seiner grossen Verbreitung negativer für die Juden als Eckert.

96) Raymundi Martini Pugio fidei adversus Mauros et Judaeos cum observ. J. de Voisin, Leipzig 1637, 2.

97) Proem. XVII, 6. Vom selben Anliegen war der Konvertit Wilhelm v. Bourges um 1230 beseelt: Bellum Domini contra Iudeos et contra Iudeorum hereticos, ed. Prolog und Incipit bei Jac. Hommey, Supplementum Patruum, Paris 1686, 412-418, 416: 'ne Iudaei irrideant fideles clericos cum eis super his disputantes'.

98) Pugio fidei p. III dist. 21 u. 22 (S. 935f.).

99) ib. p. II c. 15, c. 22 (S. 464ff., 476f.).

100) Passauer Anonymus (Ebrardus), Contra Waldenses, in: J. Gretserus, Opera omnia XII/2, Regensburg 1738, c. 27 (184).

101) ib. 185.

102) Nikolaus von Lyra, Prologus secundus in bibliam (zit. nach Hain *3163) f. 2^v; Quaestiones disputatae contra Hebraeos (Hain *10408, meist den Bibelexemplaren nachgebunden) qu. 2.

103) qu. 1: 'Si igitur dicti heretici exponebant pro se scripturam novi testamenti, multo magis iudei possunt pro se exponere scripturam veteris testamenti'.

104) qu. 3 und Abschluss.

105) Ar. Nr. 728.

106) Germania Judaica XXXIVf., 719f.

107) Johannes v. Winterthur, Chronica, ed. F. Baethgen (MGH Scriptores rer. Germ. N.S. III), Berlin 1924, z.B. zu 1333 (?) (S. 107f.), zu vor 1322 (S. 108f.) usw.

108) B. Blumenkranz, Auteurs chrétiens 181.

109) Vgl. S. Grayzel, Church and Jews Nr. XXXII: Coventry c. 1237; W.P. Eckert, in: Kirche und Synagoge I, 270ff.

110) Johannes von Winterthur, Chronica 142f.

111) ib. 48f.

112) ib. 57f.

113) Dazu K. Arnold, Die Armledererhebung in Franken 1336, in: Mainfränkisches Jahrbuch 26 (1974) 35-62; rein auf den Klassenkampf hin untersucht S. Hoyer, Die Armlederbewegung - ein Bauernaufstand 1336/1339, in: Zeitschrift f. Geschichtswissenschaft 13 (1965) 74-89.

114) Parallele der Pastorellen-Bewegung in Frankreich: N. Cohn, Tausendjähriges Reich 89ff.

115) Siehe die detaillierte Untersuchung von J. Niquille, Les prêteurs juifs de Morat à la fin du moyen âge, in: Nouvelles Etrennes Fribourgeoises 1927, 89-111.

116) Zum folgenden K. Arnold, Armledererhebung 38f.; Johannes v. Winterthur, Chronica 138ff.

117) Johannes v. Winterthur, Chronica 141.

118) So K. Arnold, Armledererhebung bes. 56f. gegen Hoyer.

119) Identifizierung bei K. Arnold, Armledererhebung 51ff.

120) Johannes v. Winterthur, Chronica 139.

121) Zum folgenden jetzt A. Haverkamp, Der Schwarze Tod und die Judenverfolgungen von 1348/1349 im Sozial- und Herrschaftsgefüge deutscher Städte, in:

116

Trierer Beiträge Sonderheft 2: Fragen des älteren Jiddisch, Kolloquium 1976, Oktober 1977, 78-86.

122) ib. 84.

123) ib. 82.

124) So bei Matthias von Neuenburg, Chronica, ed. A. Hofmeister (MGH Scriptores rer. Germ. N.S. IV), Berlin 1924, App. III aus Cod. A (192). Schon 1245 musste Innocenz IV. das Verbot König Jakobs I. v. Aragon bestätigen, dass getaufte Juden nicht mit 'Renegat' und 'Jordaniz' beschimpft werden dürften: S. Grayzel, Church and Jews Nr. 105.

125) Raynald-Baron-Theiner, Annales ecclesiastici 1348, Nr. 33.

126) S. Krüger, Krise der Zeit als Ursache der Pest? Der Traktat De mortalitate in Alamannia des Konrad von Megenberg, in: Festschrift H. Heimpel II, Göttingen 1972, 839-883 (mit Edition), 842.

127) P. Herde, Gestaltung und Krisis des christlich-jüdischen Verhältnisses in Regensburg am Ende des Mittelalters, in: Zeitschrift f. bayerische Landesgeschichte 22 (1959) 359-395, 366.

128) S. Krüger, Krise 871.

129) ib. 866.

130) ib. 868.

131) ib.

132) Planctus ecclesiae in Germaniam, ed. R. Scholz (MGH Staatsschriften II/1), Leipzig 1941, v. 602ff., mit ib. 31 Anm. 1.

133) S. Grayzel, References to the Jews in the Correspondence of John XXII, in: The Hebrew Union College Annual XXIII/2, Cincinnati 1950-51, 37-88, Nr. 31: Beauvais 1326; Nr. 39: Châlons-s-Saône 1331.

Felix Philipp Ingold

DIE JÜDISCHE FRAGE IM SCHAFFEN F. M. DOSTOJEVSKIJS*

Aaron Steinberg

1891–1975

in memoriam

"Wir alle gleichen dem Bild, das
die anderen sich von uns machen".

Jorge Luis Borges

I

Jüdische Typen, jüdische Themen gehören seit jeher zum Personal und Inventar russischer Literatur; sie erscheinen in weltlichen und geistlichen Texten altrussischen Schrifttums, in Predigten, in Chroniken und Heldenliedern, später - besonders im
16. Jahrhundert - auch in Uebersetzungen von Werken (zumeist
lateinischer Sprache) aus Westeuropa und Polen, im ausgehenden 17. Jahrhundert gelangen jüdische Motive, jetzt bereits
durch Vermittlung deutscher Barockdichtung, als dramatisierte
Bibelstoffe auf die russische Bühne - zunächst anonym, bald
aber auch in den bedeutenden Bearbeitungen Semën Polockijs
und des deutsch-russischen Lutheraners Johann Gottfried Gri-
gorij. Die Tatsache, dass jüdische Stoffe überdies in rasch zu-
nehmendem Umfang durch religiöse, oft biblischen Vorlagen
nachgebildete Dichtungen vermittelt wurden (1), begünstigte die
Aufnahme und Weiterentwicklung entsprechender Themen in der
Volkspoesie sowie auf der Volksbühne. Im polnisch-ukrainischen
Grenzbereich, wo nicht bloss die Wurzeln der nachmaligen russischen Theaterkultur lagen, sondern auch die Zentren des Ostjudentums (das unter Katharina II., nach den mehrfachen Teilungen Polens, faktisch vom Zarenreich annektiert wurde) (2),
trat schon im 18. Jahrhundert der "Jude" als stereotype Bühnen-
figur in Erscheinung. So gehörte zu den standardisierten Protagonisten des frühen russischen Wandertheaters und Puppenspiels
(Vertep) nebst dem Bauern, dem Husaren, dem Geistlichen auch
der Typ des Juden, der - in Lehr- und Unterhaltungsstücken
gleichermassen verwendbar - entweder als groteske Witzfigur
oder als finsterer Bösewicht eingesetzt wurde (3). Aus dieser
bald mit lächerlichen, bald mit widerlichen Zügen ausgestatte-
ten Figur (4) entstand dann, namentlich durch Nikolaj Gogol's
Vermittlung, jenes bis zur Karikatur simplifizierte Bild des
Juden, das die russische Dichtung in der Folge für mehr als
hundert Jahre (von Puškin und Lermontov bis hin zu Čechov)
fast unverändert beibehalten hat (5) - das Bild des jüdischen

Wucherers und Schacherers, des Zuhälters und Ausbeuters, des
Spions, des Ueberläufers und Verräters, des Juden als "Judas"
(6).

Zwar ist der Jude als Kunstfigur in der russischen Prosa und
Poesie des 19. Jahrhunderts rekurrent, doch lässt sich – sieht
man von den Erzeugnissen antisemitischer Trivialbelletristik
einmal ab (7) – kaum ein literarisch relevantes Werk nennen,
in welchem dem Juden als Rollen- und Ideenträger mehr denn
marginale Bedeutung zukäme; zu Lessings Nathan gibt es in
Russland kein vergleichbares Gegenstück. Dass der Jude aber
überall dort, wo er literaturfähig wurde, in krasser – negativer oder positiver – Verzeichnung erscheint, ist wohl in erster
Linie auf die mangelnde, oft sogar gänzlich fehlende Kenntnis
jüdischer Tradition und Eigenart, jüdischer Lebensbedingungen
und Institutionen bei den russischen Autoren zurückzuführen.
Diese Ignoranz hat verschiedene Gründe. Zum einen hatte die
Judenfrage vor der Annexion Ostpolens (Wolhynien, Podolien,
Litauen) durch Katharina II. (1789/1796) in Russland niemals
öffentlich zur Diskussion gestanden, was die spätere Meinungs-
bildung zu diesem staats- und sozialpolitisch höchst komplexen
Problem der zaristischen Nationalitätenpolitik nicht nur er-
schwerte, sondern geradezu verunmöglichte (8); ausserdem
blieben die Juden, nachdem sie – insgesamt rund 900'000 Menschen – russische Untertanen geworden waren, durch eine
Vielzahl restriktiver Ausnahmegesetze nicht nur gesellschaftlich, wirtschaftlich und kulturell, sondern auch geographisch
(durch die Niederlassungsbeschränkung auf die sogenannte "Ansiedelungszone" in den westrussischen Randgebieten) von der
Kernbevölkerung weitgehend isoliert: "Das ursprüngliche
Schwanken Katharinas II. in der jüdischen Frage machte einer
sehr bestimmten Tendenz Platz: der Tendenz, die jüdischen
Massen an das annektierte Landgebiet zu binden, ihnen den Zutritt in das Innere des Reiches zu verwehren, den Wirkungs-
kreis ihrer wirtschaftlichen Betätigung selbst im westlichen
Gebiete zu beschränken und sie aus dem Kaufmanns- und Klein-
bürgerstande in eine eigene, doppelt belastete Steuerzahlergrup-
pe hinauszudrängen. Die Sondergesetzgebung für die Juden wurde zu einem System erhoben" (9). Da die Juden damals – vor
allem aus sprachlichen Gründen – noch kaum die Möglichkeit
literarischer oder publizistischer Selbstdarstellung hatten (10),
waren die russischen Schriftsteller ihrerseits nicht in der Lage,

122

sich von der neuen Situation der jüdischen Bevölkerungsminderheit auch nur ein annähernd objektives Bild zu machen. Das gegenseitige Informationsbedürfnis war nicht zuletzt wegen der bestehenden sozialen Unterschiede recht gering, gehörten doch die führenden Literaten Russlands mehrheitlich gehobenen, zum Teil höchsten Gesellschaftskreisen an, während die russische Judenschaft, welcher der Zugang zu den Universitäten und somit auch zu akademischen Berufen jahrzehntelang verwehrt war (11), in äusserster Armut und Bedrängnis (als "eine eigene Klasse an den Boden gebundener Städter") zu leben hatte (12).

Noch zu Beginn der achtziger Jahre, als es im Süden Russlands (mit stillschweigender Billigung der Behörden) zu einer Reihe von Pogromen kam, sah sich der einflussreiche Schriftsteller und Publizist Michail Saltykov-Ščédrin veranlasst, öffentlich das Unwissen und das Unverständnis der russischen Intelligenz inbezug auf die Judenfrage zu beklagen. Denn "was kennen wir schon vom Judentum ausser den Ungehörigkeiten der Konzessionäre und den Machenschaften der jüdischen Pächter und Schankwirte? Haben wir auch nur einen ungefähren Begriff von jener zahllosen Masse jüdischer Handwerker und Kleinhändler, von denen es im Unrat der jüdischen shtetls wimmelt und die sich unablässig vermehren, ungeachtet des Siegels der Verdammnis und der ewig akuten Drohung des Hungertods? Verängstigt und ihre Bedürfnisse auf ein Minimum beschränkend, beten diese unglückseligen Kreaturen bloss noch um Vergessen und Anonymität, und als Antwort darauf wird ihnen Schimpf und Schande zuteil...". Saltykov-Ščédrin gab im weitern seinem Bedauern darüber Ausdruck, dass die "agonisierende Welt" des Ostjudentums in der russischen Literatur noch nie zum Gegenstand und Thema ernsthafter Gestaltung geworden sei; als einziges künstlerisch bedeutsames Dokument dieser "entfesselten Tragödie" liege dem russischen Leser das Werk einer polnischen Autorin – Eliza Orzeszkos Erzählung Der mächtige Samson – in Uebersetzung vor (13).

Desinteresse und Vorurteile bei der russischen Kernbevölkerung, angestrengte Ghettomentalität und konservatives Festhalten an der eigenen Ueberlieferung in breiten Kreisen der jüdischen Minderheit – dies trug nicht nur zu wechselseitigem Misstrauen und zu gefährlichen Missverständnissen bei, es begünstigte auch die Uebernahme antijüdischer Klischeevorstellungen (sei es aus der einheimischen Folklore, sei es aus dem westeuropäischen

123

Schrifttum) durch die russische Literatur; solche Klischeevorstellungen (sie sind oft von groben Tiervergleichen begleitet und
weisen dem Juden eine "Mittelstellung zwischen Affe und Hund"
zu) (14) konnten umso leichter entstehen und ästhetisch verein-
nahmt werden, als das einzig taugliche Korrektiv dazu - die jüdische Selbstcharakteristik und Selbstkritik, wie sie im Witz, im
Lied, in der Legendendichtung zum Ausdruck kam - den meisten
russischen Autoren unbekannt geblieben war. Diese sahen denn
auch "bloss die negativen Seiten an den Juden", sahen nur gerade
"deren lächerliches äusserliches Gehabe und, um es mit Krylov
auszudrücken, deren 'Fischtänze' ": die Gelegenheit, "das innere
Leben dieses für manche [Menschen] rätselhaften, geheimnisvollen und verschlossenen Volkes kennenzulernen", ergab sich erst
in der zweiten Hälfte des 19. Jahrhunderts, als Schriftsteller
und Wissenschafter jüdischer Herkunft in russischer Sprache zu
publizieren begannen (15).

Die staatsbürgerliche und intellektuelle Emanzipation der russisch-jüdischen Minderheit setzte schon bald nach der Thronbe-
steigung des Reform- und "Befreier"-Zaren Alexander II. (1855)
ein, der nicht nur die von seinem Vorgänger verfügte Zwangsre-
krutierung (und Zwangstaufe) minderjähriger Juden - die sogenannte rekrutčina - abschaffte, sondern auch eine Reihe von ein-
schränkenden Sondergesetzen (vor allem im Bereich des Bildungs-
wesens und der Volkswirtschaft) aufheben liess. Seit den frühen
sechziger Jahren wurden die Niederlassungsrechte für bestimmte
Berufsgruppen wesentlich erweitert, vermehrt wurden russisch-
jüdische Antragsteller zum Hochschulstudium, zu kaufmännischen
und handwerklichen Gilden sowie, in untern Rängen, zum Staatsdienst zugelassen. Die zunehmende Bewegungs- und Gewerbefrei-
heit begünstigte zumindest vorübergehend die Kontaktnahme zwischen Juden und Russen, blieb jedoch strikt auf Vertreter der
Intelligenz, auf Kaufleute und Handwerksmeister beschränkt. Diese privilegierten Vertreter der ansonsten noch immer unterprivi-
legierten jüdischen Minorität vermochten sich innert kurzer
Zeit - als "Russen mosaischer Konfession" - zu assimilieren,
gewannen rasch an Einfluss, waren bereits in den siebziger Jahren massgeblich am Bau der grossen russischen Eisenbahnli-
nien, an der Gründung von Aktiengesellschaften und Bankhäusern
beteiligt, sicherten sich bedeutende Handelsmonopole, profilierten sich vor der einheimischen russischen Bevölkerung als Vertreter des aufstrebenden Grosskapitals (gleichzeitig auch als

Philanthropen und Mäzene), gewannen damit aber keinerlei Sympathie, bestätigten vielmehr jene Vorurteile, welche russischerseits gegenüber den "saugenden" jüdischen gšeftmachery schon immer bestanden hatten (16).

Auch die progressive russische Literatur der sechziger und siebziger Jahre - allen voran deren populärer Wortführer Nikolaj Nekrasov - machte diesbezüglich keine Ausnahme: für sie war der "orthodoxe" Hofjude Prototyp des Juden schlechthin, und ihn machte sie schliesslich als "Zar aus Judäa" zum Popanz ihres nationalistischen "Ideenkampfs", ohne sich im übrigen jener zweieinhalb Millionen Juden zu erinnern, welche das kleinstädtische Lumpenproletariat der peripheren Ansiedelungszone bildeten, an die sie weiterhin administrativ gebunden waren. Die schrittweise, vorab aus wirtschaftlichen Gründen erfolgte Liberalisierung der zaristischen Judenpolitik unter Alexander II. fand nach dessen gewaltsamem Tod, 1881, ein abruptes Ende und war nicht nur von massiven, epidemisch sich ausbreitenden Pogromen, sondern auch von zahlreichen gesetzgeberischen Massnahmen gefolgt, welche den Juden die zuvor gewährten Rechte wieder entzogen; es kam zu Berufsverboten und Enteignungen, zu Restriktionen im Bildungswesen, zu erneuter Einschränkung der Bewegungs- und Niederlassungsfreiheit (auch innerhalb der Ansiedelungszone) sowie - in den frühen neunziger Jahren - zur Vertreibung Tausender von Juden aus Moskau (17). "Was der Jude auch unternehmen mag, er bleibt immer ein Gezeichneter", heisst es in Saltykov-Šcedrins berühmt gewordener Grundsatzerklärung von 1882 zur russischen Judenfrage: "Wird er Christ, so gilt er als Renegat, bleibt er Jude, so ist er ein schmutziger Hund. Kann man sich ein unsinnigeres und schmachvolleres Martyrium vorstellen"? (18).

II

Mit der jüdischen Frage allgemein, mit der russischen Judenfrage im besondern hat sich Fëdor Michajlovič Dostojevskij verschiedentlich - besonders zu Beginn seiner literarischen Arbeit (um 1842/1845), dann wieder nach seiner Rückkehr aus Sibirien (1859), wohin er 1849 wegen "staatsfeindlicher Verschwörung" verbannt worden war, und nochmals kurz vor seinem Tod (1881) -

in publizistischen und literarischen Texten sowie in seinem um-
fangreichen Briefwerk auseinandergesetzt (19). Oeffentliche
(und offiziöse) Resonanz fand diese Auseinandersetzung jedoch
erst in den siebziger Jahren, als Dostojevskij, inzwischen vom
revolutionären Westler zum Apologeten einer christlich-nationa-
len Heilslehre geworden, dem jüdischen Kosmopolitismus,
durch den er die "russische Idee" gefährdet sah, den Kampf an-
sagte. In jener Zeit - vor allem seit Erscheinen des Tagebuchs
eines Schriftstellers (1873) - musste sich Dostojevskij auch
erstmals den Vorwurf gefallen lassen, er hasse und verurteile
"den Juden", ohne "das jüdische Volk, noch dessen Lebensformen, noch dessen Geist, noch schliesslich dessen vierzig Jahrhunderte alte Geschichte" zu kennen (20). " 'Jud' - das ist für
ihn ein Synonym für eine rohe, lastende und unsittliche Kraft",
heisst es in einer zeitgenössischen Erwiderung auf Dostojevskij:
"Jedesmal, wenn er dieses Wort ausspricht, glaubt man ein
Zähneknirschen zu hören (21). Es ist erstaunlich, wie ein
Mensch, der dauernd in Petersburg lebt und schon deshalb den
unerfreulichen Einflüssen der jüdischen Masse kaum ausgesetzt
ist, sich derart mit Hass hat sättigen können ... Was soll man
schon machen! Die grossen russischen Schriftsteller sind allesamt von diesem Judenhass angesteckt. [...] Bei Dostojevskij
schliesslich wird die Judeophobie schon beinahe zur Manie" (22).

Obwohl Dostojevskij den Vorwurf der Judeophobie mehrfach
entrüstet von sich wies und argumentativ zu entkräften versuchte (23), galt er schon zu seinen Lebzeiten und gilt er für manche Kritiker noch heute als antisemitischer Pamphletist, der
zumindest indirekt an den Judenverfolgungen der achtziger und
neunziger Jahre mitschuldig geworden sei (24). Einen "tiefen,
organischen Judenhass" glaubte Simon Dubnow bei Dostojevskij,
den er im übrigen als "grossen russischen Dichter" schätzte, zu
erkennen (1914; deutsch 1920) (25); als unverhüllter "Begründer
des modernen Antisemitismus in fast schon 'neuzeitlichem'
Geist" (26), wird Dostojevskij bei Gorev-Gol'dman dargestellt
(1917/²1922) (27); dem "schrillen und fanatisch religiösen" Lager des russischen Antisemitismus wird Dostojevskij von Maurice Friedberg zugeordnet (1970) (28); als negative Entspre-
chung zu Dostojevskijs "tiefer, jedoch stolzer und ausschliess-
licher Liebe zu Russland" deutet David I. Goldstein den "nicht
weniger tiefen Hass", den Dostojevskij in seinem Volk "notwendigerweise und bewusst" gegen die jüdischen Mitmenschen ge-

schürt habe (1976) (29). Solche und ähnliche Verdikte sind in der Sekundärliteratur zu Dostojevskij rekurrent; nur vereinzelte Autoren (namentlich Leonid Grossman und Aaron Steinberg) haben sich bisher - nicht beschönigend, aber differenzierend - darum bemüht, Dostojevskijs problematisches Verhältnis zum Judentum in seiner Widersprüchlichkeit aufzuzeigen: als kreative dialogische Auseinandersetzung, in der Kritik und Selbstkritik, das eigene und das fremde Wort gleichermassen zu ihrem Recht kommen (30).

Unter dem weitläufigen Romanpersonal Dostojevskijs (31) - es setzt sich aus Vertretern aller Gesellschaftsklassen sowie zahlreicher Nationalitäten zusammen und ist besonders reich an sozialen Aussenseitern (32) - finden sich Juden nirgends an prominenter Stelle (33), sie erscheinen bloss am Rand, bleiben als literarische Gestalten ephemer, werden von den Ereignissen eher mitgerissen oder auf fatale Weise involviert als dass sie selbst die Dramaturgie des Geschehens bestimmten (34).

Das frühste, zugleich das einzige mit individuellen Zügen ausgestattete Porträt eines Juden hat Dostojevskij in den Aufzeichnungen aus einem toten Hause ("Zapiski iz mĕrtvogo doma", 1861/62), seinem Tatsachenroman aus dem Arbeitslager, festgehalten. Es ist anzunehmen, dass Dostojevskij erstmals in der Verbannung Gelegenheit fand, sich persönlich - und das heisst dialogisch - mit jüdischer Eigenart auseinanderzusetzen (35). Wiederholt kommt Dostojevskij in seinem Text auf einen jüdischen Mitgefangenen namens Isaj Fomič Bumštejn zu sprechen, mit dem er sich des öftern unterhalten habe und der auch gern bereit gewesen sei, über jüdische Glaubens- und Lebensfragen Auskunft zu geben. Bumštejn scheint aus der jüdischen Ansiedelungszone nach Sibirien verschickt worden zu sein, und es ist daher - nicht zuletzt aus sprachlichen Gründen - einsichtig, dass er sich im Lager eher den polnischen als den russischen Häftlingen angeschlossen hat. Jene waren übrigens, wie es bei Dostojevskij heisst, "auf Grund ihrer Exklusivität und ihrer Antipathie gegen die gefangenen Russen allgemein verhasst" (35a) - ein Hinweis, der fünfzehn Jahre später, im Tagebuch eines Schriftstellers, mehrfach wiederholt, jedoch gegen die Juden gewendet wird (36).

Dostojevskij führt seinen jüdischen Protagonisten, der insgesamt bloss zwei episodische Auftritte hat, als komische Figur in das "tote Haus" ein, wobei er ausdrücklich festhält, dass Bumštejn dem Gogol'schen Jankel (aus Taras Bulba, 1835/1842) ähnlich sehe, beziehungsweise diesem nachgebildet sei:

"Auch Isaj Fomič, unser Jude, ähnelte einem gerupften Hühnchen wie ein Wassertropfen dem andern. Er war nicht mehr jung, an die fünfzig, klein und schwächlich von Gestalt, pfiffig und doch zweifellos ein wenig beschränkt. Er war keck und hochfahrend und dabei auch wieder entsetzlich feige. Sein Gesicht war ganz verhutzelt, Stirn und Wangen waren von Brandmalen verunstaltet, die man ihm auf dem Schafott eingebrannt hatte. Mir war schlechterdings unbegreiflich, wie er, dieser schwächliche kleine Kerl, sechzig Peitschenhiebe überlebt hatte. Er war wegen Mordes ins Zuchthaus gekommen. [...] Wir beide wurden dicke Freunde. Er war stets in heiterer Gemütsverfassung. Im Zuchthaus hatte er kein schlechtes Leben; er war gelernter Juwelier und mit Aufträgen aus der Stadt überhäuft, wo es keinen Juwelier gab, daher war er von aller schweren Arbeit befreit. Selbstredend betrieb er daneben auch noch das Wuchergeschäft und versorgte gegen Zins und Pfänder das ganze Zuchthaus mit Geld" (37).

Schon dieses Robotbild lässt Dostojevskijs unentschiedene, bisweilen widersprüchliche Werthaltung gegenüber seiner jüdischen Kunstfigur erkennen: diese ist nicht als realistisches Porträt jenes Juden angelegt, mit dem der Autor im Zuchthaus bekanntgeworden ist, sie scheint vielmehr das Bild zu vergegenwärtigen, welches sich Dostojevskij vom "Juden" schon früher gemacht hatte und an welchem er weiterhin festzuhalten gedachte. Bezeichnend für diese Haltung ist die Tatsache, dass Dostojevskij den Juden Bumštejn durchweg nach dem rhetorischen Schema des "Zwar-Aber" charakterisiert. Zwar ist er "pfiffig", aber auch "zweifellos ein wenig beschränkt"; zwar gibt er sich "keck und hochfahrend", in Wirklichkeit aber ist er "entsetzlich feige"; zwar ist Bumštejn ein "schwächlicher kleiner Kerl", aber er hatte einen Mord begangen und schwerste Körperstrafen überstanden; zwar wird er

als liebenswürdige Frohnatur geschildert (und an einer Stelle sogar als Freund des Ich-Erzählers bezeichnet), aber es fehlt auch
nicht der diskriminierende Hinweis, er habe sich dem "Wuchergeschäft" gewidmet und sei als "Pfänder" zu Geld gekommen:

> "Er vereinte in sich eine unwahrscheinliche Mischung
> aus Naivität, Dummheit, Schläue, Dreistigkeit, Einfalt,
> Schüchternheit, Prahlsucht und Unverschämtheit" (38).

Von solchem Schwanken zwischen Verachtung und Bewunderung
sind Dostojevskijs Stellungnahmen zur jüdischen Frage insgesamt gekennzeichnet.

Aufschlussreich ist nun, dass Isaj Fomič Bumštejn schon gleich
zu Beginn der Aufzeichnungen aus einem toten Hause beiläufig
(aber bereits namentlich) erwähnt wird, und zwar im Kontext
einer Reflexion des Autors zur Metaphysik des Geldes; es heisst
an der betreffenden Stelle:

> "Viele Sträflinge waren ins Gefängnis eingeliefert wor-
> den, ohne irgend etwas gelernt zu haben, hier lernten
> sie dann von den andern und kehrten als tüchtige Hand-
> werker in die Freiheit zurück. Da gab es Schuster,
> Schneider, Tischler, Schlosser, Schnitzer und Vergol-
> der. Ein Jude, Isaj Bumštejn, war Juwelier und zugleich
> Wucherer. Sie alle arbeiteten und verdienten sich so ein
> paar Kopeken. Die Aufträge wurden aus der Stadt be-
> schafft. Geld ist geprägte Freiheit und darum für einen
> seiner Freiheit beraubten Menschen zehnmal so wertvoll.
> Wenn es nur in seiner Tasche klimpert, ist das schon
> tröstlich genug, selbst wenn er keine Gelegenheit gehabt
> hätte, es auszugeben" (39).

Den Zusammenhang zwischen Reichtum und Macht, zwischen
Geld und Freiheit hat Dostojevskij in der Folge immer wieder
neu bedacht und durch seine laut denkenden, auch im Selbstge-
spräch dialogisch argumentierenden Protagonisten - den Spieler,
den Jüngling, den Studenten und Gesinnungsmörder Raskol'nikov,
den Philosophen Ivan Karamazov - zur Darstellung gebracht. Von
den Sträflingen im "toten Hause" wird Freiheit noch nicht als me-
taphysische Kategorie begriffen, sondern real - in Umkehrung
der bestehenden Nicht-Freiheit - als Utopie erlebt und gleichsam

kopekenweise aufgewogen. Da auch bloss "geprägte Freiheit" –
also Geld – eine Macht darstellt, ist die Lagerleitung bemüht,
den Geldverdienst oder -besitz unter den Häftlingen nach Möglichkeit einzuschränken.

> "Geld hatte – ich sagte es bereits – im Zuchthaus eine
> unerhörte Bedeutung, es war eine wirkliche Macht. Ich
> kann mit Bestimmtheit versichern, dass ein Gefangener,
> der wenigstens über geringe Geldmittel verfügte, zehn-
> mal weniger zu leiden hatte als einer, der keine Kopeke
> besass, obwohl der letztere doch genauso mit allem ver-
> sorgt war, was ihm behördlicherseits zustand; wozu
> brauchte ein Gefangener da überhaupt noch Geld" (40)?

Dostojevskij fügt bei, dass die Sträflinge "entweder wahnsinnig
geworden" oder "ihr Heil in den unerhörtesten Missetaten ge-
sucht" hätten, wenn ihnen der Besitz von Geld verboten worden
wäre; und er fährt fort:

> "Der Sträfling ist geradezu krampfhaft, bis zur Trübung
> seines Verstandes hinter dem Geld her, und wenn er es
> bei einem Gelage tatsächlich wie Hobelspäne um sich
> wirft, gibt er es lediglich für etwas aus, was er noch um
> einen Grad höher schätzt als das Geld als solches. Was
> aber könnte einem Sträfling mehr wert sein als Geld? Nur
> die Freiheit oder wenigstens ein Traum von Freiheit. Und
> Gefangene sind geübte Träumer" (41).

Die an sich "komische und lächerliche" Figur des Juden Bumštejn
wird dadurch, dass sie immer dort, wo von "geprägter Freiheit"
die Rede ist, in Erscheinung tritt, zum Gestaltsymbol aufgewer-
tet. Gleich bei seiner Einlieferung ins Zuchthaus beweist Bumštejn – so lässt sich der Ich-Erzähler von einem polnischen Mit-
häftling berichten – sein Geschick als Makler und Zinsnehmer: er
ist sofort bereit, die ihm zugedachte Rolle des "Ausbeuters" zu
übernehmen, somit das zu sein, als was die Andern ihn sehen.
Kaum hat Isaj Fomič seine Pritsche in der Zivilkaserne belegt,
als auch schon "Zuchthauswitze" gemacht werden, die sich "auf
seine jüdische Abstammung" beziehen, und plötzlich drängt sich
ein junger Sträfling vor, um dem Juden "eine uralte, schmutzige,
abgewetzte Sommerhose" sowie "als Dreingabe ein Paar Fusslap-
pen" zur Pfändung anzubieten:

"'Holla, bester Freund, auf einen wie dich warte ich hier
schon sechs Jahre. Da, sieh dir das an, was lässt du dafür springen'? Damit breitete er die mitgebrachten Lum-
pen vor ihm aus. [...] 'Wie denn, einen Silberrubel
wirst du doch rausrücken dafür? Das wär das Zeug allemal wert', fuhr der junge Mann augenzwinkernd fort. -
'Kann ich nicht geben einen Silberrubel, kann ich geben
sieben Kopeken'. Das waren Isaj Fomičs erste Worte im
Zuchthaus. Alle barsten fast vor Lachen. [...] 'Drei Kopeken Zins, haben wir zehn Kopeken', redete der Jude ab-
gehackt und mit zittriger Stimme weiter, kramte das Geld
aus der Tasche und sah dabei furchtsam in die Runde. Er
hatte jämmerliche Angst, wollte sich aber das Geschäft
nicht entgehen lassen" (42).

Dostojevskijs Bumštejn entspricht somit der seit Gogol' gängigen
Vorstellung des typischen - des "saugenden" - Juden, der sich,
wo auch immer er seine Tätigkeit entfaltet, innert kurzer Zeit
Privilegien zu verschaffen und seine Mitmenschen von sich abhängig zu machen weiss; indem er "geprägte Freiheit" gewinnt,
stärkt und sichert er seine Machtposition.

"Man hatte den Eindruck, dass er sich nicht das mindeste
daraus machte, im Zuchthaus zu sitzen. Er war Juwelier,
und da es in der Stadt keinen Juwelier gab, arbeitete er
ständig und ausschliesslich für die Herrschaften und Behörden der Stadt. Dafür bekam er immerhin ein Weniges
bezahlt. Er litt keine Not, legte aber sein Geld zurück
und lieh es zu Wucherzinsen an jedermann im Zuchthaus
aus. Er besass einen eigenen Samowar, eine gute Matrat-
ze, Tassen und ein komplettes Essgeschirr. Alle Juden
der Stadt waren seine Gönner und liessen ihn nicht im
Stich" (43).

Für Dostojevskij ist Isaj Fomič Bumštejn jedoch nicht nur der
typische jüdische Opportunist und Geschäftemacher, wie er bei
Nekrasov, bei Leskov, auch bei Saltykov-Ščedrin in Vers oder
Prosa geschildert wird; er ist ausserdem Vertreter eines eigen-
artigen Glaubens, dessen rituelle Praxis den orthodoxen Russen
(und folglich auch dem Ich-Erzähler) theatralisch vorkommt.
Bumštejn seinerseits fühlt sich durch die "allgemeine Neugier"
in seinen religiösen Handlungen nicht etwa gehemmt, es bereitet

ihm, im Gegenteil, Vergnügen, vor grossem Publikum als Sän-
ger und ekstatischer Beter aufzutreten: in letzter Selbstentäus-
serung scheint er sein Anderssein nicht nur exhibieren, sondern
geradezu als Karikatur der condition juive vorführen zu wollen
(44). Dostojevskijs eingehende Schilderung des Sabbatgebets
macht deutlich, dass Bumštejn einerseits als Komödiant entlarvt,
andererseits als frommer Bekenner seines Glaubens dargestellt
werden soll:

> "Mit pedantischer und gespielter Wichtigkeit deckte er in
> einem Winkel sein winziges Tischchen, schlug sein Ge-
> betbuch auf, entzündete zwei Kerzen und hüllte sich, ge-
> heimnisvolle Worte murmelnd, in seinen Gebetsmantel.
> Das war ein bunter, wollener Ueberwurf, den er sorgsam
> in seinem Koffer verwahrt hielt. An beide Arme legte er
> Gebetsriemen, und am Kopf, mitten auf der Stirn, befe-
> stigte er mit einer Binde eine kleine hölzerne Kapsel, so
> dass man den Eindruck hatte, als ob aus seiner Stirn ein
> sonderbares Horn hervorwüchse. Dann begann das Gebet.
> Er betete in langgezogenem Singsang, schrie laut, spuck-
> te aus, drehte sich im Kreise und vollführte wilde, kurio-
> se Bewegungen. Selbstverständlich waren alle diese Ge-
> bärden vom Ritual vorgeschrieben, und es war durchaus
> nichts Lächerliches und Sonderbares daran, lächerlich
> war nur, wie Isaj Fomič sich dabei absichtlich vor uns in
> Szene setzte und mit seinen kultischen Bräuchen grosstat.
> So schlug er erst die Hände vors Gesicht und betete mit
> lautem Schluchzen. Das Schluchzen wurde heftiger, und
> er neigte sein mit der Kapsel geschmücktes Haupt er-
> schöpft und fast aufheulend auf das Buch; dann wieder
> brach er mitten im wildesten Schluchzen in lautes Lachen
> aus und liess mit merkwürdig gerührter, feierlicher, von
> übergrossem Glück geschwächter Stimme eine gedehnte
> Litanei ertönen" (45).

In der Person des Isaj Fomič Bumštejn ist aufgrund von Dostojevskijs detaillierter Schilderung ohne weiteres ein Vertreter des
ostjüdischen Chassidismus zu erkennen, der innige Gottesfreude
mit ekstatischem Gebet, tiefe Frömmigkeit mit froher Weltbe-
jahung verbindet (46). Dostojevskij selbst wird sich dessen kaum
bewusst gewesen sein, hat wohl Bumštejns chassidisches Gebet
nicht als solches erkannt und auch nicht ganz genau beobachtet (47).

Unverwechselbar kommen in seinem Bericht jedoch der Schicksalsglaube, die freudige Hinnahme auch des bittersten Loses sowie - in akustischer und pantomimischer Uebertragung - die messianische Erwartungsfreude der Chassidim zum Ausdruck. Auf Bumštejns Zugehörigkeit zum Chassidismus verweist auch jenes Lied, das er ("ohne Worte übrigens") in der Kaserne laut und vergnügt zu intonieren pflegt, eine "sinnlose und komische Weise", die einzig von der unablässig wiederholten Silbe "la-la-la-la" getragen wird: manche chassidischen Lieder kommen ganz ohne Text aus, sie bestehen oft nur in einem Wort, in einer Interjektion, einem freudigen oder flehentlichen Anruf an Gott (48). Auf die chassidische Ergebenheitsformel des Gam su letowa ("auch dies [führt letztlich] zum Guten") (48a) wird indirekt, mit satirischer Absicht und deshalb grob vereinfachend, in einem Gespräch zwischen Bumštejn und einem der russischen Häftlinge angespielt:

> " 'Holla, Jud, wirst noch die Knute schmecken und in Sibirien landen'. - 'Bin ja eh in Sibirien'. - 'Man wird dich noch weiter fortschicken'. - 'Wird dort auch sein der Pan, unser Gott'? - 'Gewiss doch'. - 'Soll mir recht sein; wo wird sein der Pan, unser Gott, und Pinke, da lässt sich's allemal leben' " (49).

Der von Dostojevskij polemisch insinuierte Hinweis auf die Gleichsetzung von Gott und Geld (pan Bog da groši) durch den "knickrigen Juden" (tugonek že ty, žid) verdunkelt allerdings den chassidischen Hintergrund des Gesprächs.

Man hat Dostojevskij verschiedentlich den Vorwurf gemacht, seinen jüdischen Mitgefangenen bewusst verzeichnet und dem Stereotyp der antisemitischen Karikatur angepasst zu haben; es bereite ihm, schreibt neuerdings David I. Goldstein, "merkliches Vergnügen, die Seele des Betenden blosszustellen" und die ganze Zeremonie ins "Bizarre und Lächerliche" zu ziehen. Wesentlich bleibt indes, dass Dostojevskij (der im übrigen nicht ohne weiteres mit dem Ich-Erzähler identifiziert werden darf) Bumštejn keineswegs in der distanzierten und distanzierenden Optik des Autors vorführt, sondern so, wie er, der Jude, sich selbst darstellt und wie er, im poetischen Raum der Erzählung, von den Andern gesehen wird. Der Autor tritt hier nicht als Ankläger auf, sondern - wenn auch gewiss nicht ohne Vorurteile -

als Zeuge; und er spricht nicht in eigenem Namen, nicht mit
eigenen Worten, sondern lässt stellvertretend seine Protagonisten für sich sprechen (50).

Wie die meisten unter den von Dostojevskij namentlich erwähnten Insassen des "toten Hauses" ist auch der Jude Isaj Fomič
Bumštejn einem realen Prototyp nachgebildet. Dieser ist in den
überlieferten Gerichts- und Verwahrungsakten ("statejnyje spis-
ki") unter dem Namen Isaj Bumštel' als Mörder eingetragen,
soll wegen seiner Bluttat gebrandmarkt und später, wohl bereits
in der Katorga, einer schweren Körperstrafe unterzogen worden
sein; von Beruf sei er Juwelier gewesen. Mit diesen offiziellen
Angaben stimmt Dostojevskijs Darstellung im wesentlichen überein. In einem bedeutsamen Punkt weicht der Autor allerdings
von seinem Vorbild ab; er zeigt Bumštejn als gläubigen Juden
chassidischer Prägung, während Bumštel' in Wirklichkeit zwar
dem jüdischen Kleinbürgertum entstammte, jedoch zum Christentum übergetreten und getauft worden war (51). Dass Bumštel' (alias Bumštejn) die bei Dostojevskij geschilderten rituellen Handlungen als Proselyt vorgenommen haben soll, ist so unwahrscheinlich nicht: zahlreiche analoge Fälle jüdischer Rekon-
version sind durch Augenzeugenberichte aus dem sowjetischen
Gulag sowie aus deutschen Konzentrations- und Vernichtungsla-
gern belegt. Zu berücksichtigen ist weiterhin, dass Dostojevskijs Bumštejn als autonome Kunstfigur nicht nur von seinem
realen Vorbild (Bumštel'), sondern auch - in gleichem, wenn
nicht stärkerem Mass - von seinem literarischen Prototyp
(Gogol's Jankel) geprägt ist (52).

III

Einen weit weniger profilierten (neben Isaj Fomič Bumštejn
geradezu atypisch wirkenden) jüdischen Charakter lässt Dostojevskij im Roman Die Dämonen ("Besy", 1872) unter dem
Namen Ljamšin auftreten. Ljamšin, dessen literarische Gestalt in Dostojevskijs Arbeitsheften vom März 1870 erstmals
- noch ohne Namensnennung - skizziert wird, gehört als "Spötter" und "Lästerer", als gewiegter Unterhalter und Intrigant
zu einem engen Kreis junger Leute, welche sich mit einer gewissen Regelmässigkeit im Salon der Gouverneursgattin Julij

Michajlovna Lembke zu bunten Abenden und ausgelassenen Vergnügen treffen. Ljamšin spielt in diesem Kreis von "überflüssigen Menschen", die ihre Untätigkeit durch revolutionäre Phrasen zu kaschieren suchen, eine durchaus periphere Rolle, doch verleiht ihm der Autor stetige, wiewohl kaum fassbare Präsenz. Dass Ljamšin Jude (beziehungsweise jüdischer Herkunft) ist, wird zwar verbal angedeutet ("kleiner Jude"), nirgends aber im Detail ausgeführt oder kommentiert; die Tatsache, dass er – im Gegensatz zu Bumštejn – korrektes Russisch spricht und dabei nicht einmal lispelt; dass er überdies als "kleiner Postbeamter" sein Auskommen finden kann, lässt seine Zugehörigkeit zum Judentum beinahe vergessen (53), obschon er als Wucherer bezeichnet und mit den üblichen antijüdischen Epitheta (hässlich, schwach, faul, feig, unaufrichtig, kriecherisch, "immer sehr ängstlich und fortgesetzt um seine Gesundheit besorgt") (54), versehen wird. Mit Bumštejn ist Ljamšin insofern zu vergleichen, als auch er ein "gewisses Talent" zur Schauspielerei erkennen lässt:

> "Dieser Halunke, der jahrelang um Stepan Trofimovičs Gunst gebuhlt und bei dessen Abendversammlungen auf Wunsch die verschiedensten Juden, die Beichte einer tauben Frau und die Geburt eines Kindes nachgeahmt hatte, karikierte jetzt manchmal bei Julija Michajlovna in humoristischer Weise Stepan Trofimovič selber. (...) Alle wälzten sich vor Lachen, so dass es letzten Endes einfach unmöglich war, ihn hinauszujagen: er war ein zu unentbehrlicher Mensch geworden" (55).

Bemerkenswert an dieser beiläufigen Charakterisierung ist der Hinweis darauf, dass Ljamšin zur allgemeinen Belustigung auch "verschiedenste" jüdische Typen dargestellt, gewissermassen also sich selbst, als Juden, demonstrativ karikiert habe. Der Autor, so heisst es weiter im Text, "hätte diesen Halunken gar nicht besonders erwähnt, da es nicht der Mühe wert ist, auf ihn einzugehen"; der Grund, warum er es trotzdem tut, besteht darin, dass Ljamšin an diversen Schand- und Freveltaten – einer Ikonenschändung, der obszönen Belästigung einer Evangelienverkäuferin (56) – beteiligt war, die, wie betont wird, nicht übergangen werden können, da sich der Täter "einer schändlichen, abscheulichen Gotteslästerung" schuldig gemacht habe. Im übrigen unterscheidet sich Ljamšin (dessen Name assoziativ mit dem

umgangssprachlichen Verbum ljamzit', "klauen", verknüpft ist)
kaum von seinen nihilistischen Gesinnungsfreunden, deren er-
klärtes Ziel es ist, "durch systematisch anklagende Propaganda
ununterbrochen das Ansehen der Ortsbehörde herabzusetzen,
überall Misstrauen, Zynismus, Skandal und um jeden Preis: Unglauben zu erwecken, die Sehnsucht nach etwas Besserem her-
vorzurufen und endlich sich der Brandstiftung als eines volkstümlichen und beliebten Mittels zu bedienen, um im gegebenen
Augenblick, wenn es nötig sein sollte, das Land sogar in Ver-
zweiflung zu stürzen" (57). Von wesentlicher Bedeutung ist nun
aber, dass sich der "kleine Jude" im Verlauf der Ereignisse
zusehends zum "Judas" wandelt und damit – für das Romange-
schehen insgesamt – erhöhte, letztlich sogar entscheidende Bedeutung gewinnt: er wird die revolutionäre Terroristenbande,
der er selber angehört, verraten. Bevor diese zum entscheiden-
den Schlag ausholt, rückt Ljamšin von ihr ab, nimmt Kontakt
mit den Behörden auf, scheint auch Šatov, der wegen ideologi-
scher Abweichung von der Gruppendoktrin hingerichtet werden
soll, warnen zu wollen und wird schliesslich – als Verräter –
zum Ankläger jener, die sich anschicken, Russland zugrundezu-
richten (58). Es ist bemerkenswert, dass Dostojevskij – anders
als die konservative Publizistik und Belletristik der siebziger
Jahre, der er ansonsten nahestand – davon absieht, dem Juden
Ljamšin eine führende Rolle in der revolutionären Bewegung zu-
zuschreiben (59); die auf "systematische Unordnung" und auf den
Sturz des Zarenreichs bedachten Anarchisten um Petr Vercho-
venskij sind allesamt russischer Herkunft. Ljamšin scheint
nicht in erster Linie auf ideologische, sondern auf ästhetische
Darstellungsfunktion angelegt zu sein: er ist es, der als komische Figur den revolutionären Prozess auf parodistischer Ebene nachvollzieht und ad absurdum führt. Kein Zweifel besteht
allerdings daran, dass Dostojevskij das revolutionäre Potential
des russischen Judentums geahnt und als Bedrohung empfunden
hat; unerträglich ist ihm aber der Gedanke gewesen, dass Russlands Untergang – vielleicht auch seine Wiedergeburt – das gemeinsame Werk des jüdischen Sozialismus und des jüdischen
Grosskapitals sein könnte und dass womöglich ein Jude für die
neue Welt das "neue Wort" aussprechen würde (60). Umso bedeutsamer ist das erzählerische Faktum, dass Ljamšin zuletzt
auf diskrete Weise als Sympathisant Šatovs in Erscheinung tritt,
welch letzterer mit geradezu ekstatischer Erwartungsfreude für
die Erneuerung Russlands durch das religiöse Genie des Volkes

plädiert. Die von Šatov im Gespräch mit dem Atheisten Stavrogin vorgetragene Apologie des Russentums gewinnt unversehens jene messianistische Perspektive, von der auch jüdisches Selbstverständnis und Sendungsbewusstsein geprägt ist:

"Jedes Volk ist nur so lange ein Volk, als es seinen besonderen Gott hat und alle übrigen Götter der Welt unerbittlich ausschliesst, nur solange es glaubt, dass es mit seinem Gott alle übrigen Götter besiegen und aus der Welt vertreiben wird. Das haben alle geglaubt, vom Anfang der Welt an, alle grossen Völker wenigstens, alle bedeutenden, alle, die einmal an der Spitze der Menschheit gestanden haben. [...] Wenn ein grosses Volk nicht glaubt, dass allein in ihm die Wahrheit ist – gerade und ausschliesslich in ihm allein –, wenn es nicht glaubt, dass es allein fähig und berufen ist, alle anderen mit seiner Wahrheit von den Toten zu erwecken und zu erlösen, so verwandelt es sich sofort in ethnographisches Material und ist kein grosses Volk mehr. Ein wirklich grosses Volk kann sich niemals mit einer zweitrangigen Rolle in der Menschheit zufriedengeben, ja nicht einmal mit einer erstrangigen, es muss unbedingt und ausschliesslich an allererster Stelle stehen. Wer diesen Glauben verliert, ist kein Volk mehr" (61).

Dostojevskijs Argumentation – der Held spricht an dieser Stelle offensichtlich für den Autor und ist als Diskursinstanz mit diesem identisch – hat auch hier, bezieht man sie auf seine sonstigen (brieflichen, publizistischen) Aussagen zur Judenfrage, dialogischen Charakter und lässt sich, zumindest punktuell, in ihr Gegenteil verkehren: die Behauptung, wonach "das einzige 'Gottesträgervolk' [...] das russische Volk" sei, könnte, ohne wesentliche Korrektur oder Ergänzung ihrer argumentativen Herleitung, durchaus auf das jüdische Volk bezogen werden. Dostojevskij selbst hält in diesem Zusammenhang fest, die Juden hätten "nur dazu gelebt, um den wahren Gott zu erwarten", und hätten dann auch tatsächlich "der Welt den wahren Gott" hinterlassen (62). Nahezu wörtlich, teilweise in erläuternder und objektivierender Paraphrasierung, jedoch ohne Erwähnung des jüdischen Messianismus, nimmt Dostojevskij – wenige Jahre später – die Šatovsche Apologie des russischen "Gottesträgervolks" in seinem Essay über Eine Versöhnungsmöglichkeit ausserhalb der Wissenschaft (1877) erneut auf:

"Jedes grosse Volk, das lange leben will, glaubt und
muss glauben, dass in ihm, nur in ihm allein, das Heil
der Welt ruhe, dass es nur dazu lebe, um an der Spitze
der anderen Völker zu stehen, um sie alle in sich aufzunehmen und sie in einem harmonischen Chore zum endgültigen, ihnen allein vorbestimmten Ziel zu führen"(63).

Das nationale Selbstbewusstsein des russischen Volks, der
"Glaube, dass man der Welt das letzte Wort sagen will und kann",
dieser Glaube sei, so betont Dostojevskij im weitern, "das Unterpfand für das höchste Leben der Nationen", zugleich aber auch
Garant für die russische "Allmenschlichkeit" (vsečelovečnost'),
welche man als Inbegriff der russischen Idee schlechthin aufzufassen habe (64): "Wenn die nationale russische Idee schliesslich
nur in der weltumfassenden allmenschlichen Vereinigung besteht,
so ist doch unser ganzer Vorteil, so schnell wie möglich [...]
russisch und national zu werden". Allfällige ideologiekritische
Einwendungen versucht Dostojevskij zum voraus durch den Hinweis zu entkräften, dass "solcher Glaube an sich selbst" für das
"höhere Leben" der Nation unabdingbar sei und deshalb weder
als "unmoralisch" noch als "gemeine Selbstüberhebung" verurteilt werden dürfe. In Russland sei "dieser Glaube ein allgemei-
ner, lebendiger und sehr wichtiger Glaube", der von der Intelligenz und vom "einfachen Volke" gleichermassen getragen werde (65).

Bemerkenswert ist nun die Tatsache, dass Dostojevskij der Judenschaft in der Folge jene nationale "Selbstüberhebung", jenen
exklusiven Glauben an "seinen besonderen Gott" und seine "nationale Persönlichkeit" zum Vorwurf macht, die er seinerseits
für das russische "Gottesträgervolk" apodiktisch in Anspruch
nimmt. - Die Idee des jüdischen status in statu resümiert Dostojevskij im Tagebuch eines Schriftstellers vom März 1877 - mit
durchweg negativer Akzentsetzung - wie folgt (als fingiertes Zitat):

"Tritt aus der Gemeinschaft der Völker aus, bilde ein
eigenes Individuum, wisse, dass du von nun an allein
bei Gott bist; vernichte die anderen oder mache sie zu
deinen Sklaven oder beute sie aus. Glaube an den Sieg
über die ganze Welt, glaube, dass alles dir untertan
sein wird" (66).

Formal unterscheiden sich diese Ausführungen kaum von Šatovs russophiler Rede, welche als Garant für nationale Grösse einen "besonderen Gott" sowie einen besonderen Glauben postuliert und zugleich "alle übrigen Götter der Welt unerbittlich ausschliesst"; es gebe, meint Šatov gegenüber Stavrogin, "nur eine Wahrheit", folglich könne "auch nur ein einziges Volk den wahren Gott haben, wenn auch alle übrigen Völker ihre eignen und grossen Götter besitzen mögen" (67). Noch deutlicher wird dieser Exklusivitätsanspruch in einem frühen Aufsatz Dostojevskijs zur Geltung gebracht, wo es unter anderm heisst:

> "Wir haben uns letztlich davon überzeugt, dass wir ebenfalls eine abgesonderte [otdel'naja], in höchstem Mass eigenständige Nationalität [sic] sind und dass es unser Auftrag ist, für uns selbst eine neue, ganz eigene, eingeborene, unserem Boden, unserem Volksgeist und unseren völkischen Ursprüngen entnommene Form zu schaffen" (68).

Die "Hartnäckigkeit in der Selbsterhaltung", jene "unzerreissbare Einigkeit", durch die sich das jüdische Volk während "vierzig Jahrhunderten" ausgezeichnet und erhalten hat, scheint Dostojevskij, mutatis mutandis, als notwendige Prämisse auch für die Realisierung der russischen Idee erkannt zu haben. Dostojevskijs politischer und chiliastischer Messianismus aus dem Geist der russischen Orthodoxie ist durchaus als Widerspiegelung eines eigentlich jüdischen Messianismus zu erkennen, obgleich er sich mit diesem - zumindest rhetorisch - in permanentem Konflikt befindet (69). Nationales und Religiöses, Historie und Erlösung sind in der russischen Idee - nicht erst seit Dostojevskij - ebenso übergangslos verbunden, "wie es im alten Israel der Fall war": "Das messianische Bewusstsein, das Hauptmerkmal des Judaismus, war auch der russischen Religiosität eigen" (70). Und in Dostojevskij, der (nach einer mündlichen Aeusserung Lev Tolstojs) selbst "etwas Jüdisches im Blut" hatte (71), "aufersteht das Selbstgefühl und Selbstbewusstsein des altjüdischen Volkes" (72).

Was Dostojevskij in seiner Gedenkrede auf Puškin (1880) als Spezifikum der russischen Volksseele herausgestellt hat - "Allweltlichkeit" und "Allmenschlichkeit", das Streben nach "der grossen allgemeinen Harmonie" und nach kulturellem

Universalismus (73): dies erkennt und anerkennt er auch (ohne
indes auf die Uebereinstimmung hinzuweisen) als geistiges Fer-
ment des jüdischen Messianismus, nämlich "eine gewisse be-
wegende und treibende Idee, etwas dermassen Universelles und
Tiefes, worüber die Menschheit ihr letztes Wort zu sagen vielleicht noch gar nicht im Stande ist" (74). Genau dies soll, anderseits, auch für die russische Idee gelten. Die "erstaunliche
Tiefe" und "Resonanzfähigkeit" des russischen Geistes habe -
bei Puškin - exemplarischen Ausdruck gefunden und sei somit
als "ausgesprochen russisch und national" legitimiert: "die
Fähigkeit der allweltlichen Einfühlung und des gänzlichen, fast
vollkommenen Aufgehens in den Genien fremder Nationen" (75)
sowie die "Bereitschaft und Neigung zu einer allmenschlichen
Vereinigung mit allen Völkern des grossen arischen Stammes"
(76). Wirklich und "ganz Russe" wäre demnach nur, wer "ein
Bruder aller Menschen" zu sein vermöchte, homo universalis,
ein Allmensch, der in jeder beliebigen Nationalität "aufgehen"
und sich realisieren kann, ein Mensch schliesslich, der den
Fremden, den Feind besser versteht als sich selbst:

> "Nicht umsonst redeten wir [Russen] in allen Sprachen,
> verstanden alle Zivilisationen, konnten uns in sämt-
> liche Interessen eines jeden europäischen Volkes ein-
> fühlen, begriffen gar den Sinn und die Vernünftigkeit
> von Erscheinungen, die uns völlig fremd waren [...];
> die Fähigkeit, alles Fremde mit versöhnlichem Blick
> zu betrachten, ist eine der höchsten und edelsten Ga-
> ben der Natur, die nur sehr wenigen Nationalitäten zu-
> teil wird" (77).

Diesen totalen Russen sieht Dostojevskij wie einen Mann - oder,
in Šatovs Worten, wie "Gottes Leib" - als "geistige Einheit" in
den "achtzig Millionen" des russischen Volks inkarniert (78).
Auch hier erweist sich Dostojevskijs utopistischer Entwurf einer "universalen", zugleich aber exklusiv russischen Nationalität als Projektion jener weltweiten "nationalen Persönlichkeit",
die er an anderer Stelle - in durchaus kritischer Absicht - dem
jüdischen Volk zuschreibt (79); charakteristisch für Dostojevskijs widersprüchlichen Umgang mit der Judenfrage ist in diesem Zusammenhang die Tatsache, dass er die nicht-arischen
Völkerschaften von der russischen Allmenschlichkeit ausschliesst (80).

140

IV

Auf metaphorischer, von aktuellen Realitätsbezügen weitgehend
abgeschirmter Ebene nimmt Dostojevskij die jüdische Thematik
– so wie sie in den Aufzeichnungen aus einem toten Hause ansatzweise exponiert ist – in den Romanen Der Spieler ("Igrok", 1866)
und Der Jüngling ("Podrostok", 1874/1875) wieder auf, um sie
in philosophischen Gesprächen oder auch in den sokratischen
Monologen seiner Titelhelden auf den Problemkreis von Macht
und Freiheit auszuweiten. Dass in diesem Kontext immer wieder der Name Rothschild genannt wird, bedeutet keineswegs,
dass Dostojevskij die Metapher von der "geprägten Freiheit"
unter spezifisch jüdischem Gesichtspunkt – mit Bezug auf den
Juden als Ausbeuter, als Wucherer – aufgreift und in seine Re-
flexionen einbringt; der rekurrente Hinweis auf Rothschild
bleibt rein begrifflich, ist eine ideologische Chiffre, die lediglich, gleichsam als personifizierte Idee, die vollkommene Einheit materiellen Reichtums, weltlicher Macht und individueller
Freiheit bedeutet:

> "War der Pariser James Rothschild etwa ein schlechter
> Mensch? Wir sprechen vom Ganzen und seiner Idee, wir
> sprechen vom Judentum [židovstvo] und von der jüdischen
> Idee [ideja židovskaja], die, statt des 'missratenen' Chri-
> stentums, die ganze Welt umfasst" (81).

In der bloss nominal evozierten Gestalt Rothschilds gewinnt das
Aussenseitertum des Juden repräsentativen – und damit wiederum, in dialektischer Verkehrung, subversiven – Charakter (82).
Dostojevskijs Interesse an Rothschild – es ist seit den späten
vierziger Jahren festzustellen – scheint auf eine Anregung des
russischen Fourieristen Michail Petraševskij zurückgegangen zu
sein (83), wurde jedoch erst im Roman Erniedrigte und Beleidigte ("Uniženmye i oskorblënnye", 1861) sowie in den Winterlichen
Aufzeichnungen über sommerliche Eindrücke ("Zimnije zametki
o letnich vpečatlenijach", 1863) artikuliert und gewann schliesslich, unter dem Eindruck von Aleksandr Herzens kritischem
Essay über den "Zaren James de Rothschild und den Bankier
Nikolaj Romanov" (aus Gewesenes und Gedachtes; "Byloje i
dumy", 1867), zentrale Bedeutung in den Notizheften zum Roman
Der Idiot ("Idiot", 1868), bevor es im ersten Teil des Jüngling-
Romans thematisiert wurde.

Dass Reichtum "die Hauptsache" und Rothschild "der bedeutend-
ste Fürst von heutzutage" sei, wird erstmals von Aleša (in Erniedrigte und Beleidigte) wörtlich festgehalten (84). In den Winterlichen Aufzeichnungen integriert Dostojevskij diesen Ansatz
in eine Verbalkarikatur auf die "bürgerliche Freiheit", die er
– durch Herzen entsprechend belehrt (85) – lediglich als état
adulte des "faulen Westens" (somit als Dekadenzsyndrom der
westlichen Zivilisation schlechthin) aufzufassen vermochte; für
ihn war die von der bourgeoisen französischen Revolution postulierte Freiheit mit ausschliesslich negativen Konnotationen
verbunden: als Kehrseite des bürgerlichen Individualismus erkannte Dostojevskij die Objektivierung der zwischenmenschlichen Beziehungen, die autodynamische, alles nivellierende
Macht des Geldes, wie sie von Rothschild, dem "König Judäas",
gerade damals in Europa etabliert wurde.

> "Was ist Liberté? Freiheit. Was für eine Freiheit? Die
> gleiche Freiheit aller, alles zu tun, was man will, in-
> nerhalb der Grenzen des Gesetzes. Wann kann man alles
> tun, was man will? Wenn man eine Million hat. Gibt die
> Freiheit jedem eine Million? Nein. Was ist ein Mensch
> ohne eine Million? Ein Mensch ohne eine Million ist
> nicht jemand, der alles macht, was er will, sondern je-
> mand, mit dem man macht, was man will" (86).

Der bürgerliche Wahn, sich durch ein rasch zusammengerafftes
Kapital - womöglich "eine Million" - von gesellschaftlichen und
sonstigen Zwängen freikaufen zu können, wird sowohl für Dostojevskijs Spieler wie auch für den Jüngling wegleitend und bestimmt in hohem Mass deren Verhalten. - Der Spieler, ein
Mann von "unfertigem Charakter", reist in den frühen sechziger
Jahren als Hauslehrer mit seiner Herrschaft nach Deutschland;
dort - im fiktiven Roulettenburg, wo sich die europäische Fi-
nanzaristokratie eitlen Vergnügungen hingibt - entschliesst sich
Aleksej Ivanovič, sein Lakaienleben aufzugeben und ein Rothschild zu werden, sich also - mit welchen Mitteln auch immer -
in den Besitz eines Riesenvermögens zu setzen und damit unein-
geschränkte Freiheit, das heisst auch: unumschränkte Macht zu
gewinnen. Ein solches Vermögen hofft Aleksej am Roulettetisch
einzuspielen, und bald wird er von einer Leidenschaft dominiert
(der Leidenschaft des spielerischen Kapitalisierens), die jedes
andere Gefühl - selbst seine raserische Liebe zu Polina - an

Intensität übertrifft. Der Spieler ist der Ansicht, dass das Ha-
sardspiel nicht verwerflicher sei "als irgendeine andere Art,
Geld zu erwerben, beispielsweise als der Handel" (87). Da er
selber über keine Mittel verfügt, spielt er zunächst in fremdem
Auftrag, beginnt dann, geliehenes Geld zu setzen, gewinnt, setzt
wiederum den Gewinn ein und kommt auf diese Weise - das Verfahren erinnert entfernt an die Geschäfte des Juden Bumštejn im
Toten Hause (88) - zu einem kaum noch übersehbaren Vermögen.

> "Was für Rothschild wenig ist, ist für mich sehr viel,
> und was den Erwerb und den Gewinn anbetrifft, so ver-
> suchen die Menschen nicht nur am Spieltisch, sondern
> allerorten einer dem anderen etwas abzujagen oder abzu-
> gewinnen. Ob Erwerb und Gewinn überhaupt etwas Häss-
> liches sind - das ist eine andere Frage. Aber die will ich
> hier nicht lösen. Da ich ja selber in hohem Mass von dem
> Wunsch zu gewinnen erfüllt war, wirkte diese ganze Ge-
> winnsucht, all dieser schmutzige Eigennutz beim Betre-
> ten des Saales beruhigend und anheimelnd auf mich" (89).

Der Spieler ist überzeugt davon, dass Geld "alles" sei; dass ihm
letztlich einzig das Geld dazu verhelfen werde, sein Sklavenda-
sein zu überwinden und "ein anderer Mensch" zu werden. Nach
einem glücklichen, "weniger als fünf Minuten" dauernden Spiel
kann Aleksej denn auch notieren:

> "Ich nahm mir ein Zimmer im Hotel, schloss mich ein
> und sass bis drei Uhr nachts auf, mein Geld zählend. Als
> ich am Morgen erwachte, war ich kein Lakai mehr" (90).

Das Geld ermöglicht es dem Spieler nicht nur, sein Leben zu
ändern, vielmehr gewinnt das Geld, ohne dass er selbst es wahr-
nimmt, ein Eigenleben, das er schliesslich mit seiner persönlichen Existenz verwechselt; das Leben wird auf diese Weise
versachlicht, wird Gegenstand ökonomischer Spekulation, kann
gewonnen und wieder verloren, verschenkt, eingetauscht, ver-
prasst werden: indem der Spieler seiner käuflichen Geliebten
Geld anbietet, setzt er - buchstäblich - sein "Leben" aufs Spiel:
"Ich nehme kein Geld umsonst", betont Polina. "Ich biete es Ihnen als Freund an; ich biete Ihnen mein Leben an", erwidert
der Spieler (91).

Der Jüngling aus Dostojevskijs gleichnamigem Roman von 1874/
1875 meditiert ebenfalls über die Macht des Geldes und träumt
davon, ein Rothschild zu werden (92). Auch seine "Idee" - und
sein Irrtum - besteht darin, Geld als vollwertige (objektivierte)
Alternative zum Leben und als die einzige Möglichkeit aufzufassen, welche "sogar eine Null auf den ersten Platz führt":

> "Vielleicht bin ich auch gar keine Null, aber ich weiss
> zum Beispiel, vom Spiegelbild her, dass mein Aeusse-
> res mir schadet, weil mein Gesicht gewöhnlich ist. Aber
> bin ich erst reich wie Rothschild - wer wird nach meinem
> Gesicht fragen, und werden nicht Tausende von Frauen,
> wenn ich nur pfeife, zu mir mit ihrer Schönheit geflogen
> kommen? Ich bin sogar überzeugt, dass sie mich am
> Ende völlig aufrichtig für einen schönen Mann halten
> werden. (...) Ich bin vielleicht scharfsinnig und geist-
> reich; aber man stelle neben mich Talleyrand, Piron -
> und ich bin verdunkelt, aber kaum bin ich ein Rothschild
> - wo ist Piron, ja wo ist vielleicht auch Talleyrand?
> Geld ist natürlich eine despotische Macht, aber zugleich
> bedeutet es auch höchste Gleichheit, und darin liegt seine
> Hauptkraft. Geld macht alles Ungleiche gleich" (93).

Dieser Passus liest sich - obzwar kein direkter Zusammenhang
besteht - wie eine Paraphrase auf jene Notiz von Karl Marx aus
den Oekonomisch-philosophischen Manuskripten (1844), mit der
"das Wesen des Geldes" anhand eines knappen Goethe-Kommen-
tars (zu Faust, I, "Studierzimmer", 2) erschlossen werden sollte; Marx schreibt:

> "Was durch das Geld für mich ist, was ich zahlen, d.h.
> was das Geld kaufen kann, das bin ich, der Besitzer des
> Geldes selbst. So gross die Kraft des Geldes, so gross
> ist meine Kraft. Die Eigenschaften des Geldes sind mei-
> ne - seines Besitzers - Eigenschaften und Wesenskräfte.
> [...] Ich bin hässlich, aber ich kann mir die schönste
> Frau kaufen. Also bin ich nicht hässlich, denn die Wir-
> kung der Hässlichkeit, ihre abschreckende Kraft, ist
> durch das Geld vernichtet [...]; ich bin geistlos, aber
> das Geld ist der wirkliche Geist aller Dinge, wie sollte
> sein Besitzer geistlos sein? Zudem kann er sich die

144

geistreichen Leute kaufen, und wes die Macht über die
Geistreichen ist, ist der nicht geistreicher als die Geistreichen" (94)?

Dostojevskijs Jüngling legitimiert sein Besitzstreben nicht nur
mit der Hoffnung auf Freiheit und ein neues Leben, sondern auch
durch sein Macht- und Einsamkeitsbedürfnis, wobei er klärend
darauf verweist, dass er nicht das Geld an sich brauche, "nicht
einmal die Macht", sondern das, "was durch die Macht erworben
wird und was man ohne Macht unmöglich erwerben kann: das ist
das einsame und ruhige Bewusstsein der Kraft! Das ist die volle
Begriffsbestimmung der Freiheit, um die sich die Welt so quält!
Freiheit!"(95). Und wie der Spieler, so ist auch der Jüngling bereit, den einmal gewonnenen Besitz, der seine Macht, seine
Freiheit, sein Leben greifbar repräsentiert, jederzeit wieder zu
veräussern, "alles bis zur letzten Kopeke, weil ich, Bettler geworden, plötzlich doppelt so reich werden würde wie Rothschild!
Wenn man das nicht begreift, ist es nicht meine Schuld; ich werde es nicht erklären..." (96). Die Erklärung besteht darin, dass
es dem Jüngling letztlich nicht um die Rothschildschen Millionen,
nicht um Machtausübung oder um die Strapazierung bürgerlicher
"Freiheit" geht, sondern einzig um das Bewusstsein, "dass in
meinen Händen Millionen waren und dass ich sie in den Schmutz
geworfen habe wie Spreu" (97). Wirkliche Machtfülle hätte demnach jener, der es sich leisten kann, auf Macht und Machtanwen-
dung zu verzichten. In diesem Sinn verleiht der Jüngling seiner
Idee eine heroische Dimension, doch scheint er zu übersehen,
dass es - wie Wittgenstein einmal notierte - viel schwerer fällt,
"freiwillig arm zu sein, wenn man arm sein muss, als, wenn
man auch reich sein könnte" (98). Die prospektive Selbstdarstellung des Jünglings, der sich verschiedentlich in der allzu
theatralisch wirkenden Rolle des Bettlers "Rothschild" imagi-
niert, erinnert nicht selten an den realen Dandysmus eines Bau-
delaire:

"Wäre ich erst ein Rothschild, so würde ich in einem
älteren Mantel und mit Regenschirm daherkommen. Was
kümmert es mich, dass man mich auf der Strasse herum-
stösst, dass ich gezwungen bin, hüpfend durch den
Schmutz zu laufen, damit mich die Kutscher nicht über-
fahren. Das Bewusstsein, dass das ich bin, Rothschild
selbst, würde mich sogar in dieser Minute erheitern.

Ich weiss, dass ich vielleicht ein Essen haben könnte
wie keiner und den besten Koch der Welt, mir würde genügen, dass ich das weiss. Ich würde ein Stück Brot und
Schinken essen und durch mein Bewusstsein gesättigt
sein" (99).

Anders als der Spieler entzieht sich der Jüngling auf solche Weise der "verkehrenden Macht" des Geldes, welche sein Unvermö-
gen ins Gegenteil verwandeln und ihn "der Mühe, unehrlich zu
sein" (100), entheben könnte; sein Legitimationsversuch hält ge-
nauerer Ueberprüfung jedoch nicht stand, da auch die Rolle des
Bettlers - zumal in der von Dostojevskij aufgezeigten voyeuri-
stischen Konzeption - erkauft werden muss: allein durch Geld
lässt sich "die Vorstellung in die Wirklichkeit und die Wirklichkeit zu einer blossen Vorstellung" machen. Was Marx als "die
wahrhaft schöpferische Kraft" des Geldes bestimmt hat, gilt
folglich für den "Bettler" und für "Rothschild" gleichermassen:

"Wenn ich mich nach einer Speise sehne oder den Postwagen brauchen will, weil ich nicht stark genug bin, den
Weg zu Fuss zu machen, so verschafft mir das Geld die
Speise und den Postwagen, d.h. es verwandelt meine
Wünsche aus Wesen der Vorstellung, es übersetzt sie
aus ihrem gedachten, vorgestellten, gewollten Dasein in
ihr sinnliches, wirkliches Dasein, aus der Vorstellung
in das Leben, aus dem vorgestellten Sein in das wirkliche Sein" (101).

Obwohl die Rothschild-Problematik bei Dostojevskij nicht als
spezifisch jüdische Fragestellung konkretisiert wird, gibt es
keinen Zweifel daran, dass der Spieler, dass der Jüngling in
die geistige Genealogie des Juden Bumštejn gehören; James
Rothschild wäre dessen ideales Ebenbild, seine positive Karikatur gewissermassen. Wie bedeutsam die mit dem Namen Rothschilds verknüpften "Ideen" für Dostojevskij gewesen sind, geht
daraus hervor, dass er sie - unter wechselnden philosophischen
Vorzeichen - als tragende Elemente in die Theorie des Macht-
und Uebermenschen eingebracht hat, jene kritische Theorie,
die namentlich am Beispiel Raskol'nikovs und Ivan Karamazovs
erhärtet wird, und aus der Dostojevskij in seinem letzten grossen Werk, dem Roman der Brüder Karamazov ("Brat'ja Kara-

mazovy", 1878/1879, erschienen 1879/1880), das apokalyptische und zugleich messianistische Vermächtnis der "Legende vom Grossinquisitor" ableitet (102).

V

In Die Brüder Karamazov findet sich weder eine jüdische Kunstfigur, noch wird die Judenfrage, mit der Dostojevskij während der Niederschrift des Romans permanent befasst war, als "Idee" wieder aufgenommen und weiterentwickelt (103). Entgegen dem ursprünglichen Plan des Autors bleibt das jüdische Thema auf einige wenige - durchweg antijüdische - Allusionen beschränkt. So soll etwa der alte Karamazov während eines längeren Aufenthalts in Odessa mit "vielen Juden, Jüdchen, Jüdelchen und Dreckjuden" Umgang gepflegt und bei dieser Gelegenheit "die besondere Fähigkeit" entwickelt haben, Geld zusammenzukratzen und zu erpressen" (104); an anderer Stelle charakterisiert Dostojevskij die junge Grušen'ka, jene ebenso attraktive wie habgierige Buhlerin, die von Fëdor und Dmitrij Karamazov - Vater und Sohn - in leidenschaftlicher Konkurrenz geliebt wird, als "eine stolze und unverfrorene, in Geldsachen sehr bewanderte, erwerbstüchtige, geizige und vorsichtige Person", der man, obwohl sie Russin gewesen sei, den Geschäftssinn eines "eingefleischten Judenweibs" nachgesagt habe:

> "Nicht etwa, dass sie Geld auf Zinsen verliehen hätte, sondern sie hatte sich eine Zeitlang damit abgegeben, gemeinsam mit Fëdor Pavlovič Karamazov Wechsel zu Spottpreisen, um ein Zehntel ihres Wertes, aufzukaufen und dann beim Verkauf mancher Wechsel das Zehnfache zu verdienen" (105).

Bei Grušen'ka wie bei Karamazov markiert Dostojevskij im übrigen als angeblich typisch jüdische Charakterschwäche (und als psychologisches Korrelat materieller Habgier) deren sexuelle Haltlosigkeit und Promiskuität (106).

Nebst den genannten und einer Reihe weiterer beiläufiger Hinweise auf den jüdischen Charakter (107) enthält das umfangreiche Romanwerk jedoch eine Dialogszene, in der die Judenfrage auf der trivialen Ebene der Ritualmordlegende abgehandelt wird. Im 3. Kapitel des XI. Buchs ("Der kleine Teufel") konfrontiert Dostojevskij die minderjährige, bereits auf den Tod kranke Liza, die sich - eine dämonische, zur Hysterie neigende puella senex - durch scharfen Intellekt und sadistische Bosheit auszeichnet, mit Aleša, dem jüngsten der ungleichen Brüder Karamazov. Das entscheidende Gespräch zwischen dem frühreifen Mädchen und dem jungen Mönch, der "von Kind an ein Menschenfreund" gewesen und dem "Licht der Liebe" gefolgt ist (108), findet in Lizas Elternhaus statt und beginnt mit deren unvermittelter Erklärung, sie wolle ihn Aleša, nicht heiraten, da sie ihn zwar lieben, nicht aber achten könne; sie, Liza, würde daher vor ihm alle Scham verlieren, würde ihn ausnützen und erniedrigen, ohne dass er sich dagegen zu wehren vermöchte. Nachdem sich Liza in paradoxaler Weise bei Aleša für die Erlaubnis, ihn nicht zu lieben, bedankt hat, teilt sie ihm - wiederum überraschend - ihre geheimsten Wünsche mit: sie möchte gepeinigt und entehrt, betrogen und wieder verlassen werden, nur um nicht glücklich sein zu müssen; sie hat - wie Dostojevskijs "Dämonen" - ein unstillbares Verlangen nach "Unordnung", nach Zerstörung, und sie strebt - wie der Jüngling und der Spieler, wenn auch in völlig anderer Absicht - nach jener egozentrischen Machtfülle, welche allein durch materiellen Besitz zu gewinnen ist: "Ich möchte reich sein, und alle anderen sollen arm sein, dann werde ich Konfekt essen und Sahne trinken und niemandem davon abgeben" (109). Und zusammenfassend - gleichsam programmatisch - hält Liza schliesslich fest:

> "Wissen Sie, Aleša, ich habe manchmal im Sinne, schrecklich viel Böses zu tun und alles Schlechte, was es nur gibt; ich werde es lange im stillen tun, und auf einmal werden es alle erfahren. Alle werden mich umringen und mit dem Finger auf mich zeigen, ich aber werde sie alle ansehen. Das ist sehr angenehm" (110).

Nach wiederholtem Hinweis darauf, dass sie vor ihrem Gesprächspartner keinerlei Scham empfinde, stellt Liza plötzlich - ohne jede rhetorische Ueberleitung - die Frage, ob es denn wahr sei, "dass die Juden zu Ostern Kinder stehlen und sie schlachten". Worauf Aleša antwortet: "Ich weiss es nicht" (111). Dass Aleša - von Dostojevskij nicht zuletzt als Symbolgestalt russischer Frömmigkeit und christlicher Nächstenliebe konzi-

piert - der Legende vom jüdischen Ritualmord lediglich seine
(übrigens kaum glaubhafte) Unwissenheit entgegenzuhalten hat,
muss schon deshalb kritisch vermerkt werden, weil der Autor
kein anderes seiner Werke so hoch eingeschätzt und so ernst-
genommen hat wie Die Brüder Karamazov (112). - Indes fährt
Liza im Gespräch erklärend fort:

> "Ich habe da ein Buch, darin habe ich von einer Ge-
> richtsverhandlung gelesen. Ein Jude hatte einem vier-
> jährigen (christlichen) Jungen alle Finger an beiden Hän-
> den abgeschnitten und ihn dann gekreuzigt, ihn mit aus-
> gebreiteten Armen an die Wand genagelt. Vor Gericht
> sagte er aus, der Junge sei in kurzer Zeit gestorben,
> nach vier Stunden. Das soll kurze Zeit sein! Er sagt,
> das Kind habe gestöhnt, immerzu gestöhnt, er aber hat
> dagestanden und sich daran geweidet. Das ist schön". -
> "Schön"? fragt darauf Aleša. - "Ja, schön. Manchmal
> stelle ich mir vor, ich selbst hätte den Jungen gekreu-
> zigt. Er hängt da und stöhnt, und ich sitze ihm gegen-
> über und esse Ananaskompott. Ich esse Ananaskompott
> sehr gern. Sie auch?"(113).

Gewiss gehört das Ritualmordkapitel aus Die Brüder Karamazov
zu den dunkelsten und zugleich zu den extremsten Darstellungen
menschlicher Verkommenheit, die Dostojevskij in seinem literarischen Werk gegeben hat (114), und es ist nicht verwunder-
lich, dass Lizas ebenso monströse wie zynische Auslassungen
lebhafteste Emotionen freigesetzt haben (115). Bezüglich der
von Dostojevskij kritiklos kolportierten Ritualmordlegende ist
allerdings erneut anzumerken, dass der Autor nicht ohne weiteres mit seinen Protagonisten (beziehungsweise mit deren Aussagen) identifiziert werden kann. Gerade Dostojevskijs Romanpersonal erhält - und behält - gegenüber dem Autor "ein voll-
wertiges Wort, eine reine Stimme" (116), es spricht für sich
selbst, deutet, enthüllt und richtet sich selber (117). Zudem
darf nicht übersehen werden, dass Liza zunächst einen Ritual-
mordbericht zitiert, dass sie in der Folge keine antijüdischen
Reflexe erkennen lässt und weder Vorurteile noch Verdächtigungen, sondern lediglich Fragen mit der von ihr geschilderten Episode verbindet. Das von ihr erwähnte Buch, in dem von
einem Ritualmordprozess die Rede gewesen sein soll, benutzt
Liza nicht zu agitatorischen, ausserhalb ihrer selbst liegenden

Zwecken, es dient ihr vielmehr als Projektionsebene für ihre
eigenen sadomasochistischen Bedürfnisse, die sie somit "ohne
Scham" - in Form eines Fremdtextes - vor Aleša artikulieren
kann. Wesentlich ist für Liza (und wohl auch für ihren Zuhörer)
nicht mehr, dass es sich bei dem zu Tode gequälten Opfer um
einen jüdischen Knaben handelt, wesentlich bleibt Lizas Einsicht, dass sie selbst, als Christin, fähig wäre, einen andern
Menschen zu vernichten. Diese Einsicht scheint bei Liza nicht
allein Selbstekel und Selbsthass auszulösen, sie bewirkt überdies derart ausgeprägte Schuldgefühle, dass sie zum Mittel der
Selbstbestrafung greift und sich eine schmerzhafte Verletzung
zufügt; ihre Schuld ist indessen nichts anderes als das Bewusstsein der eigenen potentiellen Schuldhaftigkeit.

Leonid Grossman hat als erster darauf aufmerksam gemacht,
dass zur Zeit der Niederschrift des fraglichen Kapitels aus Die
Brüder Karamazov (Frühjahr 1879) in Kutaisi ein Prozess statt-
fand, in den neun jüdische Bewohner des Dorfes Saccheri wegen
angeblicher Beteiligung an einem Ritualmord verwickelt waren.
Monatelang wurden die angeschuldigten Juden in Untersuchungs-
haft gehalten; da aber keinerlei Beweismaterial beigebracht werden konnte, sprach das Gericht die Angeklagten nach der Ver-
handlung vom 13. März 1879 ausnahmslos frei; die von behörd-
licher Seite eingelegte Berufung wurde ein weiteres Jahr später
vom zuständigen Gericht in Tiflis abgelehnt. Die russische Presse berichtete damals ausführlich über den aufsehenerregenden
Gerichtsfall, wobei regierungstreue Blätter und Organe der konservativen Rechten auch nach dem Freispruch an der Ritualmordthese festhielten. Es ist mit Sicherheit anzunehmen, dass
Dostojevskij die einschlägige Berichterstattung zum Fall Mode-
badze verfolgt und sich darüber sorgfältig dokumentiert hat
(118). In der regierungstreuen Zeitschrift Der Staatsbürger
("Graždanin"), zu deren Mitarbeitern auch Dostojevskij zählte,
waren im übrigen schon 1878 mehrere Beiträge erschienen,
welche die Praxis des Ritualmords aus altjüdischen Schriften
und Geheimlehren abzuleiten versuchten. Unter den damals
veröffentlichten Texten befand sich, von der Redaktion als
aufschlussreiches "Dokument" präsentiert, ein längerer
Beitrag über die "Tötung von Christen durch Juden zur Blut-
gewinnung", worin 134 Fälle angeblicher Kindstötung zu rituellen Zwecken in aller Ausführlichkeit beschrieben und durch
pseudowissenschaftliche Kommentare erläutert wurden. Zu

150

Dal's Informationsquellen sollen auch antisemitische Schriften und Bekenntnisse getaufter Juden gehört haben; einen ehemaligen Rabbiner zitiert Dal' wie folgt: "... ein Kind liess ich an ein Kreuz binden, und es lebte noch lange, ein anderes liess ich annageln, es starb bald" (119). Es ist wohl davon auszugehen, dass die von Liza aus dem Gedächtnis zitierte Mordszene unmittelbar aus "Graždanin" übernommen wurde; Dostojevskij selbst verweist auf diese Möglichkeit, wenn er im Tagebuch eines Schriftstellers vom März 1877 notiert, man brauche, falls man "eine Auskunft über die Juden und ihre Taten" benötige, "weder in eine Bibliothek zu gehen, noch in alten Büchern oder gar eigenen alten Aufzeichnungen zu suchen"; es genüge nach der "ersten besten Zeitung" zu greifen und "auf der zweiten oder dritten Seite zu suchen":

> "Sie werden ganz bestimmt etwas von den Juden finden,
> und sogar ganz bestimmt das, was Sie interessiert,
> stets das Charakteristische und stets dasselbe, d. h.
> immer die gleichen Heldentaten" (120).

Solche (und zahlreiche ähnliche) Spontankommentare zur russischen Judenfrage wechseln in Dostojevskijs Tagebuch übergangslos ab mit bewundernden, bisweilen geradezu hymnischen Adressen an die "nationale Persönlichkeit" des jüdischen Volks, das kraft seiner "festen und unzerreissbaren Einigkeit" schon "fast die ganze historische Periode der Menschheit lang auf Erden zu existieren" und sich auszubreiten vermochte; "ein so lebenszähes Volk, ein so ungewöhnlich starkes und energisches, ein in der Welt so beispielloses Volk" wie die Juden, ein Volk überdies, das man sich "ohne Gott gar nicht vorstellen" kann, musste für Dostojevskij - trotz manchen Vorbehalten - ein Faszinosum bleiben, dessen Ergründung aber, wie er selber mehrfach eingestand, über seine Kräfte ging (121). Die geistige Verfassung, welche in Dostojevskijs "beinahe chaotischen Deklarationen" zur Judenfrage ihren adäquaten Ausdruck finde, bezeuge "jenen scharfen innern Konflikt, welcher sein Gewissen belastete", schreibt Aaron Steinberg in dem vor fünfzig Jahren erschienenen Essay über Dostojevskij und das Judentum:

> "War doch für ihn die jüdische Frage [...] nicht bloss
> Gegenstand abstrakten Räsonierens, sondern eines der
> brennendsten Probleme seines persönlichen Bekenntnis-

ses, seines Glaubens an einen letzten Sinn und an die Bedeutung des eigenen Lebenswerks. So tritt denn der russische Seher Dostojevskij in seinem Konflikt mit Israel als ein Doppelgänger und Gegenbild Bileams, des alten Künders, vor unsere Augen. Bileam hatte sich bereitgefunden, Israel zu verfluchen, und konnte dennoch nicht umhin, es zu lobpreisen; der enthusiastische Ekstatiker Dostojevskij wiederum wollte das jüdische Volk lobpreisen und war doch nicht in der Lage, es nicht zu verfluchen" (122).

Anmerkungen und Hinweise

* Für wertvolle Anregungen und Hinweise sowie für die Beschaffung schwer erreichbarer Literatur habe ich den Herren Dr. Fritz Brasslof, Prof. Dr. Simon Lauer, Rabbiner Imre H. Schmelczer und Ingold Wildenauer zu danken (F. P. I.)

1) Zur "biblischen Dichtung" in Russland siehe u. a. die Anthologien von F. A. Ivanov, Biblejskaja poèzija (Biblische Poesie), St. Petersburg 1874, und Aleksandr Donat, Neopalimaja kupina (Der brennende Dornbusch), New York 1973; vgl. auch die Abhandlung von Vasilij Rozanov, Biblejskaja poèzija (Biblische Poesie), St. Petersburg 1912.

2) Zur völkerrechtlichen und gesellschaftspolitischen Situation der russisch-jüdischen Minderheit nach den Teilungen Polens (1772; 1793; 1795) vgl. u. a. die Darstellungen von Julij Gessen, Istorija evrejev v Rossii (Geschichte der Juden in Russland), St. Petersburg 1914, Kap. II-IV; S[imon] M. Dubnow, Die neueste Geschichte des jüdischen Volkes, I, Berlin 1920, Kap. I, V-VI; siehe auch das 69 Titel umfassende Literaturverzeichnis "Evrei v Rossii, Pol'še i Litve) (Die Juden in Russland, Polen und Litauen), in Očerki po istorii evrejskogo naroda (S. Ettinger, ed.), Tel-Aviv 1972, S. 818-822. - Zur Sozial- und Geistesgeschichte der Juden in Russland siehe (namentlich für das 19. Jahrhundert) u. a. die mehrbändige Text- und Materialiensammlung Perežitoje (Durchlebtes), I-VI, St. Petersburg 1908-1913; vgl. auch die von Lucy S. Dawidowicz gesammelten russisch-jüdischen Selbstzeugnisse in The Golden Tradition (Jewish Life and Thought in Eastern Europe), Boston 1968.

3) Zur Gestalt des Juden im kleinrussischen Puppentheater (Vertep) vgl. N. I. Savuškina, Russkij narodnyj teatr (Russisches Volkstheater), Moskau 1976, Kap. XII, besonders S. 127-129; zum Vertep-Theater allgemein siehe Ettore lo Gatto, Storia del teatro russo, I, Firenze 1963, Kap. I (mit Abb.).

4) Vgl. etwa (zur spezifischen Sprechweise jüdischer Rollenträger im russischen Volkstheater) die Hinweise von Petr Bogatyrev (Češskij kukol'nyj i russkij narodnyj teatr, Berlin-Petersburg 1923, S. 69-73): schon im frühen russischen Volks- und Puppentheater war das "Lispeln" des Juden - nachmals (von Gogol' über Dostojevskij bis hin zu Čechov) in der russischen Erzählliteratur als satirisches Element verwendet - ein beliebtes Mittel typisierender Rollendarstellung.

5) Zur Gestaltung jüdischer Motive und Typen in der russischen Literatur siehe u. a. B. Gorev (d. i. B. N. Goldman), "Russkaja literatura i evrei" (Die russische Literatur und die Juden), in V. L'vov-Rogačevskij, Russko-evrejskaja literatura, Moskau 1922, S. 3-29; D. I. Zaslavskij, "Evrei v russkoj literatura" (Juden in der russischen Literatur), in Evrejskaja letopis', I, 1923, S. 59-86; Joshua Kunitz, Russian Literature and the Jew, New York 1929; P. A. Berlin, "Russkaja literatura i evrei" (Die russische Literatur und die Juden), in Novyj žurnal, LXXI, [New York] 1971, S. 89-98. Zur einschlägigen Bibliographie vgl. Sistematičeskij ukazatel' literatury o evrejach na russkom jazyke

(Systematisches Verzeichnis der russischsprachigen Literatur über die Juden),
St. Petersburg 1892, S. 367-395.

6) Vgl. etwa die polemische Identifizierung des "Juden" (žid) mit dem "Spion"
(špion) bei Puškin und Turgenev (Žid, 1847); Kommentar und Textbeispiele bei
A. Donat, a.a.O. (A. 1), S. 67-69.

7) Siehe z. B. Vsevolod Krestovskijs antisemitische Trivialepik, vor allem das
Romanwerk T'ma Egipetskaja (Aegyptische Finsternis, 1881-1888; in Buch-
form 1889).

8) Als bemerkenswerte Ausnahme sei immerhin der Hofdichter und kaiserliche
Senator Gavriil Deržavin erwähnt, der vorübergehend als Privatsekretär
Katharinas der Grossen (Ekaterina II.) und als russischer Justizminister gewirkt hat; im Auftrag des Zaren Paul (Pavel I.) unternahm Deržavin 1799/1800
zwei Inspektionsreisen ins weissrussisch-polnische Grenzgebiet und verfasste
aufgrund seiner Beobachtungen ein umfängliches Memorandum zur Judenfrage,
das auf die "Einschränkung der eigennützigen Tätigkeit der Juden" angelegt
war und ihrem Autor den Ruf einbrachte, ein "fanatischer Judenhasser" zu
sein: "Alles ist [bei Deržavin] vom Geiste der kanzleimässigen Bevormundung
und Reglementierung umschwebt, vom Glauben, dass man eine uralte Kultur-
nation nach Belieben wie einen Haufen von Schachfiguren umstellen könne, dem
Glauben an das Heil einer mechanischen Reform, der damals, wenn auch in
einer weniger naiven Form, auch in Westeuropa herrschte". (Dubnow, a.a.O.
(A. 2), I, S. 292) Zu Deržavins offizieller Mission (und zu seinen Kontakten
mit Vertretern der aufklärerischen russischen Judenschaft) siehe auch Gessen,
a.a.O. (A.2), S. 88-93. - Es bleibt anzumerken, dass dem Dichter Deržavin
mehrere bedeutsame Psalmenübertragungen ins Russische zu verdanken sind.

9) Dubnow, a.a.O. (A. 2), I, S. 278-279.

10) Zur Entstehung und Entwicklung der russisch-jüdischen Literatur (Belletristik,
Publizistik) siehe Vasilij L'vov-Rogačevskij, Russko-evrejskaja literatura
(Russisch-jüdische Literatur), Moskau 1922; Gregor Aronson, "Jews in Rus-
sian Literary and Political Life", in Russian Jewry (1860-1917), ed. by J.
Frumkin, G. Aronson, A. Goldenweiser, New York-London 1966, S. 253-299.

11) Vgl. dazu u. a. die jüdischen Selbstzeugnisse bei L.S. Dawidowicz, "The
Quest for Education", a.a.O. (A. 2), S. 145-168; Leonid Grossmann, Die
Beichte eines Juden, München 1927; V. L'vov-Rogačevskij, "Vera i razum"
(Glaube und Vernunft), a.a.O. (A. 10), S. 53-61.

12) Dubnow, a.a.O. (A. 2), I, S. 279.

13) Saltykov-Ščedrin selbst hatte die Veröffentlichung von Eliza Orzeszkos Text
("Mogučij Samson", in der russischen Uebersetzung von R.I. Sementkovskij)
durch die Zeitschrift Otečestvennye zapiski (1880, XII) angeregt; anderthalb
Jahre danach erschien (a.a.O., 1882, VIII) Saltykov-Ščedrins politisches
Feuilleton unter dem Titel "Ijul'skoe vejanie" (Juliströmung). Vgl. dazu Felix
Philipp Ingold, "M.J. Saltykow-Stschedrin und die russische Judenfrage", in
Zeitschrift für Religions- und Geistesgeschichte, 1978, S. 328-336; mit Schrif-
tenverzeichnis.

14) Marija Baškirceva [Bashkirtseff], Tagebuchnotiz vom 18. VIII. 1876, zit. nach P.A. Berlin, a.a.O. (A.5), S. 95-96.

15) Gorev, a.a.O. A. 5), S. 9; vgl. Aronson, a.a.O. (A. 10), S. 253ff.

16) Vgl. Dubnow, a.a.O. (A. 2), II, S. 423ff.; zu den Wortführern der antijüdischen Reaktion gehörte seit den frühen sechziger Jahren der christlich-liberale Slawophile Ivan Aksakov (dessen zahlreiche Veröffentlichungen zur polnischen und "jüdischen Frage" sind gesammelt in Sočinenija I.S. Aksakova, III, Moskau 1885).

17) Vgl. u.a. die reich dokumentierte Abhandlung von M. Virtus [S. Dubnow?] zur Lage der russischen Judenschaft um 1900 ("Die Juden", in Russen über Russland, hrsg. von Josef Melnik, Frankfurt a.M. 1905, S. 538-586).

18) M.J. Saltykov-Ščedrin, "Ijul'skoje vejanie"; hier zit. und übersetzt nach der Werkausgabe Saltykovs (Sobranie sočinenij, XV/2, Moskau 1973, S. 236).

19) Zu Dostojevskijs Auseinandersetzung mit dem Judentum liegen verhältnismässig umfangreiche sekundärliterarische und archivarische Materialien vor; die diesbezügliche Diskussion kann jedoch keineswegs als abgeschlossen gelten, und ihre Weiterführung bleibt - trotz einigen neueren publizierten Beiträgen - ein dringliches Desiderat. Man vgl. u.a. A.Z. Štejnberg [Aaron Steinberg], "Dostojevskij i evrejstvo" (D. und das Judentum), in Versty, III, [Paris] 1928, S. 94-108; im folgenden zit. nach dem Neudruck in Al'manach AMI, III, [Jerusalem] 1973, S. 58-69 (mit "Bemerkungen zu Dostojevskijs Ethik" von Vladimir Romer, a.a.O., S. 57-58); L. Grossmann, a.a.O. (A. 11), S. 88-176; P.[A.] Berlin, "Dostojevskij i evrei" (D. und die Juden), in Novyj žurnal, LXXXIII, [New York] 1966, S. 263-272; D.V. Grišin, "Evrejskij vopros" (Die Judenfrage), in D.V.G., Dostojevskij - Čelovek, pisatel i mify, Melbourne 1971, S. 138-156; ders., "Byl li Dostojevskij antisemitom"? (War D. Antisemit?), in Vestnik RChD, CXIV, [Paris-New York-Moskau] 1974, S. 73-88; David I. Goldstein, Dostoïevski et les Juifs, Coll. "Idées" 348, Paris 1976 (mit Bibliographie).

20) Zit. nach Grossmann, a.a.O. (A. 11), S. 104.

21) In seinem literarischen und publizistischen Werk verwendet Dostojevskij zur Bezeichnung des "Juden" fast ausschliesslich den als Schimpfwort geltenden vulgären Ausdruck žid; die offizielle (und allgemein übliche) russische Bezeichnung lautet demgegenüber evrej ("Hebräer"). Zur "verächtlichen Bezeichnung des Juden" im Russischen siehe Tolkovyj slovar živogo velikorusskago jazyka Vladimira Dalja, I, Moskau-St. Petersburg ³1903, Sp. 1345. Vgl. auch Grossmann, a.a.O. (A. 11), S. 134.

22) Zit. nach Grišin, "Byl li Dostojevskij antisemitom"?, a.a.O. (A. 19), S. 75.

23) Vgl. etwa die nachfolgende Stelle aus dem Tagebuch eines Schriftstellers (März 1877): "Da mein Herz von einem solchen Hass [gegen die Juden] immer frei war, was auch allen Juden, die mich kennen und mit mir zu tun gehabt haben, bekannt ist, weise ich diese Beschuldigung ein für allemal zurück, um

auf sie nie wieder zurückzukommen". (Dnevnik pistatelja za 1877 god, Paris o.J., S. 98-99; Tagebuch eines Schriftsteller, hrsg. und übertr. von A. Eliasberg, III, München 1922, S. 284).

24) Dostojevskij gelange "im allgemeinen nicht über den banalen Antisemitismus" hinaus, heisst es etwa im Jüdischen Lexikon (II, Berlin 1928, Sp. 186).

25) Dubnow, a.a.O. (A. 2), II, S. 429.

26) "Neuzeitlich" (novovremenskij) ist als Anspielung auf die von Suvorin in Petersburg herausgegebene Tagesezeitung Novoje vremja ("Neue Zeit") zu lesen, welche - zu Beginn dieses Jahrhunderts - wiederholt zum Sprachrohr des "offiziellen" russischen Antisemitismus geworden ist. Vgl. Journal intime de Alexis Souvorine, directeur du 'Novoie Vremia', Paris 1927.

27) Gorev, a.a.O. (A. 5), S. 15-16.

28) Maurice Friedberg, The Jew in Post-Stalin Soviet Literature, Washington 1970, S. 4.

29) Goldstein, a.a.O. (A. 19), S. 321.

30) Vgl. auch (zur "Ideologie der Judenfrage" in Russland) den Essay von Vjačeslav Ivanov, "K ideologii evrejskago voprosa", in Ščit, hrsg. von L. Andrejev, M. Gor'kij, F. Sologub, Moskau ³1916, S. 97-99.

31) Aus Dostojevskijs literarischen Werken wird im weitern zitiert nach der kritischen Edition Polnoje sobranije sočinenij ("Vollständige Sammlung der Werke"), I-XVII, [Nauka:] Leningrad 1972-1976; Abk.: PSS, I/XVII. - Deutsche Uebersetzungen sowie Dostojevskijs publizistische Schriften werden nach diversen Einzelausgaben zitiert (siehe unten). - Aus Dostojevskijs Tagebuch wird im folgenden zitiert nach den Ausgaben Dnevnik pisatelja za 1877 god [1877-1881], Paris o.J. (Abk.: Dnevnik); Tagebuch eines Schriftstellers, deutsch von Alexander Eliasberg, I-IV, München 1921-1924 (Abk.: Tagebuch, I/IV).

32) In Dostojevskijs Romanen ist - wie im Werk Nietzsches - "überhaupt nur von den 'hässlichsten' Menschen und deren Problemen die Rede", von Kriminellen, Kranken, Irren, Narren, Prostituierten, Anarchisten, auch von intellektuellen Aussenseitern (und nicht zuletzt von Juden), die "das Ihre dort zu finden" hoffen, "wo andere nie zu suchen pflegen, wo der allgemeinen Ueberzeugung nach nichts sein kann als ewige Finsternis und Chaos". (Leo Schestow, Dostojewski und Nietzsche, Köln 1924, S. 388)

33) Eine bedeutende Ausnahme bildete Dostojevskijs Jugenddrama Jud Jankel (1843/ 1844), das allerdings verschollen ist (vgl. Goldstein, a.a.O. (A. 19), S. 27-31).

34) Dass jüdischen Hintergrundfiguren (z.B. in der Funktion zufälliger Augenzeugen des erzählten Geschehens) bei Dostojevskij gleichwohl entscheidende Bedeutung zukommen kann, hat zuerst Steinberg (a.a.O. (A. 19), S. 66) am Beispiel einer wenig beachteten Episode im Roman Schuld und Sühne ("Prestuplenije i nakazanije", Kap. VI, 6) aufgezeigt.

35) Dostojevskij war 1837 bis 1849, dann wieder - nach seiner Rückkehr aus der Verbannung - ab 1859 in St. Petersburg ansässig; die (wenig zahlreiche) jüdische Bevölkerung war 1826 aus der Stadt ausgewiesen worden; erst ab 1859/ 1861 durften Juden (allerdings nur "Vertreter der privilegierten Kategorien", z. B. Grosskaufleute, Akademiker) erneut in St. Petersburg Wohnsitz nehmen (Dubnow, a.a.O. (A. 2), II, S. 434). Es ist daher äusserst unwahrscheinlich, dass Dostojevskij vor seiner Verschickung nach Sibirien auch nur mit vereinzelten (nicht-privilegierten) Juden bekanntgeworden ist.

35a) PSS, IV, S. 54; Erniedrigte und Beleidigte/Aufzeichnungen aus einem toten Hause, deutsch von Ruth E. Riedt, München 1966, S. 564. - Zur literarischen Gestaltung der "Polen in Dostojevskijs Erzählwerken" siehe Pawel Hostowiec, Eseje dla Kassandry, Paris 1961, S. 228-246.

36) Siehe vor allem Dostojevskijs Ausführungen zum jüdischen status in statu (Dnevnik, S. 107-114; Tagebuch, III, S. 195-304).

37) PSS, IV, S. 55; Aufzeichnungen, S. 565-566, vgl. auch a.a.O., S. 631. - Der Tiervergleich ("Hühnchen") bezieht sich bei Gogol' nicht auf Jankel, sondern auf einen "rothaarigen" (anonymen) Juden, in dessen Wohnung Jankel eine Nacht verbringt (vgl. Taras Bulba, Kap. XI).

38) PSS, IV, S. 93; Aufzeichnungen, S. 631.

39) PSS, IV, S. 17; Aufzeichnungen, S. 499.

40) PSS, IV, S. 65-66; Aufzeichnungen, S. 583-584.

41) PSS, IV, S. 66; Aufzeichnungen, S. 584.

42) PSS, IV, S. 93-94; Aufzeichnungen, S. 632-633.

43) PSS, IV, S. 93; Aufzeichnungen, S. 631. - Dass Bumštejn in der Stadt K. (d. i. Omsk) jüdische Gönner gehabt haben könnte, ist unwahrscheinlich, jedoch nicht unmöglich; 1855 (kurz nachdem Dostojevskij nach Semipalatinsk verlegt worden war) wurde in Omsk mit dem Bau einer Synagoge begonnen, was auf die Existenz einer jüdischen Gemeinde schliessen lässt (Enc. Judaica, XII, Sp. 92-93).

44) Jüdische Selbstdarstellung und Selbstkarikatur war schon im frühen russischen Volkstheater bekannt; vgl. auch - auf dem Niveau platter Salonunterhaltung - die karikatureske Selbstdarstellung des "kleinen Juden" Ljamšin in Die Dämonen (siehe unten, S. 134ff.)

45) PSS, IV, S. 94; Aufzeichnungen, S. 634-635.

46) Zur chassidischen "Glaubenstrunkenheit" vgl. Simon Dubnow, Geschichte des Chassidismus, II, Berlin 1931, Kap. IX, § 48; zur "Vereinigung des tiefsten Glaubens an Gott mit der höchsten Anspannung der menschlichen Energie" im jüdischen Gebet siehe die Ausführungen von Vladimir Solov'ev [Solowjew] in "Das Judentum und die christliche Frage" (1884), neuerdings abgedruckt in Deutsche Gesamtausgabe der Werke von Wladimir Solowjew, IV, München-Freiburg 1972, S. 553-619.

47) Dostojevskij irrt, wenn er bei Bumštejn "drei" (statt zwei) Phylakterien (Tefillin) feststellt, die im übrigen am Sabbath nicht getragen werden; irrig

ist auch die Beobachtung, wonach Bumstejn einen Tallith getragen habe (was am Freitagabend nicht üblich ist). Im Tagebuch eines Schriftstellers konzediert Dostojevskij, dass er von jüdischen Sitten und Bräuchen "wenig verstehe" (Dnevnik, S. 106; Tagebuch, III, S. 293). Die von Goldstein vertretene Hypothese, Dostojevskij habe die jüdischen Gebetshandlungen durch absichtliche Verfälschung lächerlich machen wollen, lässt sich daher wohl kaum aufrechterhalten (vgl. Goldstein, a. a. O. (A. 19), S. 64-66). Ausserdem ist zu berücksichtigen, dass Dostojevskij die Gebetszene aus der Erinnerung - in einem zeitlichen Abstand von mehreren Jahren - hat rekonstruieren müssen.

48) Was mit dem von Bumstejn intonierten Lied "ohne Worte" gemeint ist, bleibt unklar; das "Meerlied" (vgl. 2 Moses XV, 1ff), auf welches Dostojevskij anzuspielen scheint, ist keineswegs ein Lied "ohne Worte"; zu berücksichtigen bleibt allerdings, dass sich im chassidischen Lied die Emotion nicht selten zur Ekstase steigert, "zu einem Enthusiasmus, der das Wort verstummen lässt" (Otto F. Best, Mameloschen, Frankfurt a. M. 1973, S. 148).

48a) bTaan 21a.

49) PSS, IV, S. 94-95; Aufzeichnungen, S. 634.

50) Goldstein, a. a. O. (A. 19), S. 66; siehe oben, Anm. 47. - Mit Bezug auf die Bumstejn-Episode lediglich von einer "lebendigen, humorvollen Szene" zu sprechen (vgl. etwa PSS, IV, S. 284; Kommentar), ist ebenso verfehlt wie die Annahme, es handle sich um eine antisemitische "Blossstellung". Weit unerbittlicher als die Juden hat Dostojevskij im übrigen die Deutschen, die Schweizer, die Franzosen, die Polen (und immer wieder auch die Russen) kritisiert und karikiert.

51) Vgl. PSS, IV, S. 283-284.

52) "[Sibirskaja tetrad']", in PSS, IV, S. 235-248.

53) Erst seit Ende 1861 stand auch jüdischen Staatsbürgern, sofern sie ein russisches Universitätsdiplom vorlegen konnten, die Beamtenlaufbahn offen. Die Annahme, dass Ljamsin schon im Verlauf der sechziger Jahre ein Hochschulstudium abgeschlossen und eine Beamtenstelle angetreten hat, ist möglich, aber eher unwahrscheinlich; daraus scheint Aaron Steinberg den Schluss gezogen zu haben (a. a. O. (A. 19), S. 60), es müsse sich bei Ljamsin um einen Proselyten (vykrest) handeln.

54) PSS, X, S. 446; Die Dämonen, deutsch von Marianne Kegel, München 1961, S. 705.

55) PSS, X, S. 252; Dämonen, S. 368.

56) PSS, X, S. 251-253; Dämonen, S. 366-370.

57) PSS, X, S. 418; Dämonen, S. 662-663.

58) Vgl. PSS, X, S. 509ff; Dämonen, S. 799ff.

59) Siehe dazu u. a. L. G. Dejc [Deutsch], Rol' evrejev v russkom revoljucionnom dvizenii (Die Rolle der Juden in der russischen revolutionären Bewegung), Moskau [2]1925; vgl. S. Dimantstejn, "Raboceje dvizenije v Rossii" (Die [jüdi-

sche] Arbeiterbewegung in Russland), in Bol'šaja sovetskaja ènciklopedija, XXIV, Moskau 1932, Sp. 102-121 (mit bibliographischen Hinweisen); S. L. Kučerov, "Antisemitizm v dorevoljucionnoj Rossii" (Antisemitismus im vorrevolutionären Russland), in Novyj žurnal, CIX, [New York] 1972, S. 200-215 (hier besonders S. 206ff).

60) Vgl. dazu Dostojevskijs programmatische Puškin-Rede von 1880 (mit erklärenden Hinweisen des Autors) in Dnevnik, S. 499-527; Tagebuch, IV, S. 332-368.

61) PSS, X, S. 199-200, Dämonen, S. 286-287.

62) PSS, X, S. 199; Dämonen, S. 286.

63) Dnevnik, S. 22; Tagebuch, III, S. 188. - Vgl. F. M. Dostojevskij, Stat'i za 1845-1878 gody (Aufsätze aus den Jahren 1845-1878), [Bd XIII der Werkausgabe von Tomasevskij/Chalabajev], Leningrad 1930, S. 514.

64) Dnevnik, S. 25; Tagebuch, III, S. 192.

65) Dnevnik, S. 24-27; Tagebuch, III, S. 191-194.

66) Dnevnik, S. 108; Tagebuch, III, S. 297. - Dostojevskijs polemische Thesen zum Problem des status in statu scheinen zumindest teilweise von Jakov Brafman, einem russischen Apostaten und antisemitischen Agitator, übernommen worden zu sein, dessen Hauptwerk, Kniga Kagala ("Das Buch vom Kahal", 1869; [2]1870-1875), Dostojevskij in zwei Exemplaren, wovon eines mit einer Widmung des Autors von 1877 versehen war, in seiner Privatbibliothek aufbewahrte (vgl. Goldstein, a.a.O. (A. 19), S. 202-208). Siehe auch Dubnow, a.a.O. (A. 2), II, S. 414ff; zu Brafman siehe Enc. Judaica, IV, Sp. 1287-1288 (mit bibliographischen Hinweisen).

67) PSS, X, S. 199-299; Dämonen, S. 286-287.

68) Zit. und übersetzt nach Dostojevskij, Stat'i, a.a.O. (A. 63), S. 498.

69) Zur dialektischen Wechselbeziehung zwischen judeophilen und antisemitischen Ideologien vgl. die Abhandlung von Aleksej Selivačev, "Psichologija judofil'stva" (Psychologie der Judeophilie), in Russkaja mysl', 1917, II, ii, S. 40-64.

70) Zur russischen "messianischen Idee" siehe Nikolai Berdiajew [Berdjajev], Sinn und Schicksal des russischen Kommunismus, Luzern 1937, hier S. 12; vgl. auch Nicolas Berdiaev, L'Idée russe, Tours 1969, sowie Berdjajevs Versuch über "Das Schicksal des Judentums" in Smysl istorii (Der Sinn der Geschichte), Paris [2]1969, S. 105-128.

71) Zit. nach Maxim Gorki [Gor'kij], Erinnerungen an Zeitgenossen, Frankfurt a. M. 1962, S. 84.

72) Nikolai Berdjajew, Die Weltanschauung Dostojewskijs, München 1925, S. 140; vgl. über Dostojevskij als "geistigen Juden" (duchovnym iudejem) Jurij Ivask, "Upojenije Dostojevskogo" (Dostojevskijs Ekstase), in Novyj žurnal, CVII, [New York] 1972, S. 64-75; zur Differenzierung des christlichen und jüdischen

(nationalen) Messianismus und zur Idee einer "ökumenischen Theokratie" bei
Juden und Christen siehe Vladimir Solov'ev, "Das Judentum und die christliche
Frage" (1884), a. a. O. (A. 46), S. 551-619. Vgl. auch Gershom Scholem,
"Zum Verständnis der messianischen Idee im Judentum", in G. S., Ueber einige Grundbegriffe des Judentums, [es 414], Frankfurt a. M. 1970, S. 121-167;
wichtig der Hinweis auf "die eigentliche anti-existentialistische Idee" des jüdischen Messianismus (S. 166-167), von der auch - bei Dostojevskij - die Konzeption des russischen "Gottesträgervolks" geprägt ist.
- Siehe ferner (zu den geistesgeschichtlichen Affinitäten zwischen "russischer"
und "jüdischer" Idee, beziehungsweise zum Konkurrenzverhältnis zwischen
russischem und jüdischem Messianismus) die Ueberlegungen von Sergius
Bulgakov, "Judas or Saul"? (in The Slavonic Review, IX, 1930/1931, S. 524-
535) sowie Josef Bohatec, Der Imperialismusgedanke und die Lebensphiloso-
phie Dostojewskijs, Graz-Köln 1951, S. 138ff; S. 165ff.

73) Vgl. Dnevnik, S. 499-564; Tagebuch, IV, [August 1880], Kap. I-III.

74) Dnevnik, S. 109; Tagebuch, III, [März 1877], S. 298.

75) Dnevnik, S. 501/524; Tagebuch, IV, S. 334-335/364.

76) Dnevnik, S. 525-526; Tagebuch, IV, S. 366.

77) Dostojevskij, Stat i, a. a. O. (A. 63), S. 498.

78) Dnevnik, S. 503; Tagebuch, IV, S. 337.

79) Dnevnik, S. 108; Tagebuch, III, S. 296-297. - Vgl. dazu Vasilij Rozanov
(Evropa i evrei, St. Petersburg 1914, S. 6): "Es geht um die Sozialstruktur;
bei den Juden stehen 'alle für einen', - und daher kann es bei ihnen auch einen
'Gott' präzis 'für alle' geben. Wir [Russen] sind uneins; [die Juden] sind nicht
nur vereint, sie sind verschmolzen. Bei uns ist Vereinigung bloss eine Redens-
art; bei ihnen - eine Tatsache".

80) Vgl. oben, Anm. 76.

81) Dnevnik, S. 114; Tagebuch, III, S. 304.

82) Die Ambivalenz des jüdischen Aussenseitertums, wie sie etwa in Rothschilds
Verhältnis zur künstlerischen Boheme (und vice versa) zum Ausdruck kommt,
hat - am Beispiel Heines - Hans Mayer aufgezeigt (H. M., Aussenseiter,
Frankfurt a. M. S. 350ff); zu dem vom Haus Rothschild bewirkten Wandel der
"innerjüdischen Struktur in Europa" siehe Hannah Arendt, Elemente und Ur-
sprünge totaler Herrschaft, I, [Ullstein Buch 3181], Frankfurt a. M. 1975,
S. 57ff. Siehe auch in diesem Band den Beitrag von Joseph Jurt, "Der Mythos
des Juden in der französischen Literatur und Publizistik des 19. Jahrhunderts",
unten, S. 170.

83) Vgl. Nikolai F. Beltschikow [Bel'čikov], "Dostojewski und die Petraschewzen",
in N. F. B., Dostojewski im Prozess der Petraschewzen, [Reclam UB 674],
Leipzig 1977, S. 5-99; zum "Antisemitismus der Linken" vgl. Arendt, a. a. O.
(A. 82), I, S. 82ff.

84) PSS, III, S. 238; Erniedrigte und Beleidigte/Aufzeichnungen aus einem toten Hause, deutsch von Marianne Kegel, München 1966, S. 127.

85) Mit Herzen [Gercen] war Dostojevskij anlässlich seiner ersten Auslandreise (Sommer 1862) in London bekanntgeworden; zu Herzens Einfluss auf Dostojevskij siehe Andrzej Walicki, The Slavophile Controversy, Oxford 1975, S. 547ff.

86) PSS, V, S. 78; Winterliche Aufzeichnungen über sommerliche Eindrücke, deutsch von Svetlana Geier, [rk 111-112], Reinbek 1962, S. 44.

87) PSS, V, S. 216; Die kleineren Romane, deutsch von Arthur Luther, München 1963, S. 789.

88) Vgl. im Tagebuch eines Schriftstellers (Dnevnik, S. 114; Tagebuch, III, S. 304): "Der Jude bietet sich als Vermittler an und treibt Handel mit fremder Arbeit. Kapital ist aufgespeicherte Arbeit; der Jude liebt es, mit fremder Arbeit zu handeln!"

89) PSS, V, S. 216; Romane, S. 789-790.

90) PSS, V, S. 312; Romane, S. 921.

91) PSS, V, S. 296 ("ja vam žizn' predlagaju"); Romane, S. 900.

92) Zum jüdischen "Materialismus" siehe Vladimir Solov'ev [Solowjew], "Das Judentum und die christliche Frage", a.a.O. (A. 46), IV, S. 569ff; vgl. dazu eine Notiz aus Ludwig Wittgensteins Vermischten Bemerkungen (Frankfurt a.M. 1977, S. 47): "Macht und Besitz sind nicht dasselbe. Obwohl uns der Besitz auch Macht gibt. Wenn man sagt, die Juden hätten keinen Sinn für den Besitz, so ist das wohl vereinbar damit, dass sie gerne reich sind, denn das Geld ist für sie eine bestimmte Art von Macht, nicht Besitz".

93) PSS, XIII, S. 74; Der Jüngling, deutsch von Marion Gras, München 1965, S. 111-112.

94) Karl Marx, Texte zu Methode und Praxis, II, [rk 209-210], Reinbek 1966, S. 105; zur Verbindung von Geld- und Judenfrage bei Marx siehe den kritischen Essay von Sergej Bulgakov, Dva grada (Zwei Städte), I, Moskau 1911, S. 94ff. Vgl. bei Marx die etwa gleichzeitig mit den Pariser Manuskripten entstandenen, von Bruno Bauer angeregten Schriften "Zur Judenfrage" (1843) in Marx-Engels, Studienausgabe, I, [Fischer Bücherei 764], Frankfurt a.M. 1966, S. 31-60.

95) PSS, XIII, S. 74; Jüngling, S. 112.

96) PSS, XIII, S. 76; Jüngling, S. 116 (sowie, mit Konkretisierung des jüdischen Bezugs, a.a.O., S. 115).

97) PSS, XIII, S. 76; Jüngling, S. 115.

98) Wittgenstein, a.a.O. (A. 92), S. 43.

99) PSS, XIII, S. 74-75; Jüngling, S. 113; vgl. eine entsprechende (sehr ähnliche) Stelle a.a.O., S. 53-54. - Vgl. dazu schon Dostojevskijs Entwürfe zu Der

Jüngling, namentlich zur Rothschild-Idee ("s menja dovol'no sego soznanija") in Literaturnoje nasledstvo, LXXVII, Moskau 1965, S. 95 und (Kommentar) S. 496.

100) Marx, a. a. O. (A. 94), II, S. 105.

101) A. a. O. , S. 106.

102) Zur werkbiographischen Entwicklung des "ideologischen Romans" bei Dostojevskij siehe B. M. Engel'gardt [Engelhardt], "Ideologičeskij roman Dostojevskogo", in F. M. Dostojevskij, hrsg. von A. S. Dolinin, II, Leningrad-Moskau 1924, S. 71-105; zum Thema des "russischen Uebermenschen", des "russischen Faust" siehe a. a. O. , S. 98ff.

103) Vgl. das Resümee der Werkgeschichte, mit besonderer Berücksichtigung der jüdischen Frage, bei Goldstein, a. a. O. (A. 19), S. 312ff; siehe auch F. M. Dostojevskij, hrsg. von A. S. Dolinin, III, Leningrad 1935.

104) PSS, XIV, S. 21; Die Brüder Karamasow, deutsch von Hans Ruoff und Richard Hoffmann, München 1972, S. 33 (Uebersetzung modifiziert, F. P. I.)

105) PSS, XIV, S. 311-312; Karamasow, S. 463-464 (Uebersetzung modifiziert, F. P. I.)

106) Vgl. zur "judaisierenden" Verzeichnung Grušen'kas bei Dostojevskij den von Puškin, Lermontov, Turgenev vorgebildeten exotischen Typ der "schönen Jüdin", die noch bei Čechov (Tina, "Schlick", 1886) als jüdische Bacchantin ihren Auftritt hat; siehe dazu auch Gor'kijs polemische Auseinandersetzung mit der "Karamazovščina" (1913) in F. M. Dostojevskij v russkoj kritike (Dostojevskij in der russischen Kritik), Moskau 1956, S. 395-396. Zur thematischen Parallelisierung von jüdischem Goldbesitz und jüdischer Frauenschönheit in der Belletristik vgl. Mayer, a. a. O. (A. 82), S. 318.

107) Siehe Goldstein, a. a. O. (A. 19), S. 314, Anm. 34.

108) PSS, XIV, S. 17; Karamasow, S. 28.

109) PSS, XV, S. 21; Karamasow, S. 771. Den psychologischen Zusammenhang zwischen Naschsucht, Grausamkeit und sexueller Haltlosigkeit hat Dostojevskij in seinem Werk mehrfach aufgezeigt; vgl. auch, in diesem Band, den Beitrag von Wolfgang Liebeschuetz, "Die frühe Kirche als Verfolgerin und als Verfolgte", oben, S. 72.

110) PSS, XV, S. 22; Karamasow, S. 772.

111) PSS, XV, S. 23-24; Karamasow, S. 774.

112) Vgl. dazu z. B. Dostojevskijs Selbsteinschätzung im Entwurf eines Briefs (vom 28. VII. 1879) an V. F. Pucykovic (zit. in PSS, XV, S. 447).

113) PSS, XV, S. 24; Karamasow, S. 774.

114) Die "aussergewöhnliche Befähigung [der Russen] zum Verbrechen" - im besondern gegenüber Kindern - hat Dostojevskij wiederholt mit aller Schärfe

162

angeprangert (so etwa in "Stavrogins Beichte") und schliesslich (in der "Legende vom Grossinquisitor") zum Gegenstand theologischer Erörterung gemacht.

115) Vgl. etwa Gor'kij, a. a. O. (A. 106), S. 393-398.

116) Michail Bachtin, Probleme der Poetik Dostojevskijs, München 1971, S. 60.

117) Vgl. Dostojevskijs poetologisches Vorwort zur Novelle Die Sanfte (Krotkaja) aus dem Tagebuch eines Schriftstellers (November 1876), III, S. 56-58.

118) Leonid Grossman, "Poslednij roman Dostojevskogo" (Dostojevskijs letzter Roman) in F. M. Dostojevskij, Brat'ja Karamazovy, I, Moskau 1935, S. 30-32; vgl. S. Dubnow, a. a. O. (A. 2), II, S. 425-427, sowie – als Dokument – die Streitschrift des jüdischen Gelehrten Daniil A. Chvol'son, O nekotorych srednevekovych obvinenijach protiv evrejev (Ueber einige mittelalterliche Anschuldigungen gegen die Juden, 1861), welche dieser während des Prozesses im Fall Kutaisi in zweiter Auflage (St. Petersburg 1879) herausbrachte, um den kursierenden Ritualmordlegenden entgegenzutreten; in einer deutsch erschienenen Studie hatte Chvol'son schon früher die religiöse und mythologische Bedeutung des Ritualmords bei den chaldäischen und syrischen Ssabiern untersucht (Die Ssabier und der Ssabismus, II, St. Petersburg 1856); er selbst war 1855 zum Christentum übergetreten (Jüdisches Lexikon, I, 1409). Chvol'sons wissenschaftliche Arbeiten wurden später von Vasilij Rozanov argumentativ zur Stützung der Ritualmordthese im Fall Beilis (1913) herangezogen (vgl. V.R., Obonjatel'noje i osjazatel'noje otnošenije evrejev k krovi, St. Petersburg 1914, S. 189-199).

119) Zit. bei Leonid Grossman, "Dostojevskij i pravitel'stvennye krugi 1870-ch godov" (D. und die Regierungskreise in den siebziger Jahren), in Literaturnoje nasledstvo, XV, Moskau 1934, S. 113 (nach Graždanin, 1878, II-XV).

120) Dnevnik, S. 105; Tagebuch, III, S. 292.

121) Dnevnik, S. 108; Tagebuch, III, S. 296; vgl. a. a. O., S. 298.

122) A. Z. Štejnberg, a. a. O. (A. 19), S. 68.

Joseph Jurt

DER MYTHOS DES JUDEN IN DER
FRANZÖSISCHEN LITERATUR UND PUBLIZISTIK
DES 19. JAHRHUNDERTS

Eine Geschichte des Antisemitismus im Frankreich des 19. Jahrhunderts zu schreiben, würde die Grenzen eines Kongressbeitrages sprengen; dies wäre aber auch von einem Nicht-Historiker schwerlich zu leisten. Genuine Aufgabe der Philologie ist ja nicht das Darstellen von Fakten, vielmehr das Deuten von Texten; der spezifische Beitrag, den die Literaturwissenschaft zum Rahmenthema Antisemitismus leisten kann, ist eine Untersuchung von Texten als Träger von Mythen, hier als Ausdruck des Mythos des Juden.

Doch gilt es zuvor, den Begriff des Mythos näher zu bestimmen. Dem Mythos eignet in einer positiven Lesart ein unbestrittener Erkenntniswert; er vermag auf eindrückliche Weise nicht bloss kollektive Erfahrungen, sondern auch die Strukturen der Realität in einem Bild, einer Geschichte zum Ausdruck zu bringen. "Un mythe", so schreibt dazu Denis de Rougemont, "est une histoire, une fable symbolique, simple et frappante, résumant un nombre infini de situations plus ou moins analogues. Le mythe permet de saisir d'un coup d'oeil certains types de relations constantes, et de les dégager du fouillis des apparences quotidiennes" (1).

In einer negativen Lesart wird dem Mythos aber nicht die Funktion der Erkenntnis der Wirklichkeit, sondern vielmehr deren Verschleierung zugeschrieben. "L'évaporation du réel" charakterisiert nach Roland Barthes (2) den so verstandenen Mythos; der Begriff bezeichnet hier ein simplifiziertes oder karikaturales Bild einer komplexen Realität, ein Bild, dessen strukturelle Grundelemente gleich bleiben, aber jeweils mit neuen Bedeutungen aufgeladen werden können, ein Bild, das von einer sozialen Gruppe angenommen wird und wieder auf diese wirkt (3). Dieser Mythos - und hier insbesonders die stereotypen mythischen Vorstellungen von anderen ethnischen Gruppen - funktioniert als Verteidigungsmechanismus: er soll Geborgenheit innerhalb der eigenen Gruppe verleihen, Sicherheit gegenüber der Fremdgruppe, deren unterschiedlicher Lebensstil, deren andere Wertvorstellungen als Herausforderung empfunden werden, der man sich aber nicht stellen will. Ziel des Mythos ist es so, um wieder R. Barthes zu zitieren, "d'immobiliser le monde" (4).

Wenn man mit Pierre Albouy die eben erwähnte zweite Bedeutung des Begriffes Mythos als uneigentlichen Wortgebrauch abzulehnen geneigt ist (5) und diesen durch ein anderes Konzept er-
setzen möchte, so liesse sich die Bezeichnung Klischee-Vorstellung einführen oder diejenige des Stereotyps im Sinn von Walter
Lippman ("äusserst feste schematische und im allgemeinen un-
richtige Vorstellungen, die Menschen über viele Dinge oder soziale Gruppen haben") (6) oder eben schlicht der Begriff der
Ideologie.

Man wird wohl jetzt schon übereinstimmend feststellen können,
dass es sich beim Antisemitismus um einen erkenntnishindern-
den Mythos handelt, um eine ideologische Vorstellung der jüdischen Realität. Dabei wird man sich des spezifischen Charakters der antisemitischen Ideologie bewusst werden müssen. Der
Antisemitismus hat seinen Ursprung zweifelsohne in affektiv-
emotionalen Vorurteilen, die einer rationalen Analyse nicht zugänglich sind, und die sich wohl bloss tiefenpsychologisch erklären lassen. So stellt P. Loewenberg zu Recht fest, dass die Juden während Jahrhunderten aufgrund von Beschuldigungen verfolgt wurden, "die völlig irrational sind und keinerlei von Tatsachen getragene objektive Basis haben" (7). In Anlehnung an
Freud (8) sucht etwa Loewenberg die tieferen Motive des Judenhasses im "Unbewusstsein der Völker" als ödipale Situation zu
deuten, als Manifestation ungelöster Mordgelüste der Söhne gegenüber den Vätern (9). Psychoanalytische Untersuchungen einzelner antisemitischer Individuen bestätigten den vollkommen
emotional-irrationalen Charakter des Antisemitismus: "L'analyse psychologique des individus nous les montre affectivement
et émotionellement prédisposés à devenir anti-quelque-chose
et non pas précisément antisémites" (10). Die globale Aggressivität als Wurzel des Judenhasses wird von R. Bastide (11) auf
eine vorgängige Frustration zurückgeführt, die dann durch gegebene stereotype Vorstellungen kanalisiert werde; diese
stereotypen Vorstellungen würden aber ganz besonders virulent in Zeiten wirtschaftlicher und politischer Krise; damit die
Aggressivität zu einer dauernden feindlichen Haltung gegen eine
soziale Gruppe wird, bedürfe es aber der Wirkung systemati-
scher Propaganda und der Institutionalisierung der feindlichen
Haltung durch die schulische und familiäre Erziehung. Die Darstellung, die Bastide von diesem komplexen Phänomen gibt,
zeigt aber, dass es nicht genügt, den Judenhass als zeitloses

Phänomen, als blosse Abart des Aggressionstriebes zu deuten; es gibt zweifelsohne spezifische historische Gründe, welche die Virulenz der Judenfeindschaft als kollektives und nicht bloss als individuelles Phänomen erklären.

Im Sinne einer historischen Differenzierung wurde in der französischen Diskussion die Unterscheidung zwischen Antijudentum und Antisemitismus eingeführt. Der Begriff selber des Antisemitismus taucht erst in den 70er Jahren des 19. Jahrhunderts auf. Man schreibt ihn Wilhelm Marr zu, der ihn in seiner Schrift Der Sieg des Judenthums über das Germanenthum 1873 erstmals verwendet haben soll (11a). Das Pamphlet Marrs wurde 1880 in der französischen Presse besprochen und der Begriff 'antisémitisme' findet seither in Frankreich seine Verwendung. Seit 1883 erscheint eine Wochenzeitung mit dem Titel L'Antisémitique (12). Ab 1880 lässt sich in Frankreich von einer eigentlichen antisemitischen Bewegung reden, nicht bloss, weil der Begriff existiert; die Judenfeindschaft nahm nunmehr eine neue Form an, wie das Bernard Lazare als unmittelbar Betroffener feststellen konnte: "L'hostilité contre les juifs, autrefois sentimentale, se fit raisonneuse [...]. Les antijuifs contemporains voulurent expliquer leur haine c'est-à-dire qu'ils la voulurent décorer: l'antijudaïsme se mua en antisémitisme" (13). Der Antisemitismus versuchte jetzt, sich auf pseudo-wissenschaftliche (der Biologie entlehnte) Argumente abzustützen, war nicht mehr bloss Ausdruck eines feindlichen Gefühls, sondern Ausgangspunkt einer politischen Aktion. So schlug namentlich auch F. Lovsky vor, den Antijudaismus, der sich vor allem theologischer Argumente bediene und sich nur auf die Lehre der Synagoge beziehe, zu unterscheiden vom Antisemitismus, der sich gegen die Juden als solche richte (14). Jules Isaac bemerkt jedoch zu dieser Differenzierung: "L'antijudaïsme mène le plus souvent à l'antisémitisme, et tous deux sont très étroitement entre-mêlés" (15). Wenn mit dem rassistischen Antisemitismus seit den 80er Jahren eine neue und radikalere Form der Judenfeindlichkeit aufgetreten ist, so wird man in der Tat nicht leugnen, dass der Antijudaismus diese Entwicklung vorbereitet hat.

*

Wenn wir nun im Folgenden den Mythos des Juden, so wie man ihn in literarischen und nicht-literarischen Texten der ersten

Hälfte des 19. Jahrhunderts findet, genauer untersuchen wollen,
so können wir nicht umhin, zunächst die historische Situation des
Judentums in Frankreich zu skizzieren. Die Situation der französischen Juden unterscheidet sich von derjenigen der germanischen und slawischen Länder zunächst durch die frühe Emanzipation (1791) und die geringe numerische Bedeutung der jüdischen
Bevölkerung. So zählte man 1791 bloss 40 000 Juden in Frankreich; davon lebten über die Hälfte im Elsass (16). Das Profil
der französischen jüdischen Gemeinschaft wurde modifiziert
durch die Ankunft von James Rothschild in Paris (1811); die Rothschilds, welche im Dienste der Heiligen Allianz standen, galten
zu Recht seit der Restauration als bedeutendstes Bankhaus Europas; ihr Unternehmen hatte in der Tat europäische Dimensionen,
da sich die fünf Brüder in je verschiedenen Ländern installiert
hatten (Anselm in Frankfurt, Salomon in Wien, Nathan in London,
Charles in Neapel); H. Arendt glaubt, die Rothschilds hätten
durch diese Expansion, wie auch durch die Endogamie, unbewusst den supra-nationalen Status der Juden, der infolge der Integration in die Nationalstaaten und der religiös-spirituellen
Desintegration gefährdet war, aufrecht erhalten (17). Der Einfluss von James Rothschild als eigentlicher Bankier des Staates,
der sich mit den Bourbonen gut verstand und dann das persönliche Vermögen von Louis-Philippe verwaltete, der politische
Einfluss von James Rothschild, der ab 1821 die Funktion eines
österreichischen Generalkonsuls ausübte und auch dem jüdischen
Konsistorium vorstand, war gross; Metternich hielt dafür, das
Haus Rothschild spiele in Paris eine wichtigere Rolle als die ausländischen Regierungen, ausgenommen vielleicht das englische
Kabinett (18). Als während der Damaskusaffäre im Jahre 1840 Juden auf Betreiben der französischen Konsuln des Ritualmordes
angeklagt und verfolgt wurden und der französische Ministerprä-
sident dieses Vorgehen deckte, konnte James Rothschild, nachdem sich eine Bewegung der internationalen jüdischen Solidarität gebildet hatte, bewirken, dass Louis-Philippe Thiers ent-
liess (19).

Die Identifizierung Rothschilds mit dem Kapitalismus führte in
Frankreich zu dem, was J. Verdès-Leroux den 'wirtschaftlichen
Antijudaismus' (20) und H. Arendt 'linken Antisemitismus' (21)
nennt. Der Antisemitismus äussert sich in Frankreich im 19.
Jahrhundert in der Tat zunächst in den Schriften der utopischen
Sozialisten, so etwa bei Fourier und Proudhon.

170

Charles Fourier (1772–1837) argumentiert aus kleinbürgerlich-korporatistischem Blickwinkel; der Jude ist für ihn der fremde Händler, der durch unlauteren Wettbewerb das einheimische Gewerbe ruiniert: "Le juif Iscariote arrive en France avec 100 000 livres de capitaux, qu'il a gagnées dans sa première banqueroute, il s'établit marchand dans une ville où il a pour rivales six maisons accréditées et considérées"; nachdem er mit niedrigen Preisen seine Rivalen ruiniert habe und selber Bankrott gegangen sei, "Iscariote disparaît avec son portefeuille en Allemagne, où il a acheminé ses marchandises achetées à crédit [...] c'est ainsi que l'établissement d'un vagabond ou d'un juif suffit pour désorganiser en entier le corps des marchands d'une grande ville, et contraindre les plus honnêtes gens au crime" (22). Hier kommt zunächst das national-xenophobe Element zum Tragen (der Jude als der Fremde); bezeichnenderweise wird der Jude aber Ischariot genannt; das scheinbar wirtschaftlich begründete Ressentiment wird durch Topoi aus dem religiösen Antijudaismus untermauert (23). Bei Fourier finden sich aber auch Argumente des Antijudaismus der Aufklärung, der das Judentum mit den zu überwindenden patriarchalischen Strukturen des Mittelalters in Verbindung bringt; so lehnt sich Fourier gegen die Verleihung der Bürgerrechte an die Juden auf: "Il ne suffisait donc pas des civilisés pour assurer le règne de la fourberie; il faut appeler au secours les nations d'usuriers, les patriarcaux improductifs. La nation juive n'est pas civilisée, elle est patriarcale [...]" (24).

Ein analoges 'Argument' findet sich bei einem anderen utopischen Sozialisten, Charles Proudhon (1809–1865), der den Juden jene wirtschaftliche Funktion vorwirft, in die sie gerade von den Christen gedrängt worden waren: "Le Juif est par tempérament anti-producteur, ni agriculteur, ni industriel, pas vraiment commerçant. C'est un entremetteur, toujours frauduleux et parasite, qui opère, en affaires comme en philosophie, par la fabrication, la contrefaçon, le maquignonnage"; was sich zunächst als pseudo-wirtschaftliche Argumentation ausgab, entpuppt sich aber im gleichen Zitat als rassistisch-manichäisches Globalvorurteil: "Sa politique [sc. celle du juif] en économie est toute négative; c'est le mauvais principe, Satan, Ahriman, incarné dans la race de Sem" (25). In den Carnets von Proudhon verbindet sich der Rassismus mit dem religiösen Deizid-Argument und mündet in die Forderung nach kon-

kreten Massnahmen gegen den jüdischen Kult, aber auch gegen
die Juden global, deren Ausweisung verlangt wird (26). Proudhon
kündet somit den militanten Antisemitismus des letzten Viertels
des 19. Jahrhunderts an. L. Poliakov arbeitet sehr gut heraus,
wie Proudhon dieselbe irrational-aggressive Haltung auch gegenüber den Frauen einnimmt; für ihn ist die Frau "improductive
par nature, inerte, sans industrie ni entendement, sans justice
et sans pudeur"; sie ist für ihn "une sorte de moyen terme entre
lui [l'homme] et le reste du règne animal" (27). Darum fordert
er auch von der Frau völlige Unterordnung unter den Mann.

Das Beispiel Proudhons belegt, wie sehr vorurteilhaftes Denken
mit dem Vorherrschen eines spezifischen Sozialcharakters verbunden ist, den Adorno und Horkheimer treffend als 'autoritäre
Persönlichkeit' beschrieben haben; die autoritätsgebundene Persönlichkeit kann sich zwischenmenschliche Beziehungen nur als
solche der Ueber- und Unterordnung vorstellen; um diese Hierar-
chisierung aufrecht zu erhalten,entwirft sie ein manichäisches
Weltbild, das nur Gut und Böse kennt; der Ideologie der Höher-
wertigkeit der Eigengruppe entspricht die Ueberzeugung von der
Minderwertigkeit der Fremdgruppe,und somit der Hass auf all
das, was von der einmal gesetzten Norm abweicht, sei es ras-
sisch, religiös, politisch oder kulturell.

Trotzdem wird man gerade das Denken Fouriers, der gegenüber
der Frau eine zu Proudhon konträre Stellung einnahm, nicht auf
den blossen Antijudaismus reduzieren dürfen, der keineswegs im
Zentrum seines Werkes steht (29).

Systematisiert wurden die Ansätze zu einem linken Antijudentum
erstmals von einem Fourier-Schüler, Alphonse de Toussenel,in
seinem Buch Les Juifs, rois de l'époque (1845). Toussenel ope-
riert scheinbar weitgehend auf ökonomischer Ebene. Der Begriff
des Juden scheint sich hier nicht auf eine ethnische Gruppe zu beziehen, sondern als Synonym für den Spekulanten oder den Finan-
zier schlechthin verwendet zu werden, welcher Herkunft er nun
auch sein möge: "J'appelle de ce nom méprisé de Juif tout trafi-
quant d'espèces, tout parasite improductif, vivant de la sub-
stance et du travail d'autrui... Et qui dit Juif dit protestant, et
il est fatal que l'Anglais, que le Hollandais et le Genevois, qui
apprennent à lire la volonté de Dieu dans le même livre que le
Juif, professent pour les lois de l'équité et pour les droits des

travailleurs le même mépris que le Juif" (30). Antijudaismus scheint hier identisch mit Antikapitalismus zu sein, und L. Poliakov (31) bemerkt, dass in zahlreichen Kapiteln des Buches überhaupt nicht von den Juden die Rede sei; dem Autor des Buches sei es vor allem darum gegangen, die Herrschaft des Geldes anzuklagen, darum auch der Untertitel seines Buches: Histoire de la Féodalité financière; Toussenel habe überdies ausdrücklich die Leistungen von jüdischen Künstlern in Schutz genommen. Nun ist aber trotzdem festzuhalten, dass Toussenel die Protestanten mit den Juden assoziiert, weil sie "apprennent à lire la volonté de Dieu dans le même livre que le Juif"; der Rekurs auf das Alte Testament wird so als Quelle eines ausbeuterischen Verhaltens hingestellt; die Feindschaft gegen die Bibel scheint so Toussenels Antijudaismus zu motivieren; das Thema der angeblichen jüdischen Ausbeutung wird auch hier wieder mit der Deizid-These in Verbindung gebracht; daraus schliesst R. Misrahi, Toussenels Judenhass sei nur scheinbar wirtschaftlich, im Grunde aber religiös begründet; so schreibt Toussenel in der Tat, der neue Handelsfeudalismus habe "pour premiers parrains des enfants d'Israël, des fils non dégénérés de ces pharisiens qui mirent en croix le Christ" (32).

Toussenel vertrat in seinem Buch insbesonders die These, die Juden hätten die Finanzen, die Verwaltung, die Justiz und die Armee erobert, sie monopolisierten das Transportwesen, die Kohlenminen und die Presse; er stört sich vor allem an der Allianz zwischen Louis-Philippe und Rothschild, deren Opfer die Arbeiter und das Volk seien; er plädiert für eine Union zwischen Volk und Monarchie, um den jüdischen Finanzdespotismus zu beseitigen, aber auch für die Verstaatlichung der Unternehmen. Die Verbindung von 'Juif' und 'français' erscheint dem Autor aufgrund des kosmopolitischen Charakters des Judentums ein Widerspruch in sich zu sein; das national-xenophobe Argument kommt also auch hier wiederum zum Vorschein. Die Schlussfolgerung von Toussenel erscheint darum keineswegs so harmlos, wie man teilweise angenommen hat; identifiziert der Autor doch den Kampf gegen das Kapital mit dem Kampf gegen die Juden: "C'est la guerre sociale qui commence, je vous le dis, la guerre de ceux qui n'ont pas contre ceux qui possèdent, la guerre des affamés contre les repus, une guerre impitoyable de réaction et d'extermination [...] Force au pouvoir. Mort au parasitisme. Guerre aux Juifs. Voilà la devise de la révolution nouvelle" (33).

Das Buch von Toussenel stiess auf ein grosses Echo bei der öffentlichen Meinung Frankreichs, die, wie Rabi schreibt, über den spektakulären Erfolg Rothschilds, zu einer Zeit, da die Lage der Arbeiterklasse alles andere als glänzend war, erregt war (34). Rothschild bildete zweifellos ein Element des europäischen Kapitalismus, aber eben nur eines; dabei wurde aber geflissentlich übersehen, dass ein Grossteil der französischen Juden arm lebten; so konnten 1809 von der jüdischen Bevölkerung von Paris bloss 5 % der Bourgeoisie zugerechnet werden; 50 % lebten in eher schwierigen Verhältnissen vom Kleinhandel, 27 % waren Handwerker und 5 % übten freie Berufe aus (35).

Im Gefolge von Toussenel erschien dann eine ganze Reihe von Pamphleten gegen das Haus Rothschild; so der Aufsatz "Les Juifs, Rois de l'époque", den der christliche Sozialist Pierre Leroux in der Revue sociale 1846 veröffentlichte, der wohl Jude und Kapital identifizierte, aber den Christen und ihren Verfolgungen die Verantwortung für diese Entwicklung zuschrieb. Hier ist auch das Pamphlet von Georges Dairnvaell zu erwähnen: Histoire édifiante et curieuse de Rothschild Ier (1846), von dem selbst Engels schrieb, es sei ein Angriff in die richtige Richtung (36). Wie sehr die Identifikation Judentum - Kapital innerhalb des damaligen sozialistischen Denkens verbreitet war, belegt ja auch die Frühschrift von Marx Ueber die Judenfrage, die im März 1844 in den Annales franco-allemandes in Paris erschien (37).

Es stellt sich die Frage, warum der Antisemitismus in der ersten Hälfte des 19. Jahrhunderts gerade innerhalb des linken Denkens so virulent war; Rabi sieht darin eine Kinderkrankheit des jungen Sozialismus, der sich bloss an äussere Erscheinungen hielt, sich vom Mythos Rothschild vereinnahmen liess und noch nicht zu einer Analyse der eigentlichen gesellschaftlich relevanten Kräfte vorstiess; der Antisemitismus ist der Sozialismus der Dummköpfe, wird Bebel sagen. J.-M. Domenach erklärt das Faktum des 'linken' Antisemitismus durch den Nationalismus, der damals einen festen Bestandteil der linken Ideologie ausmachte; als gegen Ende des Jahrhunderts die Linke internationalistisch wurde, integrierte die nunmehr nationalistisch-chauvinistische Rechte den Antisemitismus (38).

174

Für R. Misrahi jedoch hat der Antisemitismus von Fourier, Proudhon und Toussenel seine Wurzel im traditionellen Antijudaismus des Christentums; die ökonomischen Argumente dienten bloss zur Stützung dieses vorgängigen religiösen Vorurteils. Dabei bemerkt Misrahi mit Recht, dass die Relation Christentum - Antisemitismus (von der Doktrin her) keineswegs zwingend sei, sondern auf einer partialen Interpretation beruhe, die allerdings auf eine lange Tradition zurückblicken könne. Als Beweis führt der Autor die Existenz von utopischen Frühsozialisten an, die sich auf das Christentum beriefen, aber keineswegs antisemitisch argumentierten, so etwa Constantin Pecqueur (Des améliorations matérielles dans le rapport avec la liberté (1840)) und dann namentlich Etienne Cabet, der 1846 in Le vrai Christianisme versuchte, die sozialistische Doktrin im Christentum zu begründen, dessen human-soziale Dimension eine Weiterführung jüdischer Traditionen darstelle (er verweist auf den nicht-kapitalistischen Charakter der politischen und sozialen Institutionen der Hebräer, so der gemeinsame Besitz des Landes sowie die Aufhebung der Kaufverträge alle fünfzig Jahre, was die Bildung einer reichen Besitzerklasse verhindert habe); Cabet widerlegte so von der jüdischen Geschichte her die essentialistische These der Identität von Judentum und Kapitalismus.

Neben dem 'linken' Antijudaismus gab es aber in der ersten Hälfte des 19. Jahrhunderts auch eine konservativ-religiöse Judenfeindschaft. Die Vertreter dieser (konter-revolutionären) Richtung warfen den Juden, die durch die Französische Revolution emanzipiert wurden, vor, den Fall des Ancien Régime provoziert zu haben (39). Diese These wurde zuerst in einem Werk des Jesuiten Augustin de Barruel, Mémoire pour servir à l'histoire du jacobinisme angetönt, der sich auf einen 1806 erhaltenen Bericht eines italienischen Offiziers, Simonini berief; hier findet sich erstmals der Mythos der jüdischen Verschwörung, wonach die Juden - mit Hilfe der Freimaurer - die Weltherrschaft anstrebten, eine These, die später in der so verhängnisvollen Fälschung der Protocoles des sages de Sion wieder aufgegriffen wurde (40).

L. Poliakov stellt aber fest, dass man während der ersten Hälfte des 19. Jahrhunderts keine offiziellen Verlautbarungen der Kirche gegen die Juden findet, und dass es kaum Mitglieder des

Klerus unter den antijüdischen Polemisten gab, ausgenommen
den italienischen Geistlichen Chiarini, der 1829 in Paris, mit
Unterstützung des russischen Zaren Nikolaus I., ein zweibändi-
ges Werk mit dem Titel Théorie du judaïsme, appliquée à la réforme des Israélites de tous les pays de l'Europe veröffentlichte.
Derselben Tendenz des mit religiösen Argumenten operierenden
Antijudaismus ist vor allem auch das Werk von R. Gougenot des
Mousseaux Le Juif, le Judaïsme et la judaïsation des peuples
chrétiens (1869) zuzuzählen, das in mehrere Sprachen übersetzt
wurde. J. Verdès-Leroux (41) arbeitet gut heraus, wie sowohl
Chiarini als auch Gougenot des Mousseaux den Talmud als Quelle der Degradation der Juden betrachten. Beide Autoren kolpor-
tieren auch die absurde Legende der jüdischen Ritualmorde.
Chiarini sieht einen Plan zur 'Bekehrung' der Juden vor, dessen
Ziel die Rückkehr zum Mosaismus ist, wobei er diese Umerzie-
hung dem Staat anvertrauen möchte. Gougenot schlägt keine konkreten 'Reformen' vor; er tradiert vielmehr die konservative
Verschwörungsthese; der Jude sei dank seiner hohen Intelligenz
"le préparateur, le machinateur, l'ingénieur en chef des révolu-
tions" (42). Mit Hilfe des Geldes und der Presse versuchten diese die christliche Zivilisation zu erschüttern; trotzdem blieben
die Juden für ihn das auserwählte Volk, "le plus noble et le plus
auguste des peuples", für das er brüderliches Mitleid empfinde.

Dieser religiöse Antijudaismus unterscheidet sich, wie F.
Lovsky und J. Verdès-Leroux zu Recht bemerken, vom Antisemitismus des letzten Jahrhundertviertels; beide Autoren ru-
fen nicht nach repressiven Massnahmen; sie greifen nicht den
Juden an sich an, sondern nur insofern er durch den Talmud
'verdorben' sei. Dabei wird man nicht übersehen dürfen, dass
es auch innerhalb des Judentums eine Anti-Talmud-Bewegung
gab, die etwa bei Alexandre Weill oder bei Bernard Lazare zum
Ausdruck kam (43). Chiarini und Gougenot verbreiten wohl die
üblichen stereotypen Vorstellungen über die Juden und schreiben
ihnen Stolz, Intoleranz, Habsucht und lockere Sitten zu, Stereotype, die vom späteren Antisemitismus wieder aufgegriffen werden; die beiden argumentieren jedoch nicht essentialistisch; in
ihren Augen ist der jüdische Charakter nicht feststehend, sondern wandelbar; das rassistische Argument (44) findet sich bei
ihnen nicht, wenn die Autoren auch keineswegs die Verantwortung der Christen für die geschichtliche Entwicklung des Judentums erkennen (45).

176

*

Ueber den ideologischen Charakter des konservativen wie des
sozialistischen Judenmythos besteht kein Zweifel; das Bild, das
hier von den Juden entworfen wird, ist irreal; es geht kaum von
der Wirklichkeit aus, sondern besteht meist in der Tradierung
von feststehenden stereotypen Vorstellungen, die völlig aus-
tauschbar sind; so werden dieselben finsteren Machenschaften
bald den Juden, bald den Freimaurern zugeschrieben; für die
einen sind die Juden Vertreter des finsteren Mittelalters, für
die anderen Anstifter aller Revolutionen.

*

Welches Bild entwirft nun die Literatur während der ersten Hälfte des 19. Jahrhunderts von der jüdischen Gemeinschaft in
Frankreich? Sind die Darstellungen der Schriftsteller ebenso
ideologieverdächtig wie diejenigen der eben erwähnten nicht-literarischen Schriften? Man wird hier zunächst an Balzac denken,
von dessen Werk gesagt wurde, es sei "für gewisse Vorgänge in
der Gesellschaftsgeschichte von 1789 bis 1840" "ein Dokument,
das von keinem andern überboten worden [sei] und heute noch
mehr Material- und Erkenntniswerte ent[halte] als selbst die
bestdokumentierte wissenschaftliche Darstellung" (46). Von der
Erkenntnis durchdrungen, dass das Individuum nur in Beziehung
zur Gesellschaft existiere, entwirft Balzac in den vielen Bänden
der Comédie humaine ein globales Bild der neueren französischen Gesellschaft. Trotz seiner legitimistischen Sympathien
schildert er schonungslos den Verfall der Aristokratie; er erfasst in luzider Weise, wie mit dem Aufstieg des Bürgertums
das Geld zum alles bestimmenden Wert wird, das Mass für jedes Recht, jede Macht, jede Fähigkeit. In seinen Romanen wird
immer wieder deutlich gemacht, wie sehr die Macht des Geldes
den Menschen sich selber entfremdet, Ideale zerstört, aus Ge-
nies Verbrecher macht. Von der Warte der stabilen Elemente
aus - der Monarchie und der Religion (47) - blickt er voller
Schrecken und Faszination auf die Mobilität der neuen Gesellschaft: "[...] l'épicier devient certainement pair de France et
le noble descend parfois au dernier rang social" (48).

Von diesem Hintergrund her ist das Bild des Juden im Roman-
universum Balzacs zu verstehen. Von der katholisch-legitimi-

stischen Ueberzeugung des Autors her würde man zum vornherein in seinem Werk eine ganze Reihe von Spuren des Antisemitismus vermuten. Das Erstaunlichste ist aber, nach Rabi, dass man
bei Balzac ein so geringes antisemitisches Substrat findet. Unter
den über 2500 Figuren seines Romanwerkes zählt man bloss etwa
dreissig Juden; diese figurieren als Kurtisanen, als Wucherer,
als Bankiers, als Schriftsteller, als Antiquare (49). L. Poliakov
findet, dass aus dem Autorenkommentar keine eigentlichen Vorurteile gegen die jüdischen Gestalten abzulesen seien (50).
Manchmal entlarvt der Romancier Vorurteile gegenüber den Juden, übersieht auch die gesellschaftliche Diskrimination nicht,
unter der sie zu leiden haben; etwa wenn er in Louis Lambert
schreibt: "L'origine de Mlle de Villenoix et les préjugés que
l'on conserve en province contre les Juifs ne lui permettaient
pas, malgré sa fortune et celle de son tuteur, d'être reçue dans
cette société tout exclusive qui s'appelait, à tort ou à raison, la
noblesse". Im Mund der Figuren Balzacs jedoch finden sich
durchaus judenfeindliche Aeusserungen; so treffen wir in mehreren Romanen den Schriftsteller Nathan, Sohn eines jüdischen
Antiquitätenhändlers, der wohl intelligent ist, aber kaum schöp-
ferisch, subtil, aber ohne Charakter; als Lady Dudley ihre
Freundin über die jüdische Identität des Schriftstellers, die dieser zu verbergen sucht, aufklärt, meint jene: "Et moi qui viens
de l'inviter à venir chez moi, dit la marquise. - Ne l'ai-je pas
reçu hier? répondit lady Dudley. Il y a, mon ange, des plaisirs
qui nous coûtent bien cher" (Le lys dans la vallée). Mythologische Vorstellungen über die Juden finden sich noch expliziter in
Z. Marcas, wo sich der Held an den Studenten Juste erinnert:
"Il m'a dit en 1831 ce qui devait arriver et ce qui est arrivé: les
assassinats, les conspirations, le règne des Juifs...". In den
Illusions perdues äussert Lucien de Rubempré die üblichen Ver-
allgemeinerungen über die Juden, die von der Angst und der
Faszination Balzacs gegenüber der eminenten Rolle, welche diese innerhalb der französischen Gesellschaft spielen, zeugen:
"L'Espagnol est généreux [...],comme le Français est léger,
comme le Juif est ignoble, comme l'Anglais est noble. Renver-
sez ces propositions, vous arriverez au vrai. Les Juifs ont
accaparé l'or, ils écrivent Robert le Diable, ils jouent Phèdre,
ils chantent Guillaume Tell, ils commandent des tableaux, ils
élèvent des palais, ils écrivent Reisebilder et d'admirables poé-
sies, leur religion est acceptée, enfin ils font crédit au Pape".

Balzac assoziiert nun aber keineswegs gedankenlos Geldherrschaft und Judentum. Die Figur, die auf das Exemplarischste
die Monomanie des Geldes, den Geiz und den Wucher verkörpert,
ist nun gerade kein Jude, der alte Grandet, der seine Familie
terrorisiert, seine Frau in den Tod treibt und dem gehorteten
Gold eine religiöse Verehrung zukommen lässt. Wie sehr das
Geld für diesen Nicht-Juden zu einem sakralen Wert geworden
ist, zeigt sich in den Worten des sterbenden Grandet an seine
Tochter: "Trage Sorge zu allem. Du wirst mir darüber Rechen-
schaft ablegen dort unten', sagte er, als ob er mit diesen letzten
Worten beweisen wollte, dass das Christentum die Religion der
Geizigen sein soll" (Eugénie Grandet) (51).

Das jüdische Pendant zu Grandet, der Wucherer Gobseck, ist jedoch von der Geld-Monomanie nicht in demselben Masse besses-
sen; er ist durchaus der Grosszügigkeit fähig; in dieser ganz
vom Geld beherrschten Gesellschaft bedient er sich des Geldes,
um sich zu rächen; mit Geld verschafft er sich Zugang zu Fami-
liengeheimnissen, wird zum geheimen Zeugen permanenter Kor-
ruption: "Mon regard est comme celui de Dieu, je vois dans les
coeurs. Rien ne m'est caché" (Gobseck). Nach Rabi hat Balzac
in dieser Gestalt die geheime Bedeutung des Geldes für eine Minderheit inmitten einer feindlichen Gesellschaft dargestellt, als ein
Element der Sicherheit und der Freiheit.

Unter den eben erwähnten Gestalten Balzacs ist die schöne Jüdin
hervorzuheben, hier insbesonders die bewundernswerte Figur der
Esther in Splendeurs et misères des courtisanes; aus Liebe zu
Lucien de Rubempré akzeptiert sie die Taufe und verzichtet auf
die Prostitution; in einer der schönsten Szenen des Buches ent-
deckt der alte Nucingen, der vorher nur für das Geld lebte, in
ihr die Liebe, die er ein Leben lang verdrängt hatte; wenn der
Bankier urplötzlich von Esther gebannt ist, dann auch, weil so
etwas wie eine unterschwellige Solidarität mitspielte; er entdeckte
in ihr "une beauté juive". In der Tat scheint von Esther eine magische Faszination auszugehen: "Esther attirait soudain l'atten-
tion par un trait remarquable dans les figures que le dessin de
Raphaël a le plus artistement coupées, car Raphaël est le pein-
tre qui a le plus étudié, le mieux rendu la beauté juive [...] .
Il n'y a que les races venues des déserts qui possèdent dans
l'oeil le pouvoir de la fascination sur tous [...], leurs yeux re-
tiennent sans doute quelque chose de l'infini qu'ils ont contem-

plé [...]. Après dix-huit cent ans de bannissement l'Orient brillait dans les yeux et dans la figure d'Esther" (Splendeurs et misères des courtisanes).

Man wird sich fragen, warum gerade der jüdischen Frau und hier insbesonders der jüdischen Kurtisane innerhalb des Romanuniversums von Balzac eine solch magische Funktion zugeschrieben wird (52). Dazu lässt sich sagen, dass in den mythischen Vorstellungen von andern Rassen die sexuelle Komponente oft eine wichtige Rolle spielt; man erinnere sich etwa an den Mythos der schwarzen Frau im französischen Kolonialroman, die dort mit einer für die Weissen verderblichen Sinnenhaftigkeit ausgestattet wird. Aehnliche Denkschemata finden sich in der antisemitischen Trivialliteratur, wo der jüdischen Prostituierten die Rolle der Verderberin der arischen Jünglinge zugedacht wird (53). Zweifellos handelt es sich hier um eine Projektion verdrängter sexueller Wünsche. Doch das trifft für Balzac wohl nicht zu; bei ihm ist die Prostituierte nicht die Verderberin, sondern eine Randfigur, die ausserhalb verkrusteter Gewohnheiten lebt und darum offen ist für eine andere Welt, Mittlerin vielmehr als Verderberin oder, wie Gaëtan Picon es treffend formulierte: "Par l'amour, elle [la courtisane] accède à l'infini. Son caractère en marge, son insouciance des buts et des normes habituelles lui confèrent une sorte de signification sacrée" (54).

Die Darstellung der jüdischen Frau entspricht so nicht der Klischee-Vorstellung der antisemitischen Trivialliteratur; Balzac transzendiert diese vielmehr, indem er diese Gestalten in die polyvalente Bedeutungsstruktur seines Romanuniversums integriert.

Zu erwähnen bleibt uns noch die Figur des Nucingen, des Prototyps eines jüdischen Bankiers, hinter dem sich leicht die Gestalt von James Rothschild erkennen lässt. Er wird als ein im Elsass geborener Jude dargestellt, der aus Ehrgeiz konvertiert habe und dann zu einem Napoleon der Finanzen wird, sich wie wenige in die geheimnisvollen Regeln des modernen Geldwesens eingeweiht weiss, Bankier des Königs, grösster Financier Europas wird; er wird als massig gezeichnet, mit dem Blick eines Luchses, der sich kaum bewegt und der mit einem starken deutschen Akzent spricht. Balzac ist offensichtlich fasziniert, aber auch beunruhigt von der Figur Rothschilds. Rothschild-Nucingen erscheint aber nicht in erster Linie als Jude, sondern als Elsässer mit germanischem Akzent, als der Nicht-Assimilierte, der dadurch Aufsehen erregt, dass er trotzdem eine so steile Karriere macht (55). Stendhal, der Rothschild unter den Zügen des Vaters Leuwen darstellt, lässt diesen gar nicht mehr als Juden auftreten und schreibt ihm einen holländischen Ursprung zu. L. Poliakov (56) sieht darin einen Beweis, dass die Rothschilds den Zeitgenossen eher als Fremde denn als Juden erschienen. So findet sich auch bei Balzac das Postulat einer notwendigen Relation zwischen Geldherrschaft und jüdischer Volkszugehörigkeit nicht. Die Leidenschaft, die den Romancier für seine Gestalten erfüllte, so folgert Rabi zu Recht, aber auch seine Sensibilität für die subtilen Metamorphosen seiner Zeit trugen dazu bei, dass Balzac bei der Zeichnung seiner jüdischen Figuren nicht die klassischen Vorurteile tradiert.

Balzacs Romane sind als realistisch bezeichnet worden, weil sie alltägliche Personen und Ereignisse "in den Gesamtverlauf der zeitgenössischen Geschichte" einbetten und den "geschichtlich bewegten Hintergrund" miteinbeziehen (57). Daneben findet man aber in der ersten Hälfte des 19. Jahrhunderts auch literarische Werke, die zeitlose Mythen des Juden, die sich nicht auf deren konkrete soziologische Situation beziehen, aufgreifen. So wurde insbesonders in den Dreissiger und Vierziger Jahren das Thema des Ewigen Juden wieder angeschlagen. Man begegnet dem Thema ein erstes Mal in einer Chronik aus Bologna aus dem 13. Jahrhundert (58), die von einem Juden aus Armenien berichtet, der dem kreuztragenden Christus einen Schlag versetzt habe und entsprechend der Prophezeiung Jesu 'Ich werde gehen, aber du wirst auf mich warten, bis ich zurückkomme', sich alle hundert Jahre in einen Dreissigjährigen verwandle und nicht sterben könne, bis der Herr wiederkomme, sich dann aber zum Christentum bekehrt habe und als Büsser weiterlebe (59). Die Gestalt des Ewigen Juden wird dann im 15. Jahrhundert vor allem in Spanien und Portugal sehr populär; Weltchroniken verwenden gerne die Figur als Erzählinstanz. Grosse Verbreitung findet dann der Stoff Ende des 18./Beginn des 19. Jahrhunderts mit Schubarts 'lyrischer Rhapsodie' Der ewige Jude (1783), die Nerval übersetzen wird, mit A. W. Schlegels Warnung (1801), Lenaus Ballade "Ahasver, der ewige Jude" (1833) und A. v. Arnims Drama Halle und Jerusalem (1811), dann auch in Wordsworth' Song for the Wandering Jew (1800) und P. B. Shelleys The Wandering Jew, or

the Victim of the Eternal Avenger (1810). In Frankreich findet
das Thema grössere Verbreitung in einer volkstümlichen complainte, einem Klagelied um 1800, an dem sich später Béranger
für sein Rollengedicht Le juif errant (1831) inspirieren wird. In
der complainte erscheint der ewige Jude mit dem Kainsmal gezeichnet; seine 'Schuld' besteht darin, dass er dem alten Gesetz
treu geblieben ist; wenn er ohne Grund ("sans raison") brutal
mit Jesus war, dann weil er in ihm einen gewöhnlichen Verbrecher sah; doch die complainte zeigt den Ewigen Juden auch als
reuig ("Si mon crime s'efface/, J'aurai trop de bonheur: /J'ai
traité mon Sauveur/ Avec trop de rigueur") (60). Der Mythos
des Ewigen Juden scheint nun als Personifizierung des jüdischen Volkes die Figur des Judas Ischariot zu verdrängen. L.
Poliakov fragt sich, ob diese Metamorphose des jüdischen Mythos nicht mit der veränderten Situation der Juden in Verbindung zu bringen sei. Der Mythos des Verräters motiviere im
Mittelalter die Ghettoisierung, die juristische und soziale Diskriminierung der Juden als Kollektivstrafe; jetzt aber, zur Zeit
der Emanzipation werde der Mythos des Ewigen Juden dominant,
dem nun keine andere 'Schuld' mehr zugeschrieben werde als
seine Ablehnung des Christentums; hier frappiere vor allem die
Diskrepanz zwischen dem angeblichen Vergehen und der Strafe
der Jahrtausende währenden Irrfahrt; das konkrete Vergehen im
Judas-Mythos weiche nun dem Gefühl einer diffusen, mysteriö-
sen jüdischen Schuldhaftigkeit, einem unerbittlichen Fluch, der
auf dem Volk laste, nicht mehr wegen seinen Taten, sondern
wegen seinem Sein. Das neue Sinnbild für das jüdische Schicksal illustriere den Uebergang vom theologischen zum rassistischen Antisemitismus (61).

Wenn man einzelne literarische Konkretisationen des Mythos
des Ewigen Juden genauer betrachtet, kann man dieser Deutung
nicht mehr unbedingt zustimmen. Man denke etwa an das Pro-
sa-Epos Ahasvérus (1833) von Quinet. Der Prolog handelt im
Himmel, nach dem Ende der Welt; die Erzengel spielen ein
Stück, das die Geschichte der untergegangenen Welt darstellt
(die geschichtliche Zeit ist in der mythischen Zeit aufgehoben);
der Held des Geschehens ist Ahasvérus, der durch die Jahrhunderte wandert und dazu verurteilt ist, nie zu sterben; im Mittelalter stösst er auf Rachel, einen Engel, der Erbarmen mit
ihm hatte, als er von Christus verflucht wurde, und der zur
Strafe in eine Frau verwandelt wurde, die für immer seine Ge-

fährtin sein sollte; dank der Liebe der Rachel erlangt Ahasvérus beim letzten Gericht Verzeihung, und das Menschenpaar bricht dann auf zur Eroberung unbekannter Sterne, Symbol der immer vorwärts schreitenden Menschheit. Der Ahasvérus-Mythos dient hier keineswegs einer negativen Apostrophierung des jüdischen Volkes, ganz im Gegenteil; der Mythos erlaubt es, dem Schicksal des jüdischen Volkes in der Gestalt des Ahasvérus Sinn zu verleihen, das so zum Sinnbild der leidenden und fortschreitenden Menschheit wird, im faustisch-prometheischen Sinn (62). Die traditionelle Interpretation des Unterwegsseins des Ewigen Juden als Strafe für seinen Unglauben wird hier umgedeutet als Symbol des Fortschritts der Menschheit.

Aehnliches liesse sich vom Feuilletonroman Eugène Sues sagen, der 1844 erschien – im selben Jahr wie Balzacs Splendeurs et misères des courtisanes, wo wir die faszinierende Gestalt der Jüdin Esther fanden, im selben Jahr auch wie Marx' Frühschrift Ueber die Judenfrage und kurz vor der Veröffentlichung von Toussenels Buch. In Sues Roman, der auf ein sehr breites Echo stiess (63), verbindet sich die Gestalt des Ahasvérus wiederum mit der Figur einer Frau, der zur Ruhelosigkeit verdammten Herodias; auch sie findet am Ende Erlösung im christlichen Sinn. Doch auch bei Sue nehmen die Figuren des Ewigen Juden und seiner Gefährtin eine universelle Bedeutung an: der Jude und die Jüdin verkörpern als Symbole einer endlosen Verfolgung die Opfer der modernen Gesellschaft: die Arbeiter und die Frauen, deren Rechte ebenfalls mit Füssen getreten werden (64).

Der literarische Mythos erlaubt es also, dank seiner Offenheit, seiner Polyvalenz, die gängigen Vorurteile 'aufzuheben' (65). In einer Zeit, als die meisten religiösen, ökonomischen und politischen Abhandlungen über das Judentum ein rein ideologisches Bild entwarfen, d.h. "eine Interpretation der Wirklichkeit, die mit deren Sachverhalten nicht übereinstimmt" (66), gelang es der Literatur, diese Ideologie zu transzendieren. Wir würden meinen, dass diese Transzendierung in der Seinsweise des literarischen Werkes angelegt ist; Ideologie tendiert auf Eindeutigkeit, Literatur, die sich in Bildern und Mythen ausdrückt, ist notwendigerweise vieldeutig. Ideologie spielt im Bereich der abstrakten Spekulation; im literarischen Werk jedoch, etwa im Roman, wird "die Ideologie an der Wirklichkeit gemessen und schliesslich in ihrem nur relativen Wahrheitsanspruch offen-

bart" (67). Ein antisemitisches literarisches Werk scheint mir
so ein Widerspruch in sich zu sein; denn Literatur gibt sich
dann auf, wenn sie zur blossen Uebersetzung einer Ideologie
wird und dadurch eines ihrer wesentlichsten Charakteristika,
ihre grundsätzliche Offenheit, einbüsst (68).

Bibliographie

Zum Mythos-Begriff

Rougemont, Denis de, L'amour et l'occident. Paris, U.G.E., 1962.

Albouy, Pierre, Mythes et mythologies dans la littérature française. Paris, Armand Colin, 1969².

Barthes, Roland, Mythologies. Paris, Seuil, 1970.

Fanoudh-Siefer, Le mythe du nègre et de l'Afrique noire dans la littérature française. Paris, Klincksieck, 1968.

Zum Antisemitismus

Loewenberg, Peter, "Die Psychodynamik des Antijudentums", Jahrbuch des Instituts für Deutsche Geschichte /Universität Tel-Aviv/, 1. Band, 1972, p. 145-158.

Bastide, Roger, Le Prochain et le lointain. Paris, Cujas, 1970, p. 35-53: "Le problème des relations raciales dans le monde occidental".

Sartre, Jean-Paul, Réflexions sur la question juive. Paris, Gallimard, 1965.

Sorlin, Pierre, 'La Croix' et les Juifs (1880-1899). Paris, Grasset, 1967.

Verdès-Leroux, J., Scandale financier et antisémitisme catholique. Paris, Centurion, 1969.

Lazare, Bernard, L'Antisémitisme, son histoire et ses causes. Paris, 1894.

Isaac, Jules, Genèse de l'Antisémitisme. Paris, Calman-Lévy, 1956.

Rabi, Wladimir, Anatomie du Judaïsme français. Paris, Ed. de Minuit, 1962.

Arendt, Hannah, Sur l'antisémitisme. Paris, Calman-Lévy, 1973.

Poliakov, Léon, Histoire de l'antisémitisme, t. III: De Voltaire à Wagner. Paris, Calman-Lévy, 1968.

Misrahi, Robert, Marx et la question juive. Paris, U.G.E., 1972.

Winock, Michel, "Edouard Drumont et l'antisémitisme en France avant l'affaire Dreyfus", Esprit, mai 1971, p. 1085-1106.

Pierrard, Pierre, Juifs et catholiques français. Paris, Fayard, 1970.

Cohn, Norman, Histoire d'un mythe. La 'conspiration' juive et les Protocoles des Sages de Sion. Paris, Gallimard, 1967.

Linker Antijudaismus

Fourier, Charles, Théorie des quatre mouvements et des destinées générales (1841).
- Le nouveau monde industriel et sociétaire (1821).

Proudhon, Pierre-Joseph, Césarisme et christianisme (1883).
- De la justice dans la Révolution et dans l'Eglise.
- Carnets, no 6 (24 déc. 1847).

Toussenel, Alphonse, Les Juifs, rois de l'époque (1845).

Leroux, Pierre, "Les Juifs, rois de l'époque", Revue sociale (1846).

Dairnvaell, Georges, Histoire édifiante et curieuse de Rothschild Ier (1846).

Nicht-antijudaistische Frühsozialisten

Pecqueur, Constantin, Des améliorations matérielles dans le rapport avec la liberté (1840).

Cabet, Etienne, Le vrai Christianisme (1846).

Religiös-konservativer Antijudaismus

Barruel, Augustin de, Mémoire pour servir à l'histoire du jacobinisme (1803).

Chiarini, Luigi, Théorie du judaïsme, appliquée à la réforme des Israélites de tous les pays de l'Europe (1829).

Gougenot des Mousseaux, R., Le Juif, le Judaïsme et la judaisation des peuples chrétiens (1869).

Der Mythos des Juden in der Literatur

Balzac, Honoré de, Gobseck (1830).
        Louis Lambert (1832).
        Le lys dans la vallée (1835).
        La maison Nucingen (1838).
        Z. Marcas (1840).
        Les Illusions perdues (1840).
        Splendeurs et misères des courtisanes (1844).

Quinet, Edgar, Ahasvérus (1833).
Sue, Eugène, Le Juif errant (1844).

186

Anmerkungen

1) Denis de Rougemont, L'amour et l'occident, Paris, U.G.E., 1962, p. 14 (Coll. "10/18", 34/35). Cf. Denis de Rougemont, La part du diable, Neuchâtel, La Baconnière, 1945, p. 15: "Un mythe est une histoire qui décrit et illustre, sous une forme dramatisée, certaines structures profondes du réel [...] Les mythes sont des formules symboliques qui nous rappellent ou nous livrent le sens de ces structures formatrices - Idées de Platon, Catégories de Kant, Mères de Goethe, Archétypes de Jung". Eine analoge Deutung des literarischen Mythos findet sich bei Pierre Albouy, Mythes et mythologies dans la littérature française, Paris, Armand Colin, 1969^2, p. 301: der Autor definiert den literarischen Mythos als "élaboration d'une donnée traditionnelle ou archétypique, par un style propre à l'écrivain et à l'oeuvre, dégageant des significations multiples, aptes à exercer une action collective d'exaltation et de défense ou à exprimer un état d'esprit ou d'âme spécialement complexe". Die Psychoanalyse und die Anthropologie betonen ihrerseits, dass der Mythos vermöge seiner Polyvalenz auf der kollektiven Ebene dieselben Funktionen übernehmen kann wie der Traum für das Individuum: "Die Mythen lösen auf symbolische Weise gesellschaftliche Probleme und Widersprüche, auf die die Realität aktuell keine Antwort weiss. Das Gleiche darf man auch für die Träume annehmen, mit dem einzigen Unterschied, dass sie auf die Lösung individueller Probleme und Widersprüche zielen" (Michael Oppitz, Notwendige Beziehungen. Abriss der strukturalen Anthropologie, Frankfurt a. M., 1975).

2) Roland Barthes, Mythologies, Paris, Seuil, 1970, p. 247 (Coll. "Points").

3) Wir folgen hier der Mythos-Definition von Léon Fanoudh-Siefer, Le mythe du nègre et de l'Afrique noire dans la littérature française, Paris, Klincksieck, 1968, p. 12-13. In einem Aufsatz "Appollinaire illuminé au milieu des ombres" (Europe, déc. 1966) weigert sich H. Meschonnic das Wort Mythos im positiven Sinn zu gebrauchen, weil der Begriff heute vielfach einen negativen Sinn habe (als "tromperie collective consciente ou non").

4) R. Barthes, op. cit. (A. 2), p. 243.

5) P. Albouy, op. cit. (A. 1), p. 13: "Rien ne nous oblige à tenir compte de cet usage du mot, propre à un langage assez relâché. Nous sommes, au contraire, persuadé que tous les mythes sont vrais [...]".

6) Nach K. Singh Sodhi und R. Bergius, Nationale Vorurteile. Bd. 5, Berlin, 1953, p. 19.

7) P. Loewenberg, "Die Psychodynamik des Antijudentums", Jahrbuch des Instituts für Deutsche Geschichte [Universität Tel-Aviv], 1. Band, 1972, p. 146.

8) S. Freud, "Der Mann Moses und die monotheistische Religion" (1925), Gesammelte Werke, Band XVI, London 1950.

9) P. Loewenberg, art. cit. (A. 7), p. 147.

10) S. A. Shentoub zitiert bei R. Bastide, Le Prochain et le lointain, Paris, 1970, p. 40.

11) Ibidem, p. 40. Auf die emotional-passionellen Wurzeln des Antisemitismus weist auch Sartre hin: "Il devient évident pour nous qu'aucun facteur externe ne peut introduire dans l'antisémite son antisémitisme. L'antisémitisme est un choix libre et total de soi-même, une attitude globale [...] c'est à la fois une passion et une conception du monde [... la passion antisémite] devance les faits qui devraient la faire naître, elle va les chercher pour s'en alimenter [...]" (j.-P. Sartre, Réflexions sur la question juive, Paris, Gallimard, 1965, p. 18-19 (Coll. "Idées")).

11a) Zu Marr vgl. Leo Baeck Institute Year Book XXIII, London, Secker & Warburg, 1918, S. 38-40,41,43,61,89-99.

12) Nach P. Sorlin, 'La Croix' et les Juifs (1880-1899), Paris, Grasset, 1967, p. 7; vgl. J. Verdès-Leroux, Scandale financier et antisémitisme catholique, Paris, Centurion, 1969, p. 90-100.

13) Bernard Lazare, L'Antisémitisme, son histoire et ses causes, Paris, 1894, p. 227 zitiert nach J. Verdès-Leroux, op. cit. (A. 12), p. 99.

14) Judaica, déc. 1950, p. 14-15; vgl. F. Lovsky, "'Christlicher Antisemitismus' und moderner Rassismus", Dokumente, 1952, p. 305-314.

15) Jules Isaac, Genèse de l'Antisémitisme, Paris, Calman-Lévy, 1956, p. 26-27.

16) Nach Rabi, Anatomie du Judaïsme français, Paris, Editions de Minuit, 1962, p. 21. Am Ende der Juli-Monarchie, um 1846, zählte man 70 000 Juden in Frankreich (0,2 % der Gesamtbevölkerung) (nach J. Verdès-Leroux, op. cit. (A. 12), p. 116).

17) Hannah Arendt, Sur l'antisémitisme, Paris, Calman-Lévy, 1973, p. 69.

18) Nach Léon Poliakov, Histoire de l'antisémitisme, t. III: De Voltaire à Wagner, Paris, Calman-Lévy, 1968, p. 354.

19) Nach Rabi, op. cit. (A. 16), p. 50; vgl. L. Poliakov, op. cit. (A. 18), p. 362.

20) J. Verdès-Leroux, op. cit. (A. 12), p. 105.

21) H. Arendt, op. cit. (A. 17), p. 101.

22) C. Fourier, Théorie des quatre mouvements et des destinées générales; zitiert nach Robert Misrahi, Marx et la question juive, Paris, 1972, p. 177.

23) Vgl. L. Poliakov, op. cit. (A. 18), p. 381. Andernorts schreibt Fourier, durch die Ausbreitung der Juden in Frankreich werde das Land bald zu einer einzigen Synagoge; R. Misrahi schliesst daraus, dass Fouriers Judenfeindschaft in erster Linie religiös motiviert sei, da er ja die wirtschaftliche Unterdrückung keineswegs ausschliesslich den Juden zuschreibe: "Sous un masque économique assez mince (puisque les juifs de Fourier ne sont pas responsables de l'industrie) se profile un antisémitisme d'origine chrétienne" (R. Misrahi, op. cit. (A. 22), p. 184).

24) C. Fourier, Le nouveau monde industriel et sociétaire (1821); zitiert nach L. Poliakov, op. cit. (A. 18), p. 382; zu den anti-jüdischen Theorien von Fourier siehe auch E. Silberner, "Charles Fourier on the Jewish Question", Jewish Social Studies, oct. 1946.

25) P.J. Proudhon, Césarisme et christianisme; zitiert nach L. Poliakov, op. cit. (A. 18), p. 386.

26) So schreibt Proudhon in seinem Carnet no 6 (178-179) zum Datum des 24. Dezember 1847: "Juifs. Faire un article contre cette race qui envenime tout, en se fourrant partout, sans jamais se fondre avec aucun peuple. Demander son expulsion de France, à l'exception des individus mariés avec des Françaises; abolir les synagogues, ne les admettre à aucun emploi, poursuivre enfin l'abolition de ce culte. Ce n'est pas pour rien que les chrétiens les ont appelés déicides" (zitiert nach J. Verdès-Leroux, op. cit. (A. 12), p. 105). So sieht R. Misrahi auch bei Proudhon einen archaisch-religiösen Judenhass als Quelle und Ausgangspunkt von dessen Antisemitismus: "De la haine religieuse on passe à la haine nationale, et de celle-ci à la haine économique, qui prend évidemment figure de superstructure" (R. Misrahi, op. cit. (A. 22), p. 200). Als Proudhon sich vom Katholizismus abwendet, bleibt er aus analogen Motiven Antisemit; das Judentum wird jetzt abgelehnt als Quelle des verhassten Christentums.

27) De la justice...; zitiert nach L. Poliakov, op. cit. (A. 18), p. 390.

28) T.W. Adorno et al., The Authoritarian Personality, New York, 1964[2].

29) Cf. R. Misrahi, op. cit. (A. 22), p. 179-180: "La Théorie des quatre mouvements est totalement constituée sans référence à la question juive, celle-ci n'étant qu'une illustration particulière, une illustration parmi d'autres, du fait général que Fourier croit établir dans cet ouvrage et qui est sa philosophie fantaisiste de l'histoire. Plus précisément, le commerçant juif est, avec d'autres membres de la société moderne, l'un des éléments qui illustrent ou expliquent la cinquième période de la première phase de l'histoire globale de l'humanité [...]. On pourrait donc dire que l'antisémitisme de Fourier est un antisémitisme d'élément, ou ponctuel (la perfidie juive étant l'une des perfidies qu'offre la société)".

30) A. Toussenel, Les Juifs, rois de l'époque, Paris, 1888, pp. XI XV.

31) L. Poliakov, op. cit. (A. 18), p. 384. Cf. M. Winock, "Edouard Drumont et l'antisémitisme en France avant l'affaire Dreyfus", Esprit, mai 1971, p. 1095-6: "Le livre de Toussenel, violente diatribe contre la ploutocratie triomphante sous la Monarchie de Juillet, n'était pas exactement d'un antisémite".

32) Toussenel, op. cit. (A. 30), p. XXIV. R. Misrahi zitiert in diesem Zusammenhang folgende Toussenel-Stelle, welche dessen Deizid-These belegt: "Je n'appelle pas peuple de Dieu le peuple... qui crucifie le Rédempteur des hommes et l'insulte sur sa croix" (zitiert nach R. Misrahi, op. cit. (A. 22), p. 189).

33) Zitiert nach Rabi, op. cit. (A. 16), p. 52-53.

34) Ibidem, p. 53; vgl. H. Arendt, op. cit. (A. 17), p. 112: "Les Juifs, Rois de l'Epoque, publié par Toussenel en 1845, l'ouvrage le plus important d'un flot de publications dirigées contre les Rothschild, fut salué avec enthousiasme par toute la presse de gauche, alors organe de la petite-bourgeoisie révolutionnaire. Les sentiments, exprimés par Toussenel, ne différaient guère de ceux du jeune Marx, bien que leur clarté et leur degré d'élaboration fussent moindres. L'attaque de Toussenel contre les Rothschild était une variante moins brillante, mais plus élaborée, des lettres de Paris écrites par Börne quinze ans plus tôt. Ces juifs prenaient, à tort eux aussi, le banquier juif pour le personnage central du système capitaliste".

35) Nach R. Misrahi, op. cit. (A. 22), p. 125.

36) "The success of this pamphlet (it has now gone through some twenty editions) shows how much this was an attack in the right direction" (Engels, The Northern Star, 5. Sept. 1846); zitiert bei J. Verdès-Leroux op. cit. (A. 12), p. 116.

37) Für H. Arendt (op. cit. (A. 17), p. 86) hat der Antijudaismus der genannten Schrift von Marx nichts mit dem wirklichen Antisemitismus zu tun: "Il est vrai que Marx ne traita plus jamais ensuite de la question juive; mais rien ne laisse supposer qu'il ait jamais changé d'opinion sur ce sujet. Il se préoccupait exclusivement de la lutte des classes, phénomène intérieur à la société, et des problèmes de la production capitaliste à laquelle les Juifs ne prenaient aucune part, ni comme acheteurs ni comme vendeurs de force de travail". Für R. Misrahi ist die Schrift von Marx "un des ouvrages les plus antisémites du XIXe siècle". Der antisemitische Mythos von Marx beruht nach der Analyse von Misrahi auf folgenden Affirmationen: Das Judentum ist im wesentlichen eine Religion und zwar eine Religion des Geldes; die Juden sind in ihrem Wesen kosmopolitisch und bleiben darum stets Fremde; sie bilden eine Handelsklasse und sind darum mit der Bourgeoisie deckungsgleich; ja Marx geht soweit, in der christlichen Bourgeoisie eine konsequente Fortsetzung des jüdischen Geistes zu sehen. Misrahi stellt zu Recht fest, dass Marx mit seinem Postulat einer jüdischen Essenz völlig ungeschichtlich (und darum auch unmarxistisch) argumentiere: "Le juif est défini non par son histoire et par les conditions sociales dans lesquelles il a déployé son action, mais par une nature une et identique à elle-même à travers le temps. Non seulement cette essence du juif est anhistorique et anti-historique [...], mais encore elle est conçue comme un moteur identique à lui-même et dont les effets sont rigoureusement déterminés selon une causalité mécanique précisément, et non pas le moins du monde dialectique" (R. Misrahi, op. cit. (A. 22), p. 64, 101). Misrahi scheint dann eine Traditionskette zwischen dem Marx'schen Antisemitismus und dem Antizionismus heutiger linker Intellektueller anzudeuten (vgl. dazu auch L. Poliakov, De l'antisionisme à l'antisémitisme, Paris, Calman-Lévy, 1965). Auch J. Maritain glaubt im Antizionismus gewisser Christen antisemitische Relikte zu finden: "Les chrétiens qui se déclarent antisionistes peuvent déclarer en même temps, en toute bonne foi, qu'ils ne sont pas antisémites, et qu'ils en ont du reste donné la preuve pendant l'occupation. Ils ne voient

pas que les mythes comme le 'sionisme' en question sont les voies par lesquelles l'antisémitisme pénètre le plus insidieusement dans l'imagination et le coeur des gens. La propagande antisioniste en travail aujourd'hui, et dont les origines politiques sont aisément discernables, est de fait, une propagande antisémite bien orchestrée" (J. Maritain, "L'Etat d'Israel, l'antisémitisme et la chrétienté", Le Monde, 18 nov. 1970). Vor einer vorschnellen Amalgamierung von Antizionismus und Antisemitismus warnte jedoch Rabi in Esprit (juin 1972, p. 1073): "Sur un plan général, cela n'autorise pas non plus l'amalgame, devenu classique dans les milieux juifs, entre antisionisme et antisémitisme, amalgame qui constitue une malhonnêteté intellectuelle [...] un chantage et une intimidation. Il faut reconnaître à nos amis de la veille, et qui seront ceux de demain, le droit absolu de critiquer la politique de l'Etat d'Israël, comme celle de tout Etat, et j'ajoute le principe même du sionisme dès lors qu'ils le font au nom de valeurs humanistes qu'étaient les nôtres et qui doivent le rester, malgré toute raison d'Etat".

38) Zum Nationalismus siehe auch R. Girardet, Le nationalisme français, Paris, Armand Colin, 1966. Für H. Arendt ist die Verbindung von Xenophobie und Antisemitismus typisch für die Entwicklung in Frankreich: "Le seul antisémitisme durable en France, celui qui survécut à l'antisémitisme social et aux attitudes de mépris des intellectuels anticléricaux, fut lié à une xénophobie générale [...]. Ce n'est qu'en France que cette différenciation prit tant d'importance en politique intérieure. La raison en est sans doute que les Rothschild, objet des attaques antisémites en France plus que partout ailleurs, avaient émigré d'Allemagne en France, si bien que, jusqu'au début de la Seconde Guerre mondiale, on soupçonna naturellement les Juifs de sympathies pour l'ennemi national" (H. Arendt, op. cit. (A. 17), p. 114).

39) Cf. M. Winock, op. cit. (A. 31), p. 1089 und Pierre Pierrard, Juifs et catholiques français, Paris, Fayard, 1970.

40) Cf. Norman Cohn, Histoire d'un mythe. La 'conspiration' juive et les Protocoles des Sages de Sion, Paris, Gallimard, 1967.

41) J. Verdès-Leroux, op. cit. (A. 12), p. 102-104. Wir sind bei der Analyse des religiösen Antijudaismus sehr dieser Darstellung verpflichtet.

42) Zitiert nach J. Verdès-Leroux, op. cit. (A. 12), p. 102.

43) Für A. Weill ist der Talmud ein Werk des Fanatismus und der Ignoranz; Bernard Lazare schreibt es dem Einfluss der Rabbiner zu, dass sich die Juden von der Gemeinschaft der Völker absonderten; er glaubt sogar, dass diese Absonderung die Verfolgungen provozierte: "Jusqu'à cette époque, il n'y avait guère que des explosions de haine locale, mais non des vexations systématiques. Avec le triomphe des rabbanistes, on voit naître les ghettos; les expulsions et les massacres commencent. Les juifs veulent vivre à part: on se sépare d'eux. Ils détestent l'esprit des nations au milieu desquelles ils vivent: les nations les chassent. Ils brûlent le More: on brûle le Talmud et on les brûle eux-mêmes" (B. Lazare, L'Antisémitisme, (cf. A. 13), p. 14; zitiert nach J. Verdès-Leroux, op. cit. (A. 12), p. 104).

44) Cf. F. Lovsky, art. cit. (A. 14), pp. 312-313: "[Der] semitische Mythus hat
weder mit der christlichen Tradition noch mit der Theologie etwas zu tun. Der
'christliche' Antisemitismus, der zwar viele mehr oder weniger gefährliche
Fabeln erfand, hat ihn nie gefördert [...]. Aber selbst die im vergangenen
Jahrhundert bemerkenswerteste Publikation des christlichen Antisemitismus
in französischer Sprache, die Gougenot des Mousseaux vor Beginn des Vatika-
nischen Konzils herausbrachte, ist von den Theorien, die scharf unterscheiden
zwischen 'Semiten' und 'Ariern', noch kaum beeinflusst [...]. Sein Ausgangspunkt bleibt die Antithese zwischen Talmudismus und Mosaismus".

45) Ein Abbé Grégoire, der zur Zeit der französischen Revolution für die Emanzipation der Juden eingetreten war, hatte klar die geschichtliche Verantwortung
der Christen erkannt: "Que pouvait devenir le juif, accablé par le despotisme,
proscrit par les lois, abreuvé d'ignominies, tourmenté par la haine [...]. Les
torts des juifs, leurs malheurs accusent notre conduite à leur égard" (Essai
sur la régénération physique, morale et politique des juifs; zitiert bei J.
Verdès-Leroux, op. cit. (A. 12), p. 104).

46) H. Friedrich, Drei Klassiker des französischen Romans, Frankfurt, V. Klo-
stermann, 1973[7], p. 16-17; cf. Rabi, op. cit. (A. 16), p. 43: "Que Balzac se
soit ou non voulu historien, son oeuvre constitue le documentaire le plus signi-
ficatif sur toute la première moitié du XIXe siècle".

47) Cf. Balzacs Vorwort zur Comédie humaine: "J'écris à la lueur de deux vérités
éternelles: la Religion, la Monarchie, deux nécessités que les événements contemporains proclament, et vers lesquelles tout écrivain de bon sens doit es-
sayer de ramener notre pays" ('Avant-Propos' à la Comédie humaine, p. 18).

48) Ibidem, p. 11.

49) Wir sind hier, wie im folgenden, der Darstellung von Rabi (op. cit. (A. 16),
p. 43-48) verpflichtet.

50) L. Poliakov, op. cit. (A. 18), p. 370.

51) Vgl. dazu Arnold Hauser, Sozialgeschichte der Kunst und Literatur, München,
Beck, 1972, p. 789-799.

52) Eine analoge magische Ausstrahlung kommt auch den Jüdinnen im Werk Guy de
Maupassants zu (etwa in L'Inconnue). Die jüdische Frau ist für ihn ambivalent:
verhängnisvoll und anziehend, begehrt und gefürchtet. Trotz dieses stereotypen Bildes teilte Maupassant keineswegs die herrschenden Vorurteile der Antisemiten; so ist die Heldin von Mademoiselle Fifi Jüdin und Patriotin (Nach J.
Verdès-Leroux, op. cit. (A. 12), p. 132).

53) Vgl. dazu J. Verdès-Leroux, op. cit. (A. 12), pp. 131-134, wo das Werk
Joseph et Mardochée (1887) zitiert wird; die Jüdin erscheint dort als "femme
instrumentaire qui a pour mission la ruine et la mort","un outil de discorde,
faite pour corrompre, pour anéantir et pour ruiner".

54) G. Picon, Esprit, déc. 1958; cf. dazu Albert Béguin: "[...] les hors-la-loi,
les courtisanes, les bandits, sont les préférés de ce romancier qui se donnait

pour le défenseur de l'ordre établi et l'apologiste des hiérarchies stables.
Mais n'est-ce pas l'une des marques distinctives de la très grande oeuvre que
d'apporter un continuel démenti aux intentions avouées de son auteur? Non
point en vertu de quelque supériorité de l'inconscient, mais parce que le
mythe naît dans l'imagination créatrice comme une solution nécessaire aux
problèmes que la conscience ne pourrait résoudre" (A. Béguin, La réalité du
rêve (P. Grotzer éd.), Neuchâtel, La Baconnière, 1974, p. 226).

55) Auch Heine sieht in Rothschild nicht in erster Linie den Juden, sondern den
Deutschen, wenn auch nicht ohne Ironie: "Wir Deutschen sind das stärkste und
klügste Volk. Unsere Fürstengeschlechter sitzen auf allen Thrönen Europas,
unsere Rothschilds beherrschen alle Börsen der Welt, unsere Gelehrten re-
gieren in allen Wissenschaften ..." (Zur Geschichte der Religion und Philosophie in Deutschland, Erstes Buch; zitiert nach L. Poliakov, op. cit. (A. 18),
p. 356).

56) L. Poliakov, op. cit. (A. 18), p. 357; cf. R. Misrahi, op. cit. (A. 22),
p. 132: "Mais aucun de ces écrivains [Stendhal, Balzac, Heine] n'aurait songé,
comme le Marx antisémite de La Question juive, ou comme l'antisémite so-
cialiste Toussenel, à voir dans les Rothschild le symbole de la nation juive.
Cela n'empêche pas les Rothschild d'être juifs: mais ils n'incarnent en rien
le destin juif, puisqu'il n'y a pas de lien nécessaire entre la profession de
banquier et la condition juive. Einstein n'est pas banquier, et Laffitte n'est
pas juif".

57) E. Auerbach, Mimesis, Bern, Dalp, 1959², p. 458. Für Hugo Friedrich
(op. cit. (A. 46), p. 22-23) liegt die Realität der Romane Balzacs wie auch
Stendhals und Flauberts "in der Entschiedenheit, mit der sie Gestalten ihrer
Schöpfung in Uebereinstimmung mit den Lebensbedingungen und Verhältnissen
des damals gegenwärtigen gesellschaftlichen Lebens Frankreichs bringen";
Friedrich zieht darum dem aus der Malerei stammenden Begriff Realismus
die Bezeichnung 'Aktualismus' vor.

58) Ignoti Monachi Cisterciensis S. Mariae de Ferraria Chronica et Ryccardi de
Sancto Germano Chronica priora.

59) Nach E. Frenzel, Stoffe der Weltliteratur, Stuttgart, Kröner-Verlag, 1976⁴,
p. 16. Zu Ahasver: Adolf Leschnitzer, Der Gestaltwandel Ahasvers, in: Hans
Tramer (Hgb.), In zwei Welten. Siegfried Moses zum 75. Geburtstag. Tel-
Aviv: Bitaon, 1962, S. 470-505.
Siegmund Hurwitz, Ahasver, der Ewige Wanderer, in: Analytische Psycholo-
logie 6 (1975) 450-471.

60) Zitiert nach L. Poliakov, op. cit. (A. 18), p. 365.

61) Ibidem, p. 365-366.

62) Zu Quinets Ahasvérus siehe vor allem P. Albouy, op. cit. (A. 1), p. 78-80.
Wie sehr diese neue Deutung auf Widerhall stiess, belegt L. Poliakov (op. cit.
(A. 18), p. 366) durch das Faktum, dass 1834 eine Zeitung, die sich dem
Fortschrittsgedanken verpflichtet wusste, sich den Titel Le Juif errant gab

und dies in der ersten Nummer wie folgt erklärte: "Le Juif errant, selon le prêtre croyant, c'est la race juive, éternellement dispersée parmi les nations sans leur être confondue, sans devenir leur soeur, seule parmi les peuples et la terre, accomplissant ainsi les prophéties de la malédiction divine .... Selon nous, c'est l'humanité qui voyage, c'est le progrès qui marche, et voilà pourquoi nous avons pris pour bannière de ralliement ce titre à la fois populaire et symbolique de l'avenir".

63) Die Auflage des Constitutionnel, der 1844/1845 Le Juif errant als Fortsetzungsroman publizierte, schnellte von 3600 auf 25ooo Exemplare hoch.

64) Nach Jean-Louis Bory, Eugène Sue, Paris, Hachette, 1962, p. 298.

65) Das wird später auch bei Bloy und Claudel der Fall sein, die ihre ursprüngliche antisemitische Ideologie - die vor allem den Widerspruch zwischen den modernen (verworfenen) Juden und dem auserwählten Volk des Alten Testaments postulierte - durch den vieldeutigen Mythos des 'Juif errant' transzendieren; der Mythos wird von ihnen als ein Heilszyklus interpretiert, der die Verwerfung als eine Etappe integriert auf einem Weg, der über die Irrfahrt hin zur Versöhnung führt. Siehe dazu das ausgezeichnete Buch von J. Petit, Bernanos, Bloy, Claudel, Péguy: Quatre écrivains catholiques face à Israël, Paris, Calman-Lévy, 1972 und den Bericht des Vf. "Israël dans la littérature catholique: Images et mythes", Critique, no 309, févr. 1973, p. 168-178.

66) A. Burghardt, Wort und Wahrheit, Jan.-Febr. 1970, p. 15.

67) H. Hina, Nietzsche und Marx bei Malraux, Tübingen, Niemeyer, 1970, p. 172.

68) Zum Bild der Juden in der französischen Oeffentlichkeit gegen Ende des 19. Jahrhunderts siehe auch Vf., "Agitation und Aufklärung - Die Bedeutung der öffentlichen Meinung, der publizistischen und schriftstellerischen Intervention bei der Affäre Dreyfus", Mainzer Komparatistische Hefte, 3, 1979, p. 29-48.

Friedrich Külling

SCHWEIZERISCHE BEHÖRDEN ANGESICHTS
ANTISEMITISCHER STRÖMUNGEN 1866 BIS 1900

Gab es das tatsächlich – antisemitische Regungen in der guten
alten Zeit des jungen Bundesstaates? Verfolgung einer Minderheit in einer Epoche triumphierender Individualrechte?

Aus Raumgründen soll hier allein die Rede sein von der Haltung
einzelner Behörden verschiedener Ebenen – und auch dies nur
skizzenhaft und fallweise (1). In einem ersten Teil geht es um die
tatsächliche Haltung der Behörden im konkreten Fall. Welche Rolle haben sie den Juden gegenüber gespielt? In einem zweiten Teil
soll der geistige Hintergrund von Akteuren auf unserem Schau-
platz – sowohl Behördemitgliedern wie andern einflussreichen
Persönlichkeiten – andeutungsweise umrissen werden.

Inwiefern war es schweizerischen Behörden überhaupt gegeben,
zu antisemitischen Strömungen Stellung zu beziehen, über die
Rechtslage der Juden zu diskutieren und zu beschliessen? Der
moderne schweizerische Bundesstaat, seit 1848 im Werden,
musste sogleich wichtige Entscheidungen über Verfassungen und
Gesetze – sowohl auf Bundes- wie auf Kantonsebene – fällen. Dabei wurde die Rechtsstellung der Juden in Etappen den sich wan-
delnden Vorstellungen von In- und Ausland angepasst. Die Wirtschaft, namentlich die Aussenwirtschaft, entwickelte sich stür-
misch; dementsprechend waren die vertraglichen Beziehungen
zum Ausland im Fluss und wurden immer bedeutender. Die Ver-
fassungsfrage musste dabei stets miteinbezogen werden, da ja
mit Handelsverträgen normalerweise Niederlassungsverträge
einhergehen. Aussen- und Innenpolitik durchdrangen und stimu-
lierten sich wechselseitig; die Stellung der Juden blieb stets im
Gespräch. Die Gegner der Emanzipation lieferten gelegentlich
recht harte Rückzugsgefechte, die bis zur Totalrevision der
Bundesverfassung anfangs der siebziger Jahre anhielten. Mit
der glücklichen Vollendung der Revision 1874 verschwanden auch
die letzten diskriminatorischen Bestimmungen gegen die Juden.
Von da an war das erreichte Prinzip der Gleichberechtigung
nach aussen und nach innen zu behaupten. Behörden, Verwaltun-
gen und Gerichte hatten es in die Praxis umzusetzen. Wieweit
die Loyalität des einzelnen Magistraten, Beamten oder Richters
hier zum Tragen kam, ist im nachhinein nur noch an wenigen
Einzelfällen zu ermessen.

Ein erstes wesentliches Geschehen in diesem Zusammenhang
– die Einbürgerung der Juden im Aargau – kann hier kurz abge-

handelt werden, da hierüber anderweitig bereits ausführlich berichtet worden ist (2). Wir wissen, dass im Streit zwischen den religiös konservativ gesinnten Volksteilen im Aargau – es handelte sich hier insbesondere um die katholische Bevölkerung im Strahlungsbereich der Klöster – und der erzradikalen Kantonsregierung den Juden die unliebsame Rolle des Zankapfels zufiel. Hätten die Juden gefehlt, so würde sich der Streit mit Sicherheit an einem andern Thema entzündet haben; die erstrebte Gleichstellung der lange verachteten und teils gefürchteten Minorität stellte indessen einen geradezu "idealen" Konfliktstoff dar. Regierung und Grosser Rat (Parlament) des Aargaus gingen vorerst mit der Einbürgerung der Juden kühn voran, scheiterten aber am Widerstand der Konservativen, welche in der Abstimmung von 1862 eine Mehrheit des Volkes auf ihre Seite brachten. Um nicht nochmals Schiffbruch zu erleiden, begann nun der Grosse Rat zu bremsen, und die Regierung tat es ihm später nach, vor allem seitdem der führende Kämpfer für die Gleichberechtigung, Emil Welti, Bundesrat geworden und damit aus der kantonalen Politik ausgeschieden war. Die Obstruktion der aargauischen Regierung nahm mit der Zeit groteske Formen an. In geschlossener Sitzung räumte der Vorsteher des Justizdepartementes ein, die Stellung der Juden sei unhaltbar, und erklärte deutlich, man werde die Einbürgerung dieser Minderheit kaum mehr lange hinausziehen können (3). Nach Bern schrieb dann aber dieselbe Behörde, die Juden seien doch schon lange eingebürgert und ihre Rechtsstellung in bester Ordnung, was denn eigentlich der Bundesrat überhaupt noch wolle vom Kanton Aargau (4)?! Der Bundesrat bekundete sehr viel Verständnis für die Schwierigkeiten der Aargauer Regierung, weniger für die Rechtsansprüche der Juden. So gab er sich mit jeder Antwort aus Aarau wieder zufrieden, bis das nächste Schreiben der Juden eintraf. Erst als die Juden an die Bundesversammlung gelangten, fanden sie Gehör. Die Bundesversammlung tadelte nämlich den Bundesrat wegen seiner schwächlichen Haltung und befahl sofortige Erledigung der Sache. Kanton und Gemeinden liessen sich zwar noch eine Reihe von Verzögerungsmanövern einfallen, aber am 1. Januar 1879 waren die Juden aus dem Surbtal (Endingen und Lengnau), dem ehemaligen aargauischen Ghetto, endlich eingebürgert, die Angelegenheit erledigt.

Die Auseinandersetzung um das Bürgerrecht der Aargauer Juden kann in verschiedener Hinsicht als Modell gelten. Wenn kantonale und lokale Behörden den Juden einen ihnen nach Bundesrecht zustehenden Anspruch solange vorenthielten, so stand hinter ihrer Haltung vor allem die Furcht vor einem Verlust an Popularität. Der Bundesrat anderseits wagte unter dem Druck der aargauischen Parlamentarier nicht, deutlicher zu werden; er setzte sich in den ersten Jahrzehnten des Bundesstaates oft nur mit grösster Mühe gegen kantonale Behörden durch. Anderseits pflegte die Bundesversammlung mit Autorität aufzutreten, meist, wie hier, zugunsten der Juden. Ein Beispiel hiefür bildet auch der Konflikt von 1865 mit Baselland. Um der Masse der Handwerker zu gefallen, welche sich vor der Konkurrenz einwandernder elsässischer Juden fürchtete, also aus Opportunismus, hatte sich die dortige (links-) demokratische Kantonsregierung geweigert, Juden aus Frankreich aufzunehmen; sie brach damit den 1864 abgeschlossenen schweizerisch-französischen Handelsvertrag. Der Bundesrat war gegenüber dem "bockenden" und sich hinter dem Landrat (Parlament) verschanzenden sogenannten "Rolleregiment" (Rolle hiess der revolutionäre Anführer der Kantonsregierung) machtlos. Die Bundesversammlung rügte den Bundesrat wegen seines lahmen Auftretens und sorgte für Einhaltung des Vertrages gegenüber Frankreich (5).

Auch die Gewährung der Niederlassungsfreiheit an die Schweizer Juden kam unter Umständen zuwege, die eine übertriebene Rücksichtnahme auf die Volksmeinung offenbaren. Der Bundesrat wagte gar nicht erst einen Versuch, das Volk auf dem Wege der Aufklärung für die Emanzipation der Juden zu gewinnen. Statt dessen machte er die Rechte der Juden zum Tauschobjekt der Verhandlungen mit Frankreich. Frankreich zahlte für die Gleichberechtigung seiner jüdischen Bürger auch auf Schweizerboden mit einer Herabsetzung des Einfuhrzolls auf Seidenband und feinen Baumwollwaren (trotz Krise in der französischen Baumwollindustrie!) (6). Das war 1864. Der Bundesrat hatte die Lage richtig abgeschätzt: der abgeschlossene Vertrag erschien der Bundesversammlung wichtig und finanziell günstig genug, dass sie als Konzession die freie Zuwanderung von französischen (lies: Elsässer) Juden inkauf nahm (7). Zutritt hatten jetzt automatisch die Juden aus allen vertraglich meistbegünstigten Staaten. Nicht jedoch besassen die Schweizer Juden selbst das Recht freier Niederlassung, ein unmöglicher Zustand! Da das Volk zum Auslandsvertrag nichts zu sagen hatte, blieb ihm nur die Korrektur nach der andern Seite: die Einräumung freier Nieder-

lassung auch an die Schweizer Juden, was in der Abstimmung
von 1866 geschah. Dem Bundesrat ist zugutezuhalten, dass er
mit dem Appell an den Materialismus und dem Weg über die Hin-
tertür des Auslandsvertrages jedenfalls das sicherste, wenn
auch nicht das würdigste Vorgehen gewählt hatte. Langfristig
aber rächte sich dieses allzu listige Vorgehen. Es kam in den
folgenden Jahrzehnten zu Rückschlägen, weil das Volk die ihm
eigentlich aufgezwungene Emanzipation schlecht verdaute. Die
Judenfeinde schlugen immer wieder Profit aus der Art und Weise, wie es zur Emanzipation gekommen war. Die Niederlassungsfreiheit für die Juden sei eine von Frankreich aufgezwungene Sache, erklärten sie.

Den Juden auch die Kultusfreiheit zu gewähren, hatte das Volk
in der Revisionsabstimmung von 1866 noch ganz knapp verwei-
gert. Es wurde dies nun in der Totalrevision der Verfassung anfangs der siebziger Jahre wiederum angestrebt. In der ersten
Revisionsphase bis 1872 erhob sich dagegen Widerstand vonseiten des Piusvereins, dessen Anliegen Nationalrat Arnold in der
vorbereitenden Kommission unterstützte. Die Ausdehnung der
Kultusfreiheit über die Angehörigen der anerkannten Landeskir-
chen hinaus wurde freilich auch bekämpft, weil man ein ungehin-
dertes sich Ausbreiten freikirchlicher Gruppierungen blockieren
wollte. Ultrakonservative katholische Kreise wünschten nur eine
beschränkte Kultusfreiheit (8). Unterdessen brach aber der Kul-
turkampf aus, und die katholische Kirche hatte vor allem in Genf
und im Berner Jura derartig einschneidende Beschränkungen der
Kultusfreiheit zu erleiden, dass beim zweiten Revisionsanlauf
1873/74 niemand mehr Beschränkungen verlangte. Auf der andern Seite wollten aber nun linksradikale Kräfte die Freiheit des
Einzelnen so weit treiben, dass für die Gemeinschaft – die Kirche – kaum mehr Raum geblieben wäre. Ihre Vorschläge hätten
die Kirchen in die Anarchie getrieben und den Einfluss von Kirchen und Klöstern gebrochen, ja sie waren offensichtlich auf die
Beseitigung dieser Institutionen abgezielt. Es ist das grosse Verdienst Emil Weltis, zwischen den Uebertreibungen von beiden
Seiten einen gangbaren mittleren Weg gewiesen zu haben, sodass
sowohl für den Einzelnen wie für die Kirchen ein weiter Raum,
ein grosses Mass an Freiheit resultierte (9).

Was Welti bereits zu Beginn der sechziger Jahre erkannt und
auch in der Totalrevision vertreten hatte, darauf kamen andere

erst nach und nach mit beträchtlicher Verspätung. Anregend und beschleunigend wirkte in diesem Lernprozess die Haltung des Auslandes; gescheiterte Handelsverträge dienten als Denkanstösse. Inbezug auf die Kultusfreiheit waren zuerst die Amerikaner, dann vor allem die Niederländer die Lehrer der Schweiz. Erst im dritten Anlauf konnte die Schweiz mit den Niederlanden einen Handels- und Niederlassungsvertrag abschliessen. Die Holländer waren zwar vor 1864 – wie vor ihnen die Amerikaner – zunächst auf eine listige Formulierung der Schweizer Unterhändler hereingefallen, doch kam der geplante Betrug noch vor der endgültigen Ratifikation ans Tageslicht. Der zweite Anlauf nach 1864 blieb bereits im Verhandlungsstadium stecken, weil die Holländer auf klar formulierter Kultusfreiheit bestanden und sich auf keine mit vagen Versprechungen garnierten dubiosen Formulierungen mehr einliessen. Erst seit 1874 war die Schweiz gegenüber den Niederlanden vertragswürdig. Das Nachdenken des Bundesrates nach den gescheiterten Verhandlungen von 1867 erwies sich als heilsam (10).

Wer andere diskriminiert, der diskriminiert sich selber. Unter starkem Druck vonseiten der Wirtschaft verloren die Landesbehörden diesen Gesichtspunkt zeitweise aus den Augen. Zwar hat der 1878 geschlossene Handelsvertrag mit Rumänien ohne den üblichen Niederlassungsvertrag formal kein neues Recht geschaffen für die Juden; aber gerade im Fehlen der rechtlichen Vereinbarung über die gegenseitige Niederlassung (die sonst mit jedem Handelsvertrag einherzugehen pflegt) bestand die faktisch diskriminierende Rechtssetzung für die Juden. Rumänien schickte sich gerade damals an, die staatliche Selbständigkeit zu erlangen. Um seine Unabhängigkeit von der Türkei zu dokumentieren, strebte es Staatsverträge mit möglichst vielen und angesehenen Partnern an. Indem es zu prohibitiven Kampfzöllen überging, suchte es den Industriestaaten Handelsverträge abzupressen. Das wäre nicht so schwierig gewesen, wenn es dazu bereit gewesen wäre, die barbarische Unterdrückung seiner Juden aufzugeben. Weil es eisern daran festhielt, konnten gerade die westlichen Demokratien, die als Garanten der Rechtsstaatlichkeit gelten, keine Niederlassungsverträge auf Gegenseitigkeit abschliessen. Nur Staaten wie Russland oder Oesterreich-Ungarn, welche die Juden ohnehin als Bürger zweiter Klasse behandelten, sahen natürlich in der Judendiskriminierung kein Hindernis. Dementsprechend wenig wog aber international auch deren Anerkennung. Sie galten ja selbst nicht oder nur beschränkt als Rechtsstaaten. Daran

vermochte nichts zu ändern, dass die damals in Rumänien herrschende "rote" Partei sich selbst als "liberal" etikettierte. Man
wusste im Westen, dass sie die noch ungebildeten Volksmassen
mit Hilfe des Antisemitismus manipulierte. Insbesondere der
französische Minister Crémieux deckte die in Rumänien herrschenden Zustände schonungslos auf.

Der Bundesrat dagegen, angeführt vom ehemaligen Pfarrer
Schenk, wollte über die Einwände von Emil Welti hinweggehend,
sich sogleich in den Vertrag stürzen. Der Unterhändler von
Tschudi, Schweizer Gesandter in Wien, hielt aber zurück und
riet zum Gleichschritt mit den westlichen Demokratien. Er ging
auch frei erfundenen Meldungen der Rumänen über angebliches
französisches und italienisches Einlenken nicht auf den Leim.
Als jedoch die Rumänen Bismarck zu einem Vertrag brachten
– der freilich später vom Reichstag unter den Tisch gefegt wurde – und als sie zudem in gekonnter Manier alt Bundesrat Pioda,
Schweizer Botschafter in Rom, gegen Tschudi ausspielten, war
dessen Widerstand ebenfalls gebrochen, da er fürchtete, als
Unterhändler ausgebootet zu werden. Schliesslich kam man überein, den sonst üblichen Niederlassungsvertrag einfach wegzulas-
sen, damit die Schweiz, wie Bundesrat Heer sich hinter den Ku-
lissen ausdrückte, die Judenrestriktionen bloss hinnehmen,
nicht aber ausdrücklich annehmen musste! Die Schweiz nahm
also die Diskriminierung ihrer jüdischen Bürger hin, damit der
Textil- und Schokoladeexport nach Rumänien nicht durch hohe
Zollschranken behindert wurde. Sie brach damit aus der westlichen Solidaritätsfront aus und erleichterte Rumänien die Fortsetzung seiner Judenverfolgung. Weshalb haben sich hier die
eidgenössischen Räte nicht gewehrt?

Die Juden waren als Volksgruppe zu schwach, um dem Druck
der Exportindustrie standhalten zu können. Was der Präsident
des Kulturvereins der Israeliten in der Schweiz, Rabbiner Kisch,
was der Ausschuss der schweizerischen Israeliten und selbst
was Minister Crémieux, Präsident der Alliance Israélite Universelle, an Eingaben, Bitt- und Denkschriften überreichten,
wog alles zu leicht. Die Gegenseite trat gewichtiger auf: Eingaben und persönliche Interventionen von 16 Glarner Druckfabri-
kanten – an der Spitze der angesehene Ständerat Blumer –, des
kaufmännischen Directoriums von St. Gallen und der Firma Mar-
ty und Cie in Bukarest sowie Bittschreiben weiterer Firmen. Der

Bundesrat wurde ordentlich in die Zange genommen. Bei der Beratung im Parlament hatte der Ständerat die Priorität, und er delegierte einen prominenten Judenfeind in die vorbereitende Kommission, Advokat Freuler aus Schaffhausen. Sein geistiger Standort wird später noch näher zu bestimmen sein. Sprecher der ständerätlichen Kommission aber war Sulzer, der den Klagen über ungesühnte Pogrome in Rumänien und allgemeine Rechtlosigkeit der dortigen Juden schon deshalb nicht glauben mochte, weil Rumänien doch ein liberaler und fortschrittlicher Staat sei. Er kommentierte die Meldungen über Judenverfolgungen nach der klassischen Art der heimlichen Judenfeinde:
Erstens, so gab er zu bedenken, seien die Judenverfolgungen in Rumänien gar nicht erwiesen.
Zweitens, so erklärte er, stehe die Schuld der Rumänen an den Judenverfolgungen noch keineswegs fest.
Drittens seien, so machte er deutlich, die Juden selber schuld.
Als gezielte Desinformation muss auch Sulzers Behauptung gewertet werden, es sei ganz unwahrscheinlich, dass sich der eben tagende Berliner Kongress mit den Juden Rumäniens befassen werde. Minister von Bülow hatte aber im Reichstag dieses Traktandum bereits auf das bestimmteste angekündigt; und wenige Tage nach Sulzers Rede sprach der Kongress darüber und machte sogar die Gleichberechtigung der Juden zur Bedingung für die Anerkennung der Unabhängigkeit Rumäniens! Der Nationalrat, an welchen unterdessen der Vertrag zur Beratung weitergeleitet worden war, hätte sich nun auf Berlin berufen und die Ratifikation des Vertrages vom Einlenken Rumäniens in der Judenfrage abhängig machen können. Obwohl bereits ein Brief des Gesandten Tschudi vorlag, wonach Rumänien seine feste Absicht bekundet habe, die Bedingung des Kongresses zu umgehen und die Juden in ihrer alten Rechtlosigkeit zu belassen, argumentierten jedoch die Befürworter des Vertrags, man könne nun ruhig ratifizieren, für die Juden habe ja jetzt der Kongress gesorgt. Wider besseres Wissen behaupteten der Bundesrat in seiner Botschaft an die Bundesversammlung und die Kommissionsreferenten in ihren Berichten, die Schweizer Juden würden faktisch gleichgestellt, und die "Christen" brächten mit ihrem Verzicht auf einen Niederlassungsvertrag ein Opfer zugunsten der Juden; statt dafür dankbar zu sein, so liess man durchblicken, hielten sich die Juden an einer rein theoretischen Frage auf. Damit waren die Dinge völlig auf den Kopf gestellt. Bloss theoretisch war der Verzicht seitens der "Christen", welche Rumänien selbstverständlich

weiter tolerierte, faktisch die Benachteiligung der Juden, welche infolge Fehlens eines gerechten Niederlassungsvertrages weiter andauern konnte. Mit solcher Fehlinformation versehen, stimmte der Ständerat dem Vertrag fast oppositionslos, der Nationalrat mit grossem Mehr zu. Rumänien aber ersetzte in der Folge in seiner Gesetzgebung den Begriff "Jude" einfach durch den Begriff "Ausländer", wodurch rein formal der Forderung des Kongresses entsprochen war. Faktisch blieb alles beim alten; die Juden wurden diskriminiert wie zuvor. In den folgenden Jahrzehnten kam die Schweiz den Rumänen noch mehr entgegen, bis sie 1933 schliesslich genau das tat, was Bundesrat Heer 1878 noch hatte vermeiden wollen: durch ausdrückliche Anerkennung der "Landesgesetze" akzeptierte sie die rumänische Judengesetzgebung auch de jure (11).

Die wenigsten Behördemitglieder handelten wohl so aus bösem Willen gegen die Juden. Festigkeit gegenüber den Rumänen hätte aber gewisse materielle Einbussen und damit bei den interessierten Kreisen und Volksteilen auch Popularitätsverlust mit sich gebracht, was man eben nicht riskieren wollte. Die Reaktion der Juden und der konsequenten Verfechter der Gleichheit war dagegen eher schwach und wurde darum auch nicht gefürchtet.

Bei Gelegenheit erfolgten stets neue Angriffe auf die angeblich feige Politik von 1864, die Frankreich nachgegeben und die Juden zugelassen habe. Unausgesprochen standen hinter solcher Kritik stets der Wunsch und die Hoffnung, die Emanzipation dereinst rückgängig machen zu können. Nun schien sich diesen Kreisen eine Möglichkeit anzubieten, die gläubigen Juden zu schikanieren, darüber hinaus die Juden allgemein zu brandmarken und damit die Schweiz zu einem ungastlichen Land für sie machen zu können: all diese Ziele schienen erreichbar durch ein Schächtverbot. Der Judenhass liess sich hier schön tarnen hinter dem sympathischen Tierschutzgedanken, sodass auch keine internationalen, mit materiellen Einbussen verbundenen Rückwirkungen zu befürchten waren. Die Judenfeinde haben in der Schächtkampagne schliesslich ihre Hoffnung nicht mehr verbergen können, es werde sich das Schächtverbot in einer Abnahme oder doch wenigstens Stabilisierung der jüdischen Bevölkerung in der Schweiz auswirken (12).

Es ist ganz unmöglich, hier die Entwicklung zum Verbot im Einzelnen nachzuzeichnen. Es soll darum nur die Stellungnahme der Behörden skizziert werden. Die Schächtgegner hatten zunächst Erfolg bei einzelnen kommunalen und kantonalen Behörden. In St. Gallen brachten sie in den sechziger Jahren die städtischen Behörden zu einem Verbot, welches jedoch wenig später von den Kantonsbehörden wieder aufgehoben wurde. In Bern liessen sich in den achtziger Jahren die damals von Konservativen dominierten Behörden zu einem Schächtverbot herbei. Zuständiger Departementschef in der Berner Kantonsregierung war der liberale ehemalige Pfarrer Edmund von Steiger, ein Mann mit starkem Rückhalt in der Bevölkerung. Er war selbst ein sehr eifriger Schächtgegner, vermochte aber erst etliche Jahre später dem städtischen ein kantonales Schächtverbot folgen zu lassen (13). Im Aargau tat die Kantonsregierung ihr Möglichstes, um den Juden die Freiheit zur rituellen Schlachtweise zu wahren; hier erzwang der Grosse Rat (Parlament) ein Schächtverbot. Wortführer war Grossrat Jenny-Kunz, der das Schächten und die Juden allgemein in einem ganz unsachlichen, höhnischen Votum angriff. Ein Viertel des Rates blieb der Abstimmung fern, die übrigen stimmten gemäss Jennys Antrag mit grossem Mehr für ein Schächtverbot. Wieweit der aargauische Grosse Rat über Jenny hinaus judenfeindlich eingestellt war, ist fraglich. Der Schluss liegt nahe, dass bei der stark schächtfeindlichen Stimmung in der Bevölkerung viele glaubten zustimmen oder sich wenigstens der Abstimmung enthalten zu sollen, um nicht an Popularität einzubüssen (14). Die Bundesbehörden – sowohl Regierung wie Parlament – standen dagegen in der Schächtfrage entschieden auf Seite der Juden, doch hatten sie in der Volksabstimmung keinen Erfolg. Am 20. 8. 1893 führte die Schweiz ein Schächtverbot ein. Wenn sich die Schächtgegner gegen die Bundesbehörden und die meisten kantonalen Regierungen und Parlamente durchsetzen konnten, so ist das aufsehenerregend – muss aber nicht nur der von den Schächtgegnern mächtig geschürten judenfeindlichen Erregung zugeschrieben werden. Ganz verschiedene Ursachen haben zum Erfolg geführt. Eine sehr wichtige Ursache ist das Versagen des bernischen Obergerichts, der obersten gerichtlichen Behörde im damals volksstärksten Kanton.

Nachdem man die Juden lange Zeit hatte machen lassen, schritt mitte achtziger Jahre die Polizei im bernischen Amtsbezirk

Aarwangen plötzlich zur Bestrafung von Schächtern. Jetzt wandten sich die Juden ans Obergericht. Möglicherweise hatten aber die Schächtgegner die Haltung der Richter bereits sondiert, bevor sie zu ihrer Aktion geschritten waren. Die Parteilichkeit des Obergerichts rief jedenfalls Aufsehen hervor. Prof. Stooss, der damals führende Strafrechtler und Verfasser des schweizerischen Strafrechts nannte das gefällte Urteil "eine das Rechtsbewusstsein in hohem Grade verletzende Massnahme" und publizierte seine Kritik in einer gründlichen Abhandlung (15). Vorgehen und Urteilsbegründung des Gerichts stehen sowohl vom juristischen wie vom veterinärmedizinischen Gesichtspunkt her auf so wackliger Grundlage, dass es für jedermann offensichtlich ist. Zunächst beauftragte das Gericht einen eifrig schächtgegnerischen Tierarzt mit der Ausfertigung eines Gutachtens, dessen Bescheid man im voraus wissen konnte. Dieser Mann stellte denn auch sein Gutachten in nur vier Tagen auf: er schrieb es nämlich aus einer deutschen Kampfschrift gegen das Schächten ab, lieferte also eigentlich ein Plagiat unter dem Titel "Gutachten" (16). Das Gericht stützte sich hauptsächlich auf dieses Gutachten, während ein weiteres, etwas besser fundiertes, nur soweit herangezogen wurde, als es ebenfalls zum Nachteile der Angeklagten dienen konnte. Dieses völlig verfehlte Urteil des Obergerichtes diente später als stets wiederkehrendes wirkungsvolles Argument der Schächtgegner (17). Namentlich im Aargau berief man sich auf diesen Präzedenzfall bei der Einführung des dortigen Schächtverbotes. Da die Aufhebung des bernischen und des aargauischen Schächtverbotes durch die Bundesbehörden jene Volksinitiative ausgelöst hat, welche das Schächtverbot beinhaltete, so kann man, etwas überspitzt, sagen, dass die Parteilichkeit bernischer Richter gestützt auf das Plagiat eines Judenfeindes die Grundlage des schweizerischen Schächtverbotes ist. Immerhin ist ebenfalls zu vermerken, dass sich manche, auch bernische, Volksvertreter für die Kultusfreiheit der Juden eingesetzt haben. Ein Nationalrat im bernischen Oberaargau setzte dafür seine Wiederwahl aufs Spiel; er verlor tausende von Wählerstimmen.

Ueberblicken wir das Ganze der legislativen und exekutiven Arbeit schweizerischer Behörden in der fraglichen Epoche, so lässt sich sagen, dass sie meist auch das Wohl der Juden, die Förderung ihrer rechtlichen Gleichstellung im Auge gehabt hat. Mancher Politiker hat sogar recht mutig dafür gekämpft. Leider

zeigt es sich aber, dass immer dann, wenn infolge starker ge-
genläufiger Strömungen ein Popularitätsverlust zu befürchten
war, oder wenn gewichtige materielle Interessen auf dem Spiele
standen, viele Behördemitglieder dieser Prüfung nicht gewachsen waren und eine opportunistische Haltung einnahmen. Judenfeinde aus Prinzip scheinen jedoch selbst unter den Volksver-
tretern nur sehr wenige gewesen zu sein.
Eine Verfassung und Gesetze, welche die Freiheitsrechte wahren,
sind selbstverständlich eine wichtige Voraussetzung für die Freiheit, sie sind aber nicht die Freiheit selbst. Haben die Juden, die
seit 1874 bundesrechtlich gleichgestellt waren, ihre Gleichberechtigung auch in der Praxis erfahren? Wir haben bereits am Beispiel
des Vertrages mit Rumänien gesehen, dass dies nicht durchwegs der
Fall war. Wie verhielt sich aber die Sache für die Juden im Einzelnen? Wie verhielten sich die Behörden gegenüber dem einzelnen Juden?

Diese Frage ist, vor allem hinterher, schwer zu ergründen. Die
kleinen Benachteiligungen, die im Leben so lästig werden können,
werden ja kaum überliefert. Die Ungerechtigkeit eines Verwal-
tungsentscheides ist eben oft Ermessenssache und damit nicht
nachweisbar, und der Beamte selbst hat in der Regel auch kein
Interesse, falls unlautere Gründe für ihn wegweisend waren,
dies auch zuzugeben. Vielleicht hat er auch unbewusst so gehandelt. Es braucht schon eine schwere Vergiftung der öffentlichen
Meinung, wenn sich ein Beamter in der Presse bescheinigen
lässt, er benachteilige die Juden nach Möglichkeit. Trotzdem
haben wir ein solches Beispiel. Ein Gemeindeammann im Thurgau, dessen Wiederwahl angefochten war, liess sich tatsächlich
im Lokalblatt bescheinigen, er stelle den "orientalischen Juden",
die sich im Thurgau einnisten wollten, "ein Bein, wo ihm das Gesetz dies gestattet". Mit diesem Hinweis wurde der Mann zur
Wiederwahl empfohlen. Er hat sie, und das ist tröstlich zu wissen, trotzdem nicht geschafft (18). Der Hinweis zeigt aber,
dass Benachteiligungen ohne weiteres möglich waren und vorka-
men.

Wie integer waren die Gerichte? Der im Zusammenhang mit dem
Schächtverbot erwähnte Urteilsspruch des bernischen Obergerichts beweist, dass diese Frage berechtigt ist. Gewöhnlich
durften Juden mit unparteiischem Verfahren rechnen. Der Mord
an einem jüdischen Geldverleiher im Aargau in den sechziger

Jahren wurde entsprechend der dabei vorgekommenen Feigheit und Bestialität mit der damals als angemessen betrachteten Härte bestraft (19). Ein anderer Geldverleiher, der in einem riskanten Geschäft 20 % Zins verlangt, dabei aber nur Geld verloren hatte, wurde von der Wucheranklage freigesprochen (20). In einem dritten Fall wurde ein in der Presse arg zerzauster Vieh- und Liegenschaftshändler und Geldverleiher zwar vorerst festgenommen, dann aber freigesprochen und für die Unbill entschädigt (21). Weniger Vertrauen scheinen allerdings die Juden damals in die Unparteilichkeit appenzellischer Gerichte gehabt zu haben. So hören wir, dass der prominente Politiker Arthur Hoffmann, Anwalt in St. Gallen, den Bundesrat zuhilfe rief, um seine jüdischen Klienten vor einer Zitierung als Zeugen nach Herisau zu retten (22).

Selbst wo eine unparteilische Verwaltung vorhanden war, konnten die Juden immer noch durch die Bevölkerung belästigt werden. Wie verhielten sich die Behörden in solchem Falle? Wir haben bereits den Fall des in der Presse verlästerten Geldverleihers kennengelernt. Fast zwei Monate lang publizierte ein Zürcher Landblatt wöchentlich zweimal einen Hetzartikel gegen ihn. Andere Zeitungen kolportierten den Fall weiter. Weder hier noch irgendwo anders, wo gegen einzelne namentlich oder sonstwie kenntlich gemachte Juden persönlich oder gegen die Juden im allgemeinen gröblich gehetzt wurde, schritten die Behörden von sich aus ein, und die Juden selbst taten dies nur in ganz seltenen Ausnahmen. Sie standen dieser Art Hetze recht hilflos gegenüber. Sogar Verleger, die beträchtliche Summen an Aufträgen von jüdischer Seite verdienten, schämten sich keineswegs, die Juden allgemein oder gar ihre Klienten persönlich angreifen und verspotten zu lassen. Die betroffenen Juden beschwerten sich vielleicht mündlich oder hielten für einige Wochen ihre Aufträge zurück.

In einem Falle gedieh aber die periodisch immer wieder aufgefrischte Hetze in der Presse schliesslich soweit, dass sich der Hass gewaltsam entlud und der Ausbruch nur noch durch persönliches Eingreifen von hohen Behördemitgliedern und unter Zuhilfenahme von Truppen eingedämmt werden konnte. Der erstmals vom Verfasser in der Literatur erwähnte Fall zeigt in verschiedenen Aspekten besonders gut die Eigenart des schweizerischen politischen Klimas. Es handelt sich um den sogenann-

ten Bambergerkrawall in St. Gallen. Allgemein ist bekannt, dass
die meist von Juden gegründeten und geleiteten Warenhäuser auf
gewerblicher Seite immer wieder Neid und Hass erregten. Um
1883 übernahm nun ein Louis Bamberger (nicht der deutsche Spit-
zenpolitiker Ludwig B.!) das Warenhaus zum Tigerhof in St. Gallen. Da seine Geschäftsführung vorbildlich gewesen zu sein
scheint, nämlich
- Drosselung der Abzahlungsgeschäfte einerseits und Erstrek-
  kung von Zahlungsfristen andererseits, mit dem Resultat stark
  abnehmender Pfändungsfälle,
- sozial aufgeschlossene Haltung gegenüber Arbeitnehmern,
- Berücksichtigung des einheimischen Handwerks beim Einkauf,
so können für den Aufruhr gerade gegen diesen Warenhausbesitzer
wirtschaftliche Gründe primär kaum ins Gewicht gefallen sein.
Erheblicher ist, dass sich Bamberger auf anderen Ebenen völlig
unnötigerweise Feinde schuf. So prahlte er öffentlich mit seiner
früheren Freundschaft mit den Sozialrevolutionären Marx, Engels,
Lassalle und Freiligrath. Einen langatmigen Zeitungsbericht über
die damalige Landesausstellung, auf welche jedermann stolz war,
benützte er dazu, die Schweiz darin herunterzumachen. Ueber die
tatsächlich technisch hochstehende Maschinenindustrie äusserte
er sich abfällig, goss seinen Hohn aus über die Bedingungen, unter denen angeblich die Arbeiter zu leben hätten, stellte das
Schweizer Gastgewerbe als Ausbeuter der Touristen dar und
pochte auf die den Schweizern schmerzlich bewusste damalige
Ueberlegenheit der Deutschen auf dem kulturellen Sektor. Die den
Schweizern eigene Empfindlichkeit gegenüber Belehrungen vonseiten des so nahe verwandten grossen Bruders im Norden quali-
fizierte er als Fremdenhass. Soviel Unfreundlichkeiten eines aus
Deutschland Vertriebenen, dem man in der Schweiz nichts in den
Weg gelegt hatte, dem es im Gegenteil hier wohlging, war tatsächlich etwas starker Tabak. Als Deutscher und Jude nach Herkunft, als Kapitalist nach dem Besitz und Marxist nach der Weltanschauung, vereinigte Bamberger allzuviele Feindbilder in seiner Person. Ein gegen ihn entfachter Krawall hätte also an sich
noch nicht unbedingt mit Judenfeindschaft als Hauptmotiv verstanden werden müssen. Die Hartnäckigkeit, Intensität und das
Ausmass des Aufruhrs können nun aber nicht bloss mit einigen
missliebigen Artikeln über die Landesausstellung erklärt werden.
Die Unruhen dauerten immerhin vier Tage und mobilisierten auf
ihrem Höhepunkt nach der tiefsten Schätzung 3000, nach der höchsten 8000 Personen. Bambergers Warenhaus wurde geplündert

und demoliert, gegen die eingreifenden Polizisten und Behördemitglieder (auch Regierungsräte) kam es zu teils schwerwiegenden Tätlichkeiten. Ohne den überstürzten Einsatz (man wartete
das Eintreffen der Erlaubnis aus Bern nicht ab) von mehreren
Kompagnien Infanterie und Kavallerie wäre man des Aufruhrs
nicht Herr geworden. Wiederholte, zum Teil Jahre zurücklie-
gende gegen die St. Galler Juden gerichtete Hetzkampagnen in
der Presse waren dem Aufruhr vorausgegangen; im Hintergrund
spielte ferner ähnlich wie im Aargau der politische Gegensatz
zwischen dem Freisinn und den Konservativ-Katholischen mit.
Einerseits hasste man auf ultra-konservativer Seite die Juden
als Parteigänger und Nutzniesser des Freisinns; anderseits
empfand man sichtlich Schadenfreude ob dem Umstand, dass ein
solcher pogromähnlicher Aufruhr gerade eine freisinnig regierte Stadt heimgesucht hatte. Dementsprechend fielen die freisin-
nigen Zeitungskommentare beschwichtigend, bagatellisierend
und das judenfeindliche Element ignorierend aus; konservative
Zeitungskommentare berichteten in aller Breite und konnten
den judenfeindlichen Aspekt nicht genug hervorheben; den Frei-
sinnigen war es peinlich, den Konservativen eher behaglich zu-
mute (23).

Bei dieser schweizerischen Version eines Pogroms ist etliches
anders als an ausländischen Mustern. Die Behörden hatten zwar
die wiederholten Pressehetzen und die beiden ersten Krawall-
abende reichlich passiv hingenommen. Von Ermutigung der Rauf-
gesellen nach östlichem Vorbild konnte jedoch keine Rede sein.
Zumindest die Polizei hatte bereits aktiv eingegriffen und etwel-
che Tätlichkeiten zu spüren bekommen. Auf dem Höhepunkt aber
zeigten die Behörden vorbildliche Tatkraft und bewundernswerten
Mut. Die Entschlossenheit, ja der persönliche Opfermut hoher
Magistraten, die weder auf ihre Sicherheit, noch auf ihre Popularität Rücksicht nahmen, ist einzigartig und dürfte entscheidend
dazu beigetragen haben, dass die Drohungen gegen andere Juden
in der Stadt nicht wahrgemacht wurden und dass keine Menschen-
leben zu beklagen waren. Auch unter den Konservativen teilten
längst nicht alle die judenfeindliche Meinung ihrer damaligen
Führung, die nach weniger als zwei Jahren stürzte und Leuten
mit toleranterer Gesinnung Platz machte.

Ungeeignet für schwerwiegende Zusammenstösse und Ausschreitungen gegen Minderheiten waren auch die sozialen Verhältnisse in der
Schweiz, wo die Gegensätze zwischen Reich und Arm viel weni-

ger ausgeprägt waren als anderswo. Ein Massenelend wie in den Millionenstädten des Auslands gab es in der Schweiz nicht, und darum gärte es auch weniger in der Bevölkerung. Erwähnenswert ist schliesslich noch die Tatsache, dass hier einmal ein Marxist von der Armee gerettet wurde.

Im folgenden soll noch von den geistigen Hintergründen die Rede sein. Aus welchen Motiven heraus, von welchem geistigen Hintergrund her handelten Freunde und Feinde der Juden, wie wir es eben gesehen haben? Für jeden einzelnen Fall lässt sich das hier nicht darstellen, ausserdem sind die Exponenten der Behörden nicht immer identisch mit den geistig führenden Leuten. Es geht auch nicht darum, hier die ganze Palette von Gründen für Judenhass hinzumalen. Es geht bloss um den Versuch, anzudeuten, wie sich jeweils für verschiedene Gruppen der geistige Nährgrund unterschied, auf welchem entweder Engherzigkeit oder Toleranz wuchsen. Wir wenden uns zuerst der judenfeindlichen Seite zu.

Sowohl die Bundesbehörden wie zahlreiche Kantonalbehörden wurden damals vom Freisinn dominiert. Vom Begriff her hätte man also erwarten können, ein sehr grosses Mass an Toleranz anzutreffen. Nicht, dass es das nicht auch gegeben hätte! Aber hier muss zuerst vom Gegenteil die Rede sein.

Lessings "Nathan", der für die Erschütterung altüberlieferter Vorurteile durchaus seine Verdienste hat, verführte eben anderseits zum irrigen Gedanken, es sei die Gleichgültigkeit gegenüber Judentum, Christentum und Islam die Voraussetzung für gegenseitige Duldung. Von einem gläubigen Juden, Christen oder Muslim zu verlangen, dass er Judentum, Christentum und Islam als gleichwertig, gleichgültig, die Unterschiede im Glauben als belanglos ansehen müsste, heisst eben bereits dem Glauben Gewalt antun. Alle Menschen zu einer religiös indifferenten Haltung zwingen zu wollen, ist nicht besser, als sie allesamt gewaltsam entweder zu Juden, zu Christen oder zu Muslimen machen zu wollen. Es gibt nicht nur Aufklärer, Trottel (Klosterbruder) oder Fanatiker (Patriarch): gerade die entschiedensten Verfechter jüdischer Gleichberechtigung unter den Schweizern jener Zeit waren, wie wir noch sehen werden, in Glaubensfragen alles andere als indifferente Christen. Anderseits ist gerade unter Aufklärern Unduldsamkeit anzutreffen: jene Haltung, die zwar Freiheit <u>von</u>

der Religion, also Freiheit des Nichtglaubens, beansprucht, aber nichts wissen will von Freiheit <u>für</u> die Religion, also Freiheit, einen Glauben zu wählen, zu bekennen, dafür zu werben und sich ihm gemäss zu verhalten. Wahre Glaubensfreiheit aber umschliesst immer beides, oder sie besteht nicht. Nur wer frei ist, von einem Glauben zu lassen und ev. einen andern Glauben zu praktizieren, ist frei, seines Glaubens zu leben und umgekehrt; Glaubensfreiheit bedingt Entscheidungsfreiheit.

Von daher ist zu verstehen, dass das aufgeklärt und freisinnig sein wollende Rumänien ein unduldsames Regime ausgeübt und namentlich die Juden brutal verfolgt hat. Von daher verstehen wir auch die Haltung Sulzers, der dieses Rumänien verteidigte. Aehnliches Denken findet sich bei Leuten wie Pfr. Wolff, dem damaligen Präsidenten der schweizerischen Tierschutzvereine, und bei dem ehemaligen Pfr. von Steiger, einem bernischen Regierungsrat, die im Schächten bloss einen alten Zopf sahen und sich für kompetent hielten, den Juden zu sagen, was zu ihrem Glauben gehöre und was nicht. Selber dem überlieferten Glauben nicht mehr mit solcher Unbedingtheit verpflichtet, konnten sie das eiserne Festhalten der jüdischen Gemeinden an ihrer religiösen Tradition nicht begreifen. Einen wesentlich extremeren Standpunkt in dieser Richtung vertrat der bereits erwähnte Schaffhauser Radikale Advokat Freuler. In seinem "Schaffhauser Intelligenzblatt" und in einem Sonderdruck "Der Talmud und seine Bekenner" bezeichnete er die Juden als schädliche Parasiten und sprach ihnen rundweg das Recht ab, weiterhin als Juden zu existieren. Sein offen bekannter Rassenantisemitismus näherte sich geistig der Ideologie der sogenannten "reinen" Antisemiten und der späteren Nazi. Dagegen übergoss er die "deutsche Stöckerei und Muckerei", also die Antisemitismus-Variante des deutschen Hofpredigers Stöcker, mit Spott. Freulers Antisemitismus war ebensosehr antibiblisch wie antichristlich und antijüdisch ausgerichtet (24).

Von der ursprünglich entgegengesetzten Position her gelangten andere aus einem krebsartig alle andern Gesichtspunkte überwuchernden <u>Antiliberalismus</u> heraus zu einer judenfeindlichen Haltung. Sowohl Geistliche wie um die Erhaltung des Glaubens besorgte Nichtgeistliche entsetzten sich über die Spötteleien, womit ein unduldsamer Atheismus in Literatur (hier erregte vor allem Heine Anstoss) und Presse (Hauptärgernis bildete die

212

Berliner Presse) sich über alles hermachte, was ihnen kostbar
und heilig war. Etliche der Literaten und Zeitungsschreiber waren jüdischer Herkunft. Nun missfiel zwar die Verhöhnung des
Heiligen einem gläubigen Juden wohl mindestens so sehr wie einem Christen; auf christlicher Seite aber pflegte man bloss den
Spötter zur Kenntnis zu nehmen. Wieder andere sahen im Liberalismus die barbarische Unbarmherzigkeit, die furchtbaren
Nöte des Frühkapitalismus; sie assoziierten dann vom Kapitalismus über den Liberalismus zum Judentum. Jüdische Bankenkö-
nige wie die Rothschild oder Bleichröder und auch Eisenbahnkö-
nige standen im Rampenlicht, von den Millionen armer Juden in
Grossstädten wusste man nichts. Bei konservativen Judenfeinden
spielten auch Aspekte hinein wie die Abneigung des Landbewoh-
ners gegen das städtische Leben oder die städtischen Berufe, vor
allem die Handelsberufe, daneben die Büroarbeit ganz allgemein.
In gewissen Kreisen spielte auch der Freimaurerschreck hier
eine Rolle. Die populären Journalisten Ulrich Dürrenmatt in Her-
zogenbuchsee und Pfarrer und Redaktor von Ah in Kerns (Unter-
walden) sind zu diesem Kreis zu zählen, ferner Chanoine Schor-
deret und Redaktor Soussens in Fribourg, auch Fraumünsterpfar-
rer Ludwig Pestalozzi in Zürich und dessen Bruder Redaktor
Friedrich Otto Pestalozzi vom Eidgenössischen Verein (25). In
einem weitern Sinne sind auch der Politiker Walliser und sein
Gehilfe Redaktor Hanimann in St. Gallen hier einzugliedern, doch
ist bei ihnen wie bei den beiden Freiburgern die soziale Komponente ebenfalls wichtig. Anders gelagert – obschon mit Dürrenmatt und von Ah befreundet – ist Redaktor Attenhofer in Zürich.
Sein Judenhass gilt vor allem den Sozialisten, daneben auch den
Deutschen. Am meisten verhasst sind ihm darum deutsche Juden,
die Sozialisten sind (26). Kinder der Judenverfolgung von besonderer Art sind jene Juden, die dem Hass dadurch zu entgehen hoffen, dass sie selbst bei der Verfolgung ihres Volkes mitmachen
und möglichst noch lauter schreien als die andern. Unter allen
judenfeindlichen Zeitungsschreibern in der Schweiz war niemand
so eifrig wie der aus Deutschland geflüchtete sozialistische Redaktor Anton Memminger aus Fürth bei Nürnberg. Auch die
Zeichner der "Stürmer"-ähnlichen Karikaturen im Nebelspalter,
Vater und Sohn Boscovits, tragen einen jüdischen Namen.
Schliesslich hat Redaktor Soussens, der eine antijüdische Linie
so ausdauernd wie kein anderer vertrat, selbst auf seine jüdische Abkunft gepocht, um seine angebliche Objektivität herauszu-
streichen (27).

213

Nun sind aber glücklicherweise auch gute Freunde der Juden in
den verschiedensten Lagern zu finden. Beginnen wir wiederum
beim Freisinn. An der Spitze aller Politiker ist hier unzweifel-
haft Bundesrat Emil Welti zu nennen. Wo er die Juden verteidigt,
gibt es keine falschen, keine herablassenden Töne, keine Kompromisse mit dem Vorurteil, wie sie damals noch häufig waren,
selbst bei guten Freunden der Juden (etwa: die Juden werden sich
schon bessern, wenn wir sie nur erst emanzipieren...). Weltis
Freisinn hatte Platz für andere Anschauungen; er erkannte beide
Aspekte der Glaubensfreiheit. Am 26. Juni 1862 bekennt er sich
vor dem Aargauer Grossen Rat zu einer Rechtsordnung:

"... bei welcher Kirche und Staat in voller Freiheit un-
beirrt nebeneinander leben können. Die Freiheit ist aber
nur dann möglich, wenn der Staat die Rechte und Pflichten des Bürgers von der Konfession und dem Glauben unabhängig macht, wenn er den Bürger nur als Bürger und
nicht als Katholiken und Protestanten betrachtet. Nur bei
dieser Anschauung ist, ... , der Friede der Konfessionen
möglich ... Die Petenten um Abberufung des Grossen Rates sagen es unverhohlen, dass sie die Juden deshalb
nicht als Bürger anerkennen, weil sie nicht Christen sind,
sie proklamieren offen den Grundsatz, dass die Rechte
des Bürgers mit dem Masse der Staatsreligion gemessen
werden müssen. Das ist der Satz, den ich bekämpfe, ...
Glauben Sie nicht, dass ich der Irreligiosität das Wort
reden wolle; ich will gerade das Gegenteil, ich will die
Religion und die Konfession freimachen, damit sie sich
nach ihrem Gutfinden bilde und gestalte; ich will aber
auch jeden Einzelnen von dem Gewissenszwang befreien,
den ihm die unnatürliche Verbindung von Staat und Kirche
antun" (28).

In die Nähe Weltis wären nach ihrer Anschauung und Haltung den
Juden gegenüber einzureihen: Arthur Hoffmann, der bereits genannte St. Galler Politiker, ferner der Feuilletonredaktor beim
"Bund" und Schriftsteller Josef Viktor Widmann. Widmann half
in der Dreyfuskampagne den abgeirrten "Bund" wieder zur Vernunft zu bringen. Aehnlich stand auch der Demokrat Theodor
Curti, Redaktor des "Landboten", zu den Juden. Ein Freisinni-
ger besonderer Art war der Staatsrechtler Carl Hilty; stand er

doch religiös als tiefgläubiger Christ eher im konservativen Lager; und doch war er ein grosser Freund der Juden. Hilty war sich bewusst, dass der Brand, der Synagogen verheert, früher oder später auch die Kirchen nicht verschonen wird. Ausdrücklich wies er auf die Erfahrungen mit der aus der Revolution geborenen Ersten französischen Republik hin und warnte dringend vor der Verfolgung Andersgläubiger. In der Schächtkampagne setzte er sich mit einer Denkschrift zugunsten der Juden ein. Von ähnlicher Geisteshaltung war der Auslandschweizer Johannes Pestalozzi, einer der führenden Männer in der Nationalliberalen Partei Hessens. Johannes Pestalozzi bekämpfte aus seiner christlichen Grundhaltung heraus energisch die Nazivorläufer Theodor Fritsch und Dr. Böckel, vor allem aber stellte er die Scheinheiligkeit Pastor Stöckers bloss, ja er sah im Kampf gegen den begabten, aber verblendeten Geistlichen geradezu eine ihm von Gott übertragene Aufgabe. Seinen Schriften ("Antisemitismus und Judenthum", Halle 1886; "Der Antisemitismus, ein Krebsschaden, der am Marke unseres Volkes frisst", Leipzig 1891) lässt sich das geheime, dann immer offenere Zusammenwirken des frömmlerischen Stöcker mit Rassenfanatikern und Atheisten, mit Schändern der Bibel, entnehmen. Er demaskierte ebenfalls die Scheinfrömmigkeit der sogenannt christlich-konservativen deutschen Presse, des "Reichsboten", der "Kreuzzeitung", der "Deutsch-Evangelischen Kirchenzeitung" und des "Volk". Einen ähnlichen christlich geprägten Liberalismus findet man bei den Neuenburger Liberalen, etwa vertreten durch "La Suisse Libérale". Aus ähnlicher Gesinnung heraus kämpften Pfarrer Güder und Pfarrer v. Fellenberg gegen das Schächtverbot. Sie sind nicht die einzigen Pfarrer unter den Freunden der Juden. Als gläubiger Christ gelangte auch der Katholik Georg Baumberger in St. Gallen zu einer fairen Haltung inbezug auf die Juden. Nach dem unwürdigen Abgang Wallisers und Hanimanns zwei Jahre nach dem Bambergerkrawall half Baumberger als neuer "Ostschweiz"-Redaktor und Parteiführer einen besseren Geist unter die dortige Bevölkerung zu bringen.

Noch ein Wort zum Verhalten der Juden. Es ist bereits mehrmals erwähnt worden, wie sich die Juden in Briefen und Eingaben für ihre Rechte zur Wehr setzten. Zumeist sind es ruhig und sachlich abgefasste Aktenstücke, die man da vor sich hat. Mit Genugtuung wird bei Gelegenheit auf christlicher Seite zur Kenntnis genommen, wie in Katastrophenfällen gerade auch Juden bedrängten Nichtjuden zur Seite standen.

Abschliessend muss festgehalten werden, dass sich uns im Verhältnis der Nichtjuden zu den Juden im frühen Bundesstaat nicht immer ein erfreuliches Bild darbietet. Vorurteile und Gehässigkeiten sind anzutreffen. Die Leidenschaften wallten in der Regel simultan mit den grossen Ausbrüchen im Ausland empor. Der Bambergerkrawall fällt zeitlich zusammen mit der Ritualmordaffäre von Tisza Eszlar in Oesterreich-Ungarn, der Höhepunkt der Schächtkampagne hat als Hintergrund den Ahlwardtrummel in Deutschland (Radauantisemitismus!) und die Panama-Affäre in Frankreich. Diese hier nur angedeuteten grossen Hetzkampagnen fanden natürlich ihren Widerhall in der Schweiz! Wir stossen aber auch auf erfreuliche Fakten: selbstloses Auftreten von Nichtjuden zugunsten der Verfolgten in kritischen Augenblicken. Viel Heuchelei und Opportunismus zwar, aber auch Fairness und Mut!

Anmerkungen

1) Eine umfassendere Beantwortung der eingangs gestellten Frage ist zu finden in: Friedrich Külling: "Antisemitismus bei uns wie überall?", Juris Druck + Verlag, Zürich (1977) (fortan als "bei uns" zitiert).

2) Vgl. hiezu Ernst Haller: "Die rechtliche Stellung der Juden im Kanton Aargau", Aarau 1901 und Augusta Weldler-Steinberg/Florence Guggenheim-Grünberg: "Geschichte der Juden in der Schweiz", 2. Band, Schweizerischer Israelitischer Gemeindebund, Zürich 1970 (fortan: Weldler II).

3) Staatsarchiv Aarau, Regierungsrat I A, 9 E, Fasz. 14, Nr. 2496.

4) Bundesarchiv Bern (im folgenden kurz BAB genannt) E 8 (A). Der Regierungsrat an den Bundesrat; "bei uns" S. 31f.

5) BAB E 8 (A) Israeliten. Anstand mit Baselland.

6) vgl. Brand, Urs: Die schweizerisch-französischen Unterhandlungen über einen Handelsvertrag und der Abschluss des Vertragswerks von 1864, Bern 1968, S. 182f., auch S. 178f. (Brand).

7) Vgl. Brand, S. 58f. und 171f. und Bundesblatt (Bbl.) 1864, S. 253ff. und BAB, Verträge 169; vgl. weiter "bei uns", S. 7ff. und Weldler II, S. 136ff.

8) Vgl. "bei uns", S. 42, insbesondere Anmerkungen 158-164 (Hinweise auf Protokolle).

9) "bei uns", S. 43f., Anmerkungen 165-170.

10) BAB, Verträge I, Band 29; "bei uns", S. 36ff.

11) BAB, Verträge I, Band 249; über die Verfolgung der rumänischen Juden vgl. Valentin, Hugo: Antisemitenspiegel. Der Antisemitismus, Geschichte, Kritik, Soziologie., Wien 1937, S. 46 und 61, und Dubnow, Simon: Weltgeschichte des jüdischen Volkes von seinen Uranfängen bis zur Gegenwart, Band IX, Berlin 1929, S. 457ff.; ferner "bei uns", S. 45ff. (erste veröffentlichte wissenschaftliche Abhandlung über den Vertragsabschluss). Zu 1933 vgl. Bbl. 1933, II, S. 134, 129.

12) Vgl. "bei uns", S. 348ff., insbesondere Anmerkung 481; ferner daselbst S. 174f.

13) Zu seinem Wirken vgl. "bei uns", S. 271, 273f., 279, 280f.

14) Vgl. "bei uns, S. 275f.

15) Daselbst S. 272f.

16) Daselbst S. 288f.

17) Daselbst S. 273 und 280f.

18) Daselbst S. 240.

19) Daselbst S. 105f.

20) Daselbst S. 104.

21) Daselbst S. 106ff.

22) Daselbst S. 137ff.

23) Vgl. Strafprotokoll des Bezirksgerichts St. Gallen in Staatsarchiv St. Gallen; ferner die in "bei uns", S. 144ff. in Anmerkungen erwähnten Pressequellen.

24) Zum jakobinischen Judenhass vgl. "bei uns", S. 222ff.; zur Haltung Freulers daselbst S. 339f.

25) Der Haltung des Dichterpfarrers Jeremias Gotthelf (Albert Bitzius) ist in dieser Kürze nicht gerecht zu werden; man vgl. hiezu "bei uns", S. 115ff.

26) "bei uns", S. 243ff.

27) Näheres daselbst S. 247ff.

28) In: Weber, Hans, Dr.: "Bundesrat Emil Welti. Ein Lebensbild", Aarau 1903, Anhang II, Reden, S. 21 (Rede im Grossen Rat zur Pfarrwahl).

Freisinn (schweizerische Partei) 210f., 214

Geld, Metaphysik des Geldes 129
und Freiheit 129ff., 141ff.,
145, 179
Gott 133
Leben 143ff.
Macht 129f., 141f., 144ff.,
148, 177, 179
"Gesetz", s.a. Eifer, Beschnei-
dung, 33, 41ff., 46, 48, 53,
55ff., 60, 71f.
Gleichheit, s.a. Bürgerrechte,
Geld, Revolution, 144, 172,
204
Gottesfrieden 87
"Gottesmord" 35, 171, 173
Gottesträgervolk, s.a. Auser-
wähltheit, 137f.

Handels- und Niederlassungsver-
träge der Schweiz mit Ame-
rika 201
Frankreich 199f., 204
den Niederlanden 201
Rumänien 201ff., 207
Häretiker, s.a. Sekten, 70, 74,
96, 98, 102, 104
Harmonie 138f.
Hausgemeinschaft von Christen
und Juden 94
Heidenchristen 48, 52, 54, 60
Heidentum 70, 74, 105
Heiligenkult 92
Heilsgeschichte 61ff.
Hellenismus 29f.
Hostienfrevel 94, 104

Identität der Juden 12, 19, 28f.,
77
Ideologie 168, 172, 177, 183f.
Ikonenschändung 135

Indifferentismus 31, 211f.
Inquisition 98
Irrationalität 105, 168, 172
Islam 86f., 90, 95ff.

Jerusalem 14, 86f., 93
"Judas" 87, 122, 136, 171, 182
Judenchristen 44, 47ff., 60
Judenregal, s. Kammerknecht-
schaft

Kaiser, deutsche 88f., 99f.
römische s. Rom
Kammerknechtschaft 99ff.
Kapitalismus 136, 170, 173ff.
213
Karolinger 86
Kirche: Freikirchen s. Sekten
Kirchenväter 34, 71ff., 75f.,
78, 86, 89ff.
Ostkirche, s.a. Byzanz 86f.,
105
Reform 85, 87ff., 93
Regionalkirche 85
Kleiderordnung 101, 103
Kluniazenser, s.a. Kirche:
Reform, 87, 96f.
Konflikte, s.a. Kirche, 85, 89
91, 94, 98, 104, 106
Konservativismus 174-177, 198,
213
in der Schweiz 198, 200, 210
Konversion, s.a. Mission, Zwangs-
bekehrung, 16, 86f., 89, 92,
94, 99f., 104, 134
Kredit 95, 97, 101ff., 106, 109,
207ff.
Kult, s.a. Mysterien, 25-28, 33
Kaiserkult 34
Kultgemeinde 27, 29, 32
Exklusivität 29, 31, 33, 59
Kultgeräte 16, 97

Adressen der Autoren dieses Bandes

Prof. Dr. F. Annen, Kirchliche Hochschule, Alte Schanfiggerstrasse 7/9,
CH - 7000 Chur

Prof. Dr. O. Gigon, Universität Bern, Seminar für klassische Philologie und
antike Philosophie, Gesellschaftsstrasse 6, CH - 3012 Bern

Prof. Dr. F. P. Ingold, Hochschule St. Gallen für Wirtschafts- und Sozialwissen-
schaften, Kulturwissenschaftliche Abteilung, Gatterstrasse 1, CH - 9010 St. Gallen

PD Dr. J. Jurt, Universität Regensburg, Fachbereich Sprach- und Literaturwissen-
schaften, Postfach, D - 8400 Regensburg

Dr. F. Külling, Riedhofweg 1, CH - 3626 Hünibach

Dr. S. Lauer, Eichenstrasse 7, CH - 9000 St. Gallen

Prof. Dr. W. Liebeschütz, Department of Classical and Archaeological Studies,
The University, Nottingham, England

Dr. P. R. Máthé, Historisches Institut der Universität Bern, Engehaldenstrasse 4,
CH - 3012 Bern

Adressen der Autoren dieses Bandes